ŚWIĘTOŚĆ KOBIECOŚCI

MARY KLOSKA

Tłumaczenie: Agata Wesołowska

En Route Books and Media, LLC
St. Louis, MO

En Route Books and Media, LLC
5705 Rhodes Avenue
St. Louis, MO 63109

Tytuł oryginału: *The Holiness of Womanhood*

Projekt okładki: Mary Kloska (ilustracja) and TJ Burdick (projekt)

Library of Congress Control Number: 2020952270

Copyright © 2020 Mary Kloska
Wszelkie prawa zastrzeżone.

ISBN-13: 978-1-952464-38-6 **and 978-1-952464-55-3**

Żadna część niniejszej książki nie może być powielana, przechowywana w systemach wyszukiwania lub przekazywana w jakiejkolwiek formie i w jakikolwiek sposób, elektroniczny, mechaniczny, jako kserokopie lub inny, bez uprzedniej pisemnej zgody autora.

„Im bardziej kobieta staje się święta,
tym bardziej staje się kobietą"[1]

Ta książka jest poświęcona Matce Bożej,
naszej Najmniejszej, Najdroższej i Najświętszej Matce.
Ona jest Mistyczną Różą, Różą Pustyni,
który kwitnie w każdych warunkach.
Ona jest prawdziwym Bożym Arcydziełem Kobiecości.

---

[1] Sheen, Fulton J. (2018), *Maryja. Pierwsza miłość świata*, ESPRIT: Kraków.

Polskie tłumaczenie książki „The Holiness of Womanhood"
jest poświęcone i dedykowane
Matce Bożej z Częstochowy.

Pod Twoją obronę uciekamy się,
Święta Boża Rodzicielko,
naszymi prośbami racz nie gardzić
w potrzebach naszych,
ale od wszelakich złych przygód
racz nas zawsze wybawiać,
Panno chwalebna i błogosławiona.
O Pani nasza, Orędowniczko nasza,
Pośredniczko nasza,
Pocieszycielko nasza.
Z Synem swoim nas pojednaj,
Synowi swojemu nas polecaj,
swojemu Synowi nas oddawaj.
Amen. +

Podziękowania

Jestem stuprocentową Polką, ale nie odwiedzałam Polski ani nie uczyłam się języka polskiego aż do 2002 roku, kiedy ukończyłam 25 lat. Wtedy jednak, odwiedzając Polskę po raz pierwszy, od razu poczułam, że odnalazłam tam „swój dom", a Polacy stali się bardzo drodzy mojemu sercu przez wiele następnych lat, które spędziłam żyjąc, służąc i modląc się wśród nich. Brakuje słów, aby wyrazić moją wdzięczność wobec wszystkich polskich przyjaciół (księży, osób konsekrowanych i świeckich), którzy zapewnili mi opiekę duchową (słuchali moich spowiedzi, ofiarowywali Mszę świętą i modlili się ze mną), karmili mnie, podawali ciepłą herbatę i kawę, proponowali łóżko lub podłogę do spania, dowozili tam, gdzie musiałam się dostać i przez całe lata poświęcali swój czas na wspólne głębokie rozmowy i długie godziny modlitwy. A uściski Waszych pociech, które uczyły mnie języka, wykonywały dla mnie prace plastyczne, kochały i codziennie modliły się za swoją „ciocię Mary" – to skarby, które na zawsze pozostaną w moim sercu.

Szczególne słowa podziękowania kieruję do Agaty Wesołowskiej za jej niestrudzoną pracę i modlitewne poświęcenie dla tego polskiego tłumaczenia. Jej serce jest inspiracją dla wielu, a jej praca jest przepojona Duchem Świętym. Chciałbym również podziękować jej siostrze, Hani Przybyło, za tłumaczenie moich oryginalnych rekolekcji na ten temat, które odbyły się w Krzydlinie Małej w 2006 roku, oraz za jej korektę i ostateczną redakcję tej polskiej wersji tekstu. Dziękuję też Jankowi Przybylo za jego pomoc techniczną oraz ukrytą miłość, modlitwę i wsparcie w moich misyjnych przedsięwzięciach. Chciałbym podziękować również ich synowi (mojemu chrześniakowi) Dominikowi Przybyło, który pomagał w odnajdywaniu polskich tłumaczeń do bibliografii i tłumaczył moją stronę internetową na język polski. Dziękuję także jego bratu, Tomkowi Przybyło, za redakcję tej bibliografii oraz za wszelką pomoc udzieloną swemu starszemu bratu. Jestem również wdzięczna Przemkowi Wilczyńskiemu za ofertę pomocy w organizacji promocji i dystrybucji tej książki w całej Polsce. Dzieło, które jest w Waszych rękach, nigdy nie byłoby zrealizowane bez udziału Was wszystkich. Szczególne podziękowania kieruję do wszystkich moich drogich polskich przyjaciół – za waszą wieloletnią miłość, cierpliwość co do mojego języka polskiego, Waszą przyjaźń, a przede wszystkim za potężną modlitwę, którą zapewniacie teraz (oraz będziecie kierować w przyszłości) w intencji rozpowszechniania tej książki w całej Polsce. Wszyscy razem oddajemy ją Matce Bożej i modlimy się: „Jezu, ufamy Tobie".

Spis treści

Wstęp: do czytelnika i

Rozdział 1. Szafarki Bożej Tajemnicy 1

Rozdział 2. Kobieta jako Dar 9

Rozdział 3. Kobieta jako Pomocnica 41

Rozdział 4. Kobieta jako Matka 71

Rozdział 5. Kobieta jako Żona 113

Rozdział 6. Bóg wzywa Kobietę 125

Rozdział 7. Kobiecy Dar Czystości 147

Rozdział 8. Kobieta oraz Krzyż, Eucharystia i Modlitwa .. 193

Rozdział 9. Ideał Świętych oraz Maryja jako Boże Arcydzieło Kobiecości 233

Historia powstania książki 253

Świadectwa 257

Wstęp: do Czytelnika

Zanim czytelnik rozpocznie tę książkę, prosiłabym go o chwilę ciszy, aby mógł uspokoić swe serce przed Bogiem. Na ten czekający nas czas: prośmy Ojca, Syna i Ducha Świętego, którzy jako Jedyni posiadają klucze do naszych serc, aby przyszli i sami je otworzyli. Prośmy Ich, aby dotknęli naszych oczu, uszu i serc – niech staną się one spokojnym miejscem Ich działania. Jest to przede wszystkim czas rekolekcji – okres, w którym opuszczamy naszą normalną aktywność w świecie, aby zjednoczyć się z Bogiem, otworzyć nasze życie przed Nim i pozwolić Mu dotknąć się do głębi, oczyścić nasze rany oraz uformować nas na nowo – jako Jego Własność.

Zdrowaś Maryjo, łaski pełna,
Pan z Tobą.
Błogosławionaś Ty między niewiastami
I błogosławiony owoc żywota Twojego, Jezus.
Święta Mario, Matko Boża,
Módl się za nami grzesznymi
Teraz i w godzinę naszej śmierci.
Amen.

Przyjdź Duchu Święty!
Przyjdź przez potężne orędownictwo
Niepokalanego Serca Maryi,
Twojej umiłowanej Oblubienicy.
Amen.

Ta książka jest darem rekolekcji dla kobiet – w tym czasie każda kobieta powinna więc zostawić działania życia codziennego, aby w szczególny sposób wejść w obecność Boga, który chce ją na nowo przyciągnąć do Siebie. Mimo, iż książka ta zawiera pewne nauczania, najlepszym nauczycielem będzie tu sam Bóg. On odpowie na modlitwę każdej kobiety, która poprosi o Jego szczególną obecność w tych dniach.

Czas poświęcony na te rekolekcje jest czasem konsekrowanym. Każdy z nas ma naczynie, które używa na co dzień. Gdy zostanie ono jednak konsekrowane na użytek do Mszy Świętej (jako kielich), będzie już przechowywane osobno, bo ma specjalne przeznaczenie – Święte przeznaczenie. W taki sam sposób niech każda kobieta czytająca tę książkę poświęci swój czas Bogu – jako czas konsekrowany – a wtedy On nada mu Święte przeznaczenie. Duch Święty przyjdzie w tych dniach ze swoją obecnością do każdej kobiety, która Go o to poprosi. Wystarczy sama Jego obecność, by przemienić jej życie. Bóg będzie mówił do jej serca, ponieważ przez dar czasu, który kobieta Mu poświęca wkraczając w te rekolekcje, oddaje ona zarazem i swoje życie, mówiąc: *Chcę się dowie-*

dzieć coś więcej o celu, dla którego mnie stworzyłeś. Dlatego zachęcam każdą osobę, aby podczas czytania tej książki przyglądała się swojemu życiu, gdyż Bóg będzie w specjalny sposób mówił do niej o tym, o czym nie jest tu napisane.

Nie mogę kierować słów indywidualnie do każdego kobiecego serca, gdyż każde z nich jest inne. Dlatego muszę czasem uogólniać, choć wiadomo, że w życiu istnieją przecież wyjątki od reguły. Na szczęście Bóg – przez samą tylko obecność – może przemawiać bardzo osobiście do każdego serca. I ta Jego miłująca obecność jest zdolna przemienić kobiece wnętrza w szczególny sposób, w swoim czasie. On chce dać każdej osobie coś wyjątkowego, przeznaczonego tylko dla niej. Dlatego zależy mi, abyśmy wszystkie otworzyły przed Nim swoje serca. Spójrzcie na tę ikonę i unieście proszę swe serca ku Bogu, aby On umieścił w nich Swój Krzyż oraz Boże światło, życie i miłość – w taki sposób, jaki sam wybierze.

Ludzkość jest zraniona przez grzech i tylko Jezus może uleczyć te rany. Jednak, aby Chrystus uzdrowił i przemienił ludzkie serce, człowiek musi tego chcieć i przyjść do Niego. Rozpoczynając te rekolekcje, każda kobieta przynosi Panu swoje życie jako puste naczynie. Każde naczynie jest inne: jedne są wyszczerbione, inne pęknięte, niektóre są zbyt małe, a jeszcze inne – zardzewiałe lub zakurzone. Czytając tę książkę, kobieta mówi do Pana: *Naczynie mojego życia jest puste. Przynoszę je do Ciebie, abyś je napełnił tym, czym sam chcesz. Otwórz mnie, przemień i uzdrów swoją miłością, abym stała się źródłem życia dla innych.* Ta książka nie jest jedną ze zwykłych ciekawych powieści. Została ona napisana jako rekolekcje do przemodlenia. Jej celem jest poprowadzenie czytelnika ku żywemu spotkaniu z Bogiem. Najważniejsze słowa tej książki są niewidzialne dla oczu – ich przesłanie jest ukryte w każdym sercu, które otworzy się na Ducha Świętego i pozwoli Mu na szeptanie słów miłości.

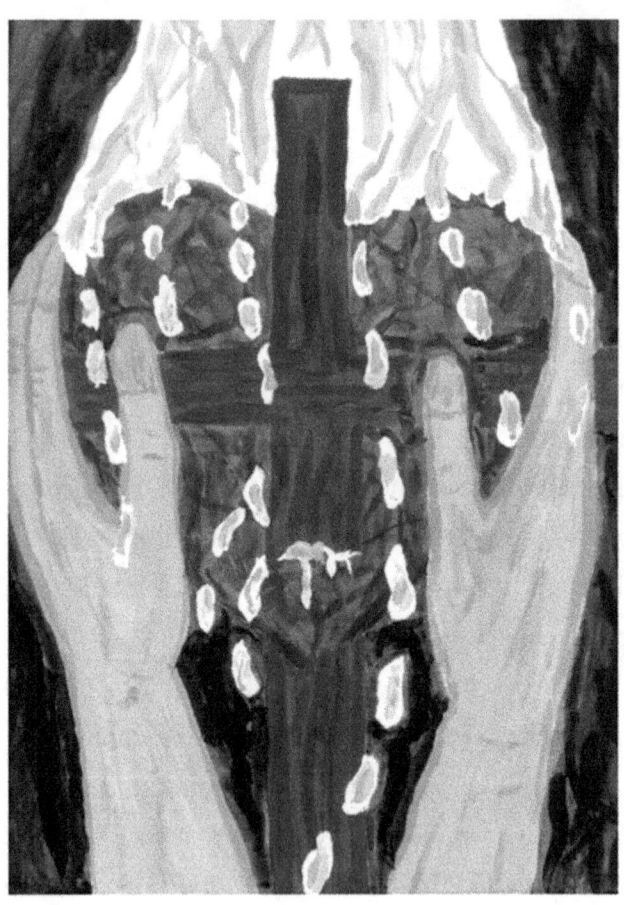

Rozdział 1

Szafarki Bożej Tajemnicy

Co to znaczy być kobietą? Pierwotne przeznaczenie, dla którego Bóg stworzył niewiastę, jest tajemnicą, o której wielu ludzi zapomniało, szczególnie we współczesnym świecie. Święty Paweł tak pisał w Liście do Koryntian: „*Niech więc uważają nas ludzie za sługi Chrystusa i szafarzy tajemnic Bożych*".[1] Podczas tych rekolekcji Duch Święty pozwoli każdemu kobiecemu sercu zrozumieć ten sekret: w jakim celu Bóg stworzył niewiastę. Z poznaną prawdą będzie się jednak wiązać odpowiedzialność dobrego sługi i stróża ujawnionej tajemnicy. Kobieta ma za zadanie zatroszczyć się o nią na dwa sposoby. Po pierwsze, i najważniejsze, musi żyć tym darem, który otrzymuje. Ma pozwolić Bożej mądrości na przemianę swojego życia. Powinna przyjąć to wszystko, czym Bóg zechce się z nią podzielić oraz przechować to w swoim sercu. W ten sposób będzie mogła służyć Chrystusowi tak, jak On tego pragnie – przynosząc Mu chwałę. Po drugie, kobieta powinna uczyć innych tej tajemnicy. Można to zrobić słowami lub (najlepiej) przez przykład życia. Jeśli kobieta już wie – dzięki Duchowi Świętemu – czego Bóg od niej chce oraz żyje tak, jak On tego pragnie, to jej życie stanie się jak

---

[1] 1 Kor 4,1.

książka, która pomoże innym odkryć tę mądrość i zainspiruje ich do takiego samego postępowania.

Tajemnica kobiecości po raz pierwszy została wyjaśniona w Księdze Rodzaju, gdy Bóg stworzył mężczyznę i kobietę. W Księdze Rodzaju (1,26-27) jest napisane:

A wreszcie rzekł Bóg: «Uczyńmy człowieka na nasz obraz, podobnego Nam. Niech panuje nad rybami morskimi, nad ptactwem powietrznym, nad bydłem, nad ziemią i nad wszystkimi zwierzętami pełzającymi po ziemi!»

Stworzył więc Bóg człowieka na swój obraz, na obraz Boży go stworzył: stworzył mężczyznę i niewiastę.

Ten fragment jest kluczem do zrozumienia, co znaczy być człowiekiem. Bóg stworzył Adama i Ewę na swoje podobieństwo. Ale nie powołał do życia tylko mężczyzny lub tylko kobiety – stworzył zarówno jedno, jak i drugie. Bóg stworzył ich inaczej, a te różnice są fundamentalne. Pan chciał, by człowiek powstał na Jego obraz, a kobieta i mężczyzna przedstawiają ten obraz w sposób komplementarny. Każda z tych dwóch osób ukazuje inny aspekt, inne oblicze Boga. Jeśli współczesna Ewa przeanalizuje swoje życiowe doświadczenia, to bardzo szybko zauważy, jak wiele kontrastów między mężczyzną i kobietą widzi się na co dzień. Nie tylko różnią się oni pod względem fizycznej budowy ciała, lecz także, jeśli chodzi o sposób myślenia, odczuwania i komunikowania się z Bogiem.

Biskupi amerykańscy w liście pasterskim „Jedno w Chrystusie Jezusie" stwierdzili, że mężczyzna i kobieta mają jedną naturę, która jest wyrażona na dwa różne sposoby. „Bycie mężczyzną czy kobietą jest darem od Boga, a nie przeszkodą do pokonania".[2] Z kolei Jan Paweł II nauczał, że „osoba ludzka odnajduje pełną realizację swego człowieczeństwa tylko poprzez dwoistość «męskości» i «kobiecości»."[3] Bardzo ważne jest zatem, aby kobieta wiedziała kim jest i nie starała się być podobną do mężczyzny. Bóg zechciał bowiem przekazać światu dar całego swojego wizerunku odzwierciedlonego w człowieku: połowa tego daru jest ukazana w kobiecie, a druga połowa – w mężczyźnie. Ludzkość będzie prawdziwym odbiciem Boga tylko wtedy, gdy kobiety zrozumieją, jakie dary dał im Bóg oraz gdy będą wiernie je wykorzystywały. Bo przecież równość w godności nie oznacza jednakowości. Ta prawda powinna być na nowo zauważona. W dzisiejszym świecie mężczyźni ulegają pokusie, by mówić: „Jesteśmy lepsi od kobiet", a wtedy kobiety zaprzeczają: „Nie, my jesteśmy

---

[2] National Conference of Catholic Bishops, Committee Report, *One in Christ Jesus: Toward a Pastoral Response to the Concerns of Women of Church and Society* (Washington, D.C.: United States Catholic Conference, Inc., 1993), str. 5.

[3] Jan Paweł II, *The Genius of Women* (Washington, D.C.: United States Catholic Conference, Inc., 1997), str. 52.

ważniejsze, ponieważ...". Nasze nowoczesne społeczeństwo często poniża lub bagatelizuje rolę kobiet. Media i otaczająca nas rzeczywistość przekonują, że aby być kimś, muszą one stać się podobne do mężczyzn. Jest to jednak poważny błąd. Świat potrzebuje kobiecości, potrzebuje szczególnej osobowości kobiety. Niewiasta ma do wypełnienia specjalną i niezwykle ważną misję wobec ludzkości. Święta Edyta Stein powiedziała kiedyś: „Naród nie potrzebuje tego, co mamy... ale potrzebuje tego, kim jesteśmy".[4] Dlatego więc, choć zarówno mężczyźni jak i kobiety mają bardzo ważne i piękne dary, trzeba pamiętać, że są one odmienne; dlatego też muszą być odpowiednio szanowane i pielęgnowane.

Księga Rodzaju zawiera dwa opisy stworzenia – tylko czytając obydwa można w pełni zrozumieć, w jakim celu Bóg stworzył kobietę. Pierwsza historia pokazuje, jak Bóg uczynił niewiastę na swój obraz, obdarzając ją wielką, niepowtarzalną godnością. Została ona jednak wyposażona w dary znacznie różniące się od tych, które zostały dane mężczyźnie. Dopiero w drugim opisie stworzenia kobieta może dowiedzieć się dokładnie, jakie to dary Bóg jej powierzył:

Potem Pan Bóg rzekł: «Nie jest dobrze, żeby mężczyzna był sam, uczynię mu zatem odpowiednią dla niego pomoc».Ulepiwszy z gleby wszelkie zwierzęta

---

[4] Herbstrith, Waltraud. (2016), *Edyta Stein. Żydówka i chrześcijanka*, Wydawnictwo eSPe: Kraków.

lądowe i wszelkie ptaki powietrzne, Pan Bóg przyprowadził je do mężczyzny, aby przekonać się, jaką on da im nazwę. Każde jednak zwierzę, które określił mężczyzna, otrzymało nazwę „istota żywa". I tak mężczyzna dał nazwy wszelkiemu bydłu, ptakom powietrznym i wszelkiemu zwierzęciu polnemu, ale nie znalazła się pomoc odpowiednia dla mężczyzny. Wtedy to Pan sprawił, że mężczyzna pogrążył się w głębokim śnie, i gdy spał wyjął jedno z jego żeber, a miejsce to zapełnił ciałem. Po czym Pan Bóg z żebra, które wyjął z mężczyzny, zbudował niewiastę. A gdy ją przyprowadził do mężczyzny, mężczyzna powiedział: «Ta dopiero jest kością z moich kości i ciałem z mego ciała! Ta będzie się zwała niewiastą, bo ta z mężczyzny została wzięta».

(Rdz 2,18-23)

Bóg powiedział: „*Nie jest dobrze, żeby mężczyzna był sam"*,[5] dlatego też postanowił stworzyć towarzysza dla człowieka. Pan powołał do życia wiele różnych organizmów, rozmaite rośliny i zwierzęta. Ale to nie było to: człowiek nawet w ich obecności nie tylko pozostawał sam, ale i czuł się osamotniony. Zatem Bóg postanowił stworzyć mu „odpowiedniego towarzysza". Nie uczynił jednak drugiego mężczyzny. Gdy Bóg zesłał na Adama sen, wyjął część z jego ciała i uczynił kobietę – z niego i dla niego. Są tu dwie bardzo

---

[5] Rdz 2,18.

ważne rzeczy do odkrycia. Po pierwsze, Bóg uczynił Ewę jako odpowiedź na potrzebę mężczyzny – jako lekarstwo na jego samotność. Po drugie, Bóg stworzył ją dla Adama jako dar. To właśnie tutaj można ujrzeć tożsamość kobiety oraz przeznaczenie, dla którego Bóg powołał ją do życia: jako dar od Stwórcy i pomoc dla mężczyzny. W tym fragmencie ukazana jest godność niewiasty: gdy Adam potrzebował drugiej osoby, Bóg stworzył kobietę jako dar. Jest więc ona Bożym darem miłości dla mężczyzny.

Przez całe swoje życie, w każdym momencie, kobieta musi pamiętać o dwóch pytaniach. Powinna nieustannie zastanawiać się: *„Jak mogę być darem?"* oraz *„Jak mogę być pomocą"*. Albowiem tylko w wypełnieniu zamiaru Stwórcy wobec siebie, kobieta znajdzie pokój, radość i zjednoczenie z Nim. Bóg stworzył każdego człowieka w określonym celu. Dlaczego kobieta powinna odzwierciedlać zamysł Boga? Odpowiedź jest bardzo prosta. Jeśli ludzie nie żyją tak, jak Bóg pragnie, to ich serca nie odnajdą prawdziwego pokoju, a wtedy i cały świat go nie doświadczy. Stworzenie zaczyna umierać, gdy odrzuca Boży plan. Tę prawdę można zrozumieć na przykładzie zwykłego widelca. Jest to bardzo przydatny instrument, używany w wiadomym celu. Ale za jego pomocą można zrobić także coś innego. Można na przykład użyć go do czesania włosów lub do pracy w ogrodzie. Jednak, jeśli człowiek użyje go do tych czynności, to widelec nie będzie dobrze funkcjonował, ponieważ nie został do tego stworzony. Jeżeli będzie używany w ogrodzie, może zostać wygięty i poszczerbiony przez kamienie w ziemi. A jeśli wykorzysta się go do czesania włosów, to będą one poszarpane i matowe. Widelec został stworzony do jedzenia. Gdy więc człowiek używa go w tym celu, to wszystko jest w porządku i działa jak trzeba.

W ten sam sposób Bóg stworzył wszystko we wszechświecie, ponieważ wszystko ma swój własny cel i zadanie – również ludzie. Kobieta jest wolna, a więc może działać także „na opak": starać się być jak mężczyzna lub, ogólnie mówiąc, stawać się kimś innym niż Bóg zaplanował. Wtedy jednak zarówno ona, jak i cała ludzkość odczuje to negatywnie. Świat potrzebuje niewiasty wraz ze wszystkimi darami, które Bóg jej powierzył. Dlatego bardzo ważne jest, aby kobieta to zrozumiała i żyła tak, jak Bóg zamierzył – aby zarówno jej serce, jak i cały świat ogarnął pokój. Albowiem pokój może zaistnieć tylko wtedy, gdy stworzenie Boga podąża za Jego planem.

Nadchodzi godzina, nadeszła już godzina, w której powołanie kobiety realizuje się w pełni. Godzina, w której niewiasta swoim wpływem promieniuje na społeczeństwo i uzyskuje władzę nigdy dotąd nie posiadaną. Dlatego też w chwili, kiedy ludzkość przeżywa tak głębokie przemiany, kobiety przepojone duchem ewangelicznym mogą nieść wielką pomoc ludzkości, aby nie upadła.[6]

Do refleksji:

1. Czy postrzegam siebie jako stworzoną na obraz i podobieństwo Boga?
2. Czy potrafię dostrzec wielką godność, z jaką Bóg mnie stworzył?
3. Jakie widzę różnice w dziele stworzenia mężczyzny oraz kobiety?
4. W jaki sposób patrzę na Jezusa, Maryję i Józefa doświadczających tych różnic w swoim życiu?
5. Jakie fałszywe wyobrażenia istnieją w dzisiejszej kulturze na temat stworzenia mężczyzny i kobiety?
6. Jak mogę w swoim życiu uleczyć zadane przez to rany?
7. W jaki sposób powinnam uczyć dzieci o różnicach między kobietami i mężczyznami, o ich uzdolnieniach i wielkiej godności?

---

[6] Jest to fragment pierwszego akapitu Listu apostolskiego Jana Pawła II *Mulieris Dignitatem*. Cytuje on orędzie Magisterium Kościoła, zamykające Sobór Watykański II. "Orędzie soborowe do kobiet" (8 grudnia 1965 r.); AAS 58 (1966), 13-14.

Rozdział 2

Kobieta jako Dar

Zacznijmy od zastanowienia się, co to w ogóle znaczy, że kobieta ma być darem. Jako osoba, ma ona jakby do dyspozycji różne sfery: ciało, umysł, emocje, serce, duszę i ducha. Osoby płci męskiej i żeńskiej różnią się nie tylko fizycznie. Kobiecość rozciąga się na wszystkie aspekty bytu, nadając im kształt i kolor. Ewa jest odmienna od Adama nie tylko cieleśnie, ale posiada także szczególny kobiecy umysł, kobiece emocje, kobiecego ducha i kobiece serce – tak więc kobiecość stanowi integralną część jej istoty. Święta Edyta Stein tłumaczy to w ten sposób:

> Jestem skłonna wierzyć w to, że związek między duszą a ciałem nie jest taki sam u kobiety i mężczyzny – natura niewieścia sprawia, że jedność duszy i ciała jest tu bardziej ścisła. Kobieca dusza jest jakby bardziej obecna i żywotna w całej przestrzeni jej ciała, a to, co się z nim dzieje, ma na nią wyraźny wpływ. U mężczyzn zaś ciało ma

charakter raczej narzędzia, które służy im w pracy i do którego mają pewien dystans.[1]

To właśnie przez swą kobiecą naturę, która przenika każdą sferę jej istnienia, niewiasta wyraża sobą Boga i staje się darem zarówno dla mężczyzny, jak i dla ludzkości [*w oryginale, w słowach „mężczyzna" i „ludzkość" została zaznaczona gra słów: MAN i huMANity – przyp.tł*].

Pierwszy element kobiecej istoty – ciało

Ciało kobiety jest darem. Czy wierzysz w to? Ile dzisiejszych kobiet naprawdę w to wierzy? A jednak jest to prawda. Ciało mężczyzny różni się od ciała kobiety w oczywisty i ewidentny sposób. Na czym polega ta różnica? Naturalnie, wyraźna jest odmienność płciowa. Mężczyzna ma również większą siłę fizyczną, która pomaga mu w pracy (co stanowi nieodłączny element jego tożsamości jako mężczyzny). Bóg stworzył Adama, aby chronił swój dar – Ewę; aby o nią dbał, dla niej służył i pracował. Z kolei kobieta została stworzona jako ta delikatniejsza i słabsza. Jest ona jednak silniejsza w inny sposób, bo jest zdolna do noszenia i wydawania życia na świat. Słabsze ciało kobiety przyciąga

---

[1] St. Edith Stein, *Woman,* Vol. 2, Second Ed., Revised, Eds. Lucy Gelber and Romaeus Leuven, O.C.D., Trans. By Freda Mary Oben (Washington D.C.: ICS Publications, 1987), str. 95.

miłość jej męża. Gdy potrzebna jest jego pomoc (na przykład przy dźwiganiu ciężkich rzeczy), budzi się w nim potrzeba kochania i używania swoich sił jako daru dla żony. Patrząc na fizyczną budowę ciała mężczyzny i kobiety łatwo jest zrozumieć, że Bóg stworzył je, aby się wzajemnie uzupełniały. Cielesność staje się wyrazem męskiej i kobiecej tożsamości. Najbardziej widoczne jest to wtedy, gdy mąż i żona łączą się w akcie miłości małżeńskiej. Wtedy ich ciała dobrze współgrają ze sobą, jak w tańcu. Dzięki komplementarności ciał i dusz może nastąpić wzajemna komunia. Bóg obdarzył kobietę także innym prezentem – możliwością macierzyństwa. Jest to wyjątkowy dar, który pozwala kobiecie kochać i służyć w sposób głęboki i intymny, zarówno Bogu jak i ludzkości. Dar macierzyństwa jest właśnie tym, co sprawia, że jej ciało wyraźnie różni się od ciała mężczyzny.

Cała ta odmienność jest dobra i piękna. Niestety, wiele kobiet na świecie ma dziś problem ze swoim ciałem. Często martwią się za bardzo o swój wygląd lub pragną być bardziej męskie. Nie czując się w swym ciele komfortowo, patrzą na nie jako na ciężar. A przecież nie mogą uciec od własnego ciała. Telewizja, filmy i książki wciąż wykrzykują swoje opinie na temat tego, jaki ma być ideał przedstawicielki płci pięknej. Twierdzą zazwyczaj: „Wszystkie kobiety powinny wyglądać pięknie i szczupło". A przecież niemożliwością jest, aby każda z nas mogła spełnić takie fałszywe oczekiwania. Poczucie piękna, które kultura często narzuca, jest zupełnie inne od zamysłu Bożego. Na przykład, dzisiejsze społeczeństwo twierdzi, że ciało w kształcie klepsydry jest już nieatrakcyjne, bo „piękna kobieta" nie powinna mieć absolutnie żadnego tłuszczyku na sobie. Dlatego, niestety, tak powszechne jest mniemanie, że każda dziewczyna powinna być chuda jak patyk. A przecież Bóg wpisał w kobiece ciało powołanie do macierzyństwa. Każdy lekarz powie, że do prawidłowego poczęcia dziecka musi mieć ono pewną ilość tłuszczu, aby podtrzymać w sobie życie malutkiej, dodatkowej osoby rosnącej wewnątrz. Jednak, jeśli kobieta bardziej zwraca uwagę na ludzkie opinie zamiast na polecenia dane jej od Boga (swojego Stwórcy), to przestaje widzieć swoje ciało jako dar.

Powinniśmy pamiętać o tym, że Bóg sam utworzył każdą kobietę w łonie jej matki. W Psalmie 139 czytamy:

> *Ty bowiem utworzyłeś moje nerki, Ty utkałeś mnie w łonie mej matki. Dziękuję Ci, że mnie stworzyłeś tak cudownie, godne podziwu są Twoje dzieła. I dobrze znasz moją duszę, nie tajna Ci moja istota, kiedy w ukryciu powstawałem, utkany w głębi ziemi.*
> (wersety 13-15)

Chciałabym, abyś zamknęła na chwilę oczy. Spróbuj wyobrazić sobie moment, w którym zostałaś stworzona w łonie matki. Postaraj się zobaczyć, że był tam obecny sam Bóg, który własnoręcznie wziął twoje maleńkie ciałko i uformował je własnymi rękami. Spójrz, jak dotyka twoje ciało, by tchnąć w nie swój własny oddech życia i miłości. Chcę, abyś dojrzała Jego obecność przy sobie, w łonie twej matki, ponieważ tylko w ten sposób zrozumiesz, że twoje ciało jest darem. Przeznaczeniem twojego istnienia jest bycie darem. **"Panie, uczyniłeś całą moją istotę, utkałeś mnie w łonie mej matki. Chwalę cię, bo stworzyłeś mnie tak cudownie, wspaniałe są twoje dzieła!"**. Módl się tymi słowami i proś Jezusa, aby pomógł ci w nie uwierzyć. Naprawdę, każda z nas została stworzona jako wspaniały i piękny dar. Jest to prosta myśl, ale ludzie rzadko przyjmują ją swoim sercem.

Bóg uczynił kobietę własnoręcznie. To On zaprojektował jej kształt, kolor i rozmiar. To On tchnął w nią swoje życie, co było największym błogosławieństwem i potwierdzeniem jej piękna, gdyż – udzielając poczętej dziewczynce swego tchnienia – Stwórca ukazał, że wybrał ją na świątynię swojego Ducha. Żadna kobieta nie może wątpić w bycie piękną i ukochaną, jeśli tylko pamięta, że sam Bóg to potwierdził – udzielając jej swego Ducha. To był Jego sposób na powiedzenie: "Ona jest dobra". W Księdze Rodzaju Bóg rzekł po stworzeniu kobiety: *"Mężczyzna i jego żona byli nadzy i nie wstydzili się..."*. Ciało kobiety – jeśli nie grzeszy – nie jest czymś, czego powinna się ona wstydzić... Akt stworzenia ciała kobiety przez Boga jest bardzo piękny. Pan uczynił niewiastę jako dar. Był on dokładnie taki, jak kobieta stworzona na początku (bez żadnych ulepszeń). Ewa, pierwsza kobieta, nie martwiła się za bardzo o swoje ciało. Nie wykonywała wielu ćwiczeń, aby w ten czy inny sposób zmienić swój wygląd. Otrzymawszy swoje ciało, była po prostu wdzięczna Bogu i błogosławiła Go za nie. Jest napisane, że Ewa nie wstydziła się. Zrozumiała, że jej ciało jest darem dla Boga (ponieważ On zaczął przebywać w niej) oraz darem dla mężczyzny (który potrafił pracować i odpoczywać razem z nią i w niej), a także darem dla ludzkości (gdyż została powołana do życia przez jej ciało i w ten sposób miała być też karmiona). Dlaczego kobieta zaczęła mieć problem ze swoim ciałem? To była wina grzechu. On był jedyną przyczyną. Właściwe zrozumienie wartości daru, jakim jest ciało, może być przywrócone kobiecie tylko dzięki odkupieniu jej przez Jezusa. Zanim jeszcze przyszło to światło od Zbawiciela, od Boga, to ciało samo w sobie nie było czymś negatywnym. Jest ono przecież pięknym darem od Stwórcy. Ważne więc, aby każdy człowiek uświadomił sobie, że ciało każdego mężczyzny i każdej kobiety jest naprawdę darem od Boga.

W dzisiejszym świecie kobiety są zazwyczaj bardzo poranione, jeśli chodzi o aspekt fizyczny ich osoby. Bóg jednak chce uleczyć te rany w szczególny sposób. Tylko w Jezusie niewiasta może być uzdrowiona, by następnie móc przyjąć swe ciało jako dar. Popatrzmy na stworzenia, na przykład na kwiat, któremu opadły płatki, albo na drzewo, które straciło już wszystkie liście – człowiek nie może ich przecież przykleić z powrotem. Ludzie nie są w stanie naprawić stworzenia w ten sposób. Jednak Bóg jest zdolny do tego, by naprawdę uzdrowić „zepsute" stworzenie, ponieważ On sam jest jego Stwórcą. Serce człowieka zostało uczynione przez Boga, a potem zranił je grzech. Co więcej, każda osoba została też jakoś zraniona przez kulturę, w której żyje; przez to, co mówią (lub nie mówią) jej rodzice lub przez swoje własne czyny (na przykład wtedy, gdy kobieta rani swoje własne ciało przez grzech). Na szczęście Bóg może uleczyć ludzkie serce, ponieważ to On jest jego Stwórcą. W czasie tych rekolekcji każda kobieta musi w szczególny sposób powierzyć swoje ciało Bogu, aby On mógł je uzdrowić.

Do uleczenia serca może dojść zwłaszcza wtedy, gdy kobieta wróci do Słowa Bożego i odnajdzie miejsca, w których Bóg mówi o ciele kobiety. Pismo Święte jest Słowem Boga dla ludzkości, a więc Pan może przemówić przez nie bezpośrednio do człowieka o zranionym wnętrzu. Stwórca mówi o pięknie ciała niewiasty zwłaszcza w „Pieśni nad Pieśniami". Każda kobieta jest ukochaną Pana, może więc odnaleźć Jezusa przemawiającego do niej przez te szczególne wersety Pisma Świętego. Oto kilka przykładów:

Jak piękne są twe stopy w sandałach, księżniczko! Linia twych bioder jak kolia, dzieło rąk mistrza. Łono twe, czasza okrągła: niechaj nie zbraknie w niej wina korzennego! Brzuch twój jak stos pszenicznego ziarna okolony wiankiem lilii. Piersi twe jak dwoje koźląt, bliźniąt gazeli. Szyja twa jak wieża ze słoniowej kości. Oczy twe jak sadzawki w Cheszbonie, u bramy Bat-

Rabbim.
Nos twój jak baszta Libanu, spoglądająca ku Damaszkowi. Głowa twa [wznosi się] nad tobą jak Karmel, włosy głowy twej jak królewska purpura, splecione w warkocze.
(Pnp 7, 2-6)

O jak piękna jesteś, przyjaciółko moja, jakże piękna! Oczy twe jak gołębice za twoją zasłoną. Włosy twe jak stado kóz falujące na górach Gileadu. Zęby twe jak stado owiec strzyżonych, gdy wychodzą z kąpieli: każda z nich ma bliźniaczą, nie brak żadnej. Jak wstążeczka purpury wargi twe i usta twe pełne wdzięku.
Jak okrawek granatu skroń twoja za twoją zasłoną. Szyja twoja jak wieża Dawida, warownie zbudowana; tysiąc tarcz na niej zawieszono, wszystką broń walecznych. Piersi twe jak dwoje koźląt, bliźniąt gazeli, co pasą się pośród lilii.
Nim wiatr wieczorny powieje i znikną cienie, pójdę ku górze mirry, ku pagórkowi kadzidła. Cała piękna jesteś, przyjaciółko moja, i nie ma w tobie skazy.
(Pnp 4, 1-7)

Każda kobieta powinna odnaleźć się w powyższych słowach Pisma Świętego. Mówią one o tym, w jaki sposób Bóg – Jezus (czyli doskonały mężczyzna) widzi kobietę. Chrystus mówi do każdej niewiasty: „*Cała piękna jesteś, przyjaciółko moja, i nie ma w tobie skazy.*"[2] Kobieta powinna czytać ten werset co najmniej pięć razy dziennie, aby we właściwy zrozumieć swoją cielesność, tak ukochaną przez Boga. „Jesteś piękna... bez skazy" – mówi Jezus. Być może język „Pieśni nad Pieśniami" może wydawać się nieco dziwny, ale jeśli tylko kobieta prosi Ducha Świętego, aby pomógł jej spojrzeć na to we właściwy sposób – On da jej możliwość poznania jej piękna w głębszym wymiarze. Każda kobieta powinna prosić Jezusa, aby pomógł jej uwierzyć, że te słowa odnoszą się właśnie do niej. Pismo Święte jest Słowem Bożym, a więc ma uzdrawiającą moc. Słowo jest jak kapsułka, która zawiera w sobie ducha i przekazuje go człowiekowi. Zatem Słowo Boże niesie nam Ducha Świętego. Kiedy kobieta czyta te wersety, mogą one wnieść do jej wnętrza uzdrawiającą obecność Boga. Dlatego tak ważne jest, by osoba mająca jakąś szczególną ranę czytała odpowiedni do jej sytuacji fragment Pisma Świętego.

Ważne, aby kobieta pojęła piękno i godność swojego ciała, a w ten sposób była zdolna do używania go jako daru, a także do jego ochrony od grzechu. Bóg stworzył człowieka w bardzo piękny sposób i w określonym celu. Jest to świątynia Ducha Świętego – Jego Dom. Uwierz, że Bóg kocha ciało! Kobieta powinna je pielęgnować i cenić. Później poruszymy jeszcze temat czystości oraz problemów z tym związanych; powiemy sobie też o tym, że każda niewiasta powinna szanować swoje ciało oraz żyć godnie. Jednak najpierw

---

[2] Pnp 4,7.

kobieta powinna uświadomić sobie, że ma tą godność. Stwórca dał kobiecie ciało, aby mogło ono służyć – jako narzędzie jego czynnej Miłości oraz odbicie Jego prawdziwego oblicza. Kobieta będzie mogła odnaleźć swą godność dopiero w uznaniu prawdy o tym, że jej ciało jest zarówno obiektem, jak i instrumentem Bożej Miłości.

Drugi element kobiecej istoty – umysł i uczucia

Umysł oraz uczucia mężczyzny i kobiety również bardzo się różnią. Mężczyzna myśli bardzo konkretnie, lubi wszystko mieć poukładane, jest nastawiony na szukanie rozwiązań. To dlatego, że „Adam" bardzo potrzebuje kogoś ochraniać. W trudnej sytuacji umie więc zostawić swoje emocje, by mieć jasny ogląd sytuacji i podjąć decyzję o sposobie działania. Stosuje takie podejście: „Dobra, mamy problem, więc zrobimy to i to". Mężczyzna musi być przywódcą. Bóg powierzył kobietę w jego ręce, a to oznacza, że on powinien w sposób konkretny przyjąć ten dar, służyć mu i prowadzić go. Kobieta natomiast żyje bardziej swoimi emocjami i sercem. Jej siła leży w życiu uczuciowym. To poprzez swoje emocje odczytuje ona to, co dzieje się w jej duszy w stosunku do Boga. A kobiece uczucia nie tylko pomagają jej poznać samą siebie, ale również stawać się bardziej wrażliwą na drugiego człowieka. Jak dobrze wiadomo, kobieta na ogół przejmuje się innymi ludźmi o wiele bardziej niż mężczyzna. On z kolei częściej martwi się o pracę lub pieniądze, ponieważ dotyczy to jego podstawowej misji w rodzinie: zapewnienia schronienia, jedzenia i bezpieczeństwa dla żony i dzieci. Kobieta troszczy się bardziej o osoby, ponieważ czuje się z nimi emocjonalnie związana ze względu na swój dar macierzyństwa. Przedstawicielki płci żeńskiej płaczą o wiele częściej niż osobnicy płci męskiej właśnie dlatego, że bardzo mocno odczuwają wszelkie emocje. To właśnie głębokie życie uczuciowe, które jest darem danym kobietom, jest ich przyczyną. Dlaczego? Otóż Bóg stworzył niewiastę, aby była pomocą, służebnicą i matką. A jeśli ma ona pomagać, służyć i stawać się mamą, to znaczy, że powinna być przez cały czas bardzo wrażliwa na to, czego potrzebują inni. Zawsze. I tak jest rzeczywiście – kobieta zawsze chce wiedzieć, czego w danej chwili potrzebuje jej dziecko, jak może mu pomóc, jak ono się czuje, dlaczego płacze. Ciągle czuwa nad jego pragnieniami. A jeśli ma męża, to zawsze chce wiedzieć, czego on od niej potrzebuje i jak ona może mu pomóc. Kobieta czuje więc potrzebę pomagania i służenia innym. A potrafi pomagać i służyć właśnie dzięki bardzo wrażliwemu sercu i głębokiej uczuciowości. Jest to więc dar. Wrażliwe serce kobiety nie tylko sprawia, że jest ona bardziej czuła na cierpienia innych, ale także posiada zdolność dzielenia się pozytywnymi emocjami, które mogą rozsiewać radość, pokój i harmonię wokół niej. Ze względu na swoją wielką, ale zarazem delikatną miłość, w wielkich kryzysach życiowych kobieta potrafi przynieść prawdziwą pociechę. Fulton Sheen mawiał: „Kiedy on jest skruszony, smutny lub zatroskany, ona przynosi pocieszenie i spokój".[3] Zaś papież Pius XII napisał:

> Bóg obdarzył kobietę (w większym stopniu niż mężczyznę) następującymi darami: poczuciem elegancji, łagodnością oraz umiejętnością przemieniania nawet najzwyklejszych rzeczy w urocze i miłe – a to wszystko dzięki temu, że ona, jako pomocnik mężczyzny w zakładaniu rodziny, została stworzona po to, by rozsiewać radość i miłość wokół domowego ogniska rozpalonego przez jej męża.[4]

Wrażliwe na wszystko kobiety służą nie tylko członkom swojej najbliższej rodziny, ale są także wezwane do wykorzystania tego daru, by przemieniać świat wokół siebie. Edyta Stein powiedziała: „Dojrzałe życie chrześcijanki jest źródłem uzdrowienia dla świata"[5]. W tym sensie, kobieta ma obowiązek być pomocą także dla całej ludzkości, by pojednać ją z Bogiem. Społeczeństwo potrzebuje kobiety oraz kobiecości wynikającej z jej natury. Papież Jan Paweł II podkreślał,

---

[3] Sheen, Fulton J. (2018), *Maryja. Pierwsza miłość świata*, ESPRIT: Kraków.

[4] Papal Teachings –LEO XII, BENEDICT XV, PIUS XI, PIUS XII, *The Woman in the Modern World* (Boston: Daughters of St. Paul, 1959), str. 82.

[5] Herbstrith, Waltraud. (2010), *Edyta Stein. Żydówka i chrześcijanka*, Wydawnictwo eSPe: Kraków.

że „bez udziału kobiet społeczeństwo staje się mniej aktywne, kultura – uboższa, a pokój – mniej stabilny".[6]

Delikatne emocje kobiety wymagają wielkiej troski od tych, którym ją powierzono. Jej wrażliwe serce sprawia, że łatwo ją przestraszyć lub zasmucić, ale jednocześnie potrafi ona szybko odnaleźć spokój i radość. W trudnej sytuacji mężczyzna musi wykazać odwagę, by obronić kobietę lub jej pomóc. Ona jednak nie potrzebuje odwagi tak jak mężczyzna. Dlaczego? Dlatego, że to on ma być jej odwagą. Niewiasta nie potrzebuje odwagi, ale zaufania. Dla niej odwaga jest zaufaniem. Stąd tak ważne jest, by kobieta żyła w środowisku miłości, aby dzięki temu mogła łatwo zaufać osobie, której została powierzona. Tak było również w życiu Matki Bożej. Ona zawsze znajdowała się pod męską opieką. Kiedy się urodziła, troszczył się o nią jej ojciec Joachim. Gdy jako dziewczynka została oddana do świątyni (jak podaje tradycja), zajmował się nią najwyższy kapłan Zachariasz. Kiedy Maryja została mężatką, zaopiekował się nią Józef. Gdy umarł, troszczył się o nią jej syn Jezus. A tuż przed Jego śmiercią, Maryja została powierzona opiece świętego Jana. Matka Boża mogła być w pełni kobietą, ponieważ zawsze żyła pod opieką mężczyzny. I to jest jeden z powodów, dla których w dzisiejszym świecie kobiecie jest bardzo trudno, gdy nie ma obok niej męża, ojca, ani żadnego innego mężczyzny, który

---

[6] Jan Paweł II, *The Genius of Women* (Washington, D.C.: United States Catholic Conference, Inc., 1997), str. 27.

by jej pomagał – dlatego czuje się ona tak często bardzo samotna, szczególnie w trudnych sytuacjach. Oczywiście, może zwrócić się w takich momentach do Boga, ale – ogólnie mówiąc – ciężko jest jej żyć bez realnego towarzysza, ponieważ Bóg stworzył ją, aby była powierzona czyjejś opiece. Jeśli kobieta jest zakonnicą, to sam Pan troszczy się o jej potrzeby; dlatego właśnie każda osoba konsekrowana musi rozwinąć silną więź z osobą Jezusa, który jest jej małżonkiem. Jeśli kobieta jest młodą dziewczyną, to znajduje potrzebną odwagę i bezpieczeństwo w swoim ojcu. Jeśli żoną – w swoim mężu. Kobieta potrzebuje mężczyzny. Dlatego Bóg powierzył Ewę Adamowi. Będąc darem, kobieta może nauczyć mężczyznę, co to znaczy naprawdę ofiarować siebie w darze i co to znaczy naprawdę kochać.

Umysł kobiety musi być bardzo czysty, bo ona żyje tak, jak myśli. Jeśli jej myśli są nieczyste, to będzie żyła nieczysto lub samolubnie. Kiedy zacznie myśleć: „Chcę mieć mężczyznę dla siebie, by czuć się dobrze", to wtedy będzie dążyła do tego celu. Zacznie na przykład nosić nieprzyzwoite ubrania, ponieważ „chce mieć mężczyznę dla siebie". To nie jest bycie pomocą ani służebnicą. A przecież Bóg stworzył kobietę po to, by mogła służyć. A więc jeśli ona myśli tylko o sobie, to komu będzie służyć? Samej sobie. Wtedy nie zrealizuje swojej kobiecości. Bóg stworzył kobietę, aby służyła innym – dlatego jej umysł musi być zawsze czysty i skupiony na Bogu, a ona powinna odpoczywać w Jego sercu i tam odczytywać jego wolę – jak ma w danej chwili służyć.

Święty Paweł pisze bardzo wyraźnie w Liście do Filipian (Flp 4,8), że umysł kobiety powinien spocząć w tym wszystkim, *„co jest prawdziwe, co godne, co sprawiedliwe, co czyste, co miłe, co zasługuje na uznanie: jeśli jest jakąś cnotą i czynem chwalebnym – to miejcie na myśli!"*. Wszystko, co jest prawdziwe, dobre, czyste, święte, wspaniałe – tam zawsze powinien spoczywać umysł kobiety. Jeżeli jej myśli są skupione na tych rzeczach, to będzie ona prowadzić bardzo dobre życie, w którym okaże się zarówno Bożym darem, jak i pomocą dla wszystkich wokół. Święta Klara z Asyżu powiedziała: „Stajemy się tym, co kochamy. To, co kochamy, kształtuje to, czym się staniemy. Jeśli kochamy rzeczy, stajemy się rzeczą. Jeśli nie kochamy niczego, stajemy się niczym." A ja dodałabym: „Jeśli kochamy Boga, to On sprawia, że stajemy się podobni do Niego". Dlatego kobieta musi zakochać się w Bogu, aby stać się w pełni sobą. Powinna nie tylko używać umysłu w dobry i święty sposób, ale także kształtować myślenie, charakter i serca swoich dzieci. Każde społeczeństwo składa się bowiem z takich ludzi, jakich wychowały matki. Z tego powodu kobiece zadanie polegające na formowaniu społeczeństwa poprzez kształtowanie swych dzieci jest tak fundamentalne. Jeden z papieży stwierdził:

> [Matka] jest słońcem [rodziny] dzięki duchowi hojności i poświęcenia oraz dzięki nieustannej gotowości, czujności, delikatności i taktowi we wszystkim, co dotyczy szczęścia jej męża i dzieci. [Matka] promieniuje

światłem i ciepłem..., a [szczęście] wyrasta z mądrości jej serca: serca, które pragnie dać tylko radość – nawet jeśli w zamian doznaje rozczarowania; serca, które przywraca godność i szacunek – nawet za cenę upokorzenia.[7]

Trzeci element kobiecej istoty – duch

Osoba kobiety składa się również z ducha. Duch oznacza to, jak żyjemy. Z tego względu, że mężczyzna z reguły nie odznacza się tak głębokimi i wrażliwymi emocjami jak kobieta, jego duch (sposób bycia) może czasami wydawać się szorstki. Dzieje się tak dlatego, że mężczyzna chce postępować w sposób bardzo jasny i konkretny. Przestrzegając zasad, Adam jest obrazem Bożej sprawiedliwości. Bóg miał jednak inny zamysł, gdy stwarzał Ewę. Chciał, aby ukazała światu jego miłosierne oblicze, czyli Jego łaskawość, dobroć, delikatność i współczucie. Kobieta powinna być więc bardzo spokojna (czyli delikatna, zrelaksowana) oraz pokorna, cierpliwa i cicha. Może wtedy zostać nauczycielką Bożego miłosierdzia dla sprawiedliwego mężczyzny. Chciałabym przez chwilę zatrzymać się nad znaczeniem słowa „cichość". Co to znaczy być cichym? W dzisiejszym świecie ta cecha jest często błędnie rozumiana jako słabość czyli, na przykład, pozwalanie na bycie wykorzystywanym,

---

[7] Nauczania papieskie – Leon XII, Benedict XV, Pius XI, Pius XII, str. 83.

bez żadnej obrony z naszej strony. A jednak, kiedy spojrzymy na słowo „cichy" w Słowniku Webstera, zobaczymy, że tam definicja brzmi trochę inaczej: „cichy – niełatwo wpadający w gniew, cierpliwy, delikatny, uprzejmy, łagodny, miłosierny i współczujący". Widać tu, że cichość jest przede wszystkim wewnętrznym stanem serca. Ponadto, różni się bardzo od słabości. Człowiek musi być bardzo silny wewnętrznie, aby pozostać cierpliwym i wyrozumiałym podczas próby. Jednakże, jeśli kobieta znajdzie się w niewłaściwym związku, w żadnym wypadku nie sugeruję, aby w imię „cichości" pozostała w nim na zawsze, zwłaszcza, jeśli jest tam bardzo krzywdzona. Papież Jan Paweł II często mówił: „Aby kobieta stała się darem, musi mieć go w swoim posiadaniu".[8] Powinna ona umieć chronić ten dar kobiecości, aby sama mogła stawać się darem dla kogoś innego. To, co kobieta jest w stanie zawsze zrobić, to spróbować kontrolować swoje wnętrze i nie dać się łatwo rozgniewać oraz starać się być wyrozumiałą i życzliwą w swoim sercu, nawet jeśli czasem trzeba się zdecydować na realną ucieczkę od trudnej sytuacji. Taki wewnętrzny stan gotowości do przebaczenia jest wielką pomocą. Nieprzebaczenie boli zawsze tylko tę osobę, która nie potrafi wybaczyć. Taki człowiek zostaje jakby umieszczony za kratami własnych ran, brakuje mu wolności do kontynuowania życia w całej pełni. Często ten stan burzy

---

[8] *The Catholic Woman, Volume 3 – Wetherfield Institute Proceedings* (San Francisco: Ignatius Press, 1990), str. 18.

wzajemne relacje, powodując jeszcze więcej podziałów i ran. Gdy jednak kobieta wybierze cichość serca, będzie zawsze wolna by kochać i zanosić pokój światu. Święty Piotr mówił w swoim liście (1P 3,1-4) o tym, jakiego rodzaju ducha powinna mieć niewiasta. Pisze tak:

> *Tak samo żony niech będą poddane swoim mężom, aby nawet wtedy, gdy niektórzy z nich nie słuchają nauki, przez samo postępowanie żon zostali [dla wiary] pozyskani bez nauki, gdy będą się przypatrywali waszemu, pełnemu bojaźni, świętemu postępowaniu. Ich ozdobą niech będzie nie to, co zewnętrzne: uczesanie włosów i złote pierścienie ani strojenie się w suknie, ale wnętrze serca człowieka o nienaruszalnym spokoju i łagodności ducha, który jest tak cenny wobec Boga.*

Piękny kobiecy duch może przemienić niejednego mężczyznę. Może go nauczyć jak być opanowanym i pokornym. Takim więc duchem – spokojnym i cichym – powinna żyć niewiasta. Papież Jan Paweł II apelował do kobiet, aby „stawały się nauczycielkami pokoju poprzez wszystko to, kim są i co czynią".[9] Jednak, aby kobiety mogły rozsiewać pokój wokół, najpierw muszą zadbać, by mieć go w sobie. „Pokój wewnętrzny pochodzi ze świadomości, że jesteśmy kochani przez Boga oraz z chęci odpowiedzenia na

---

[9] Jan Paweł II, *The Genius of Women*, str. 11.

Jego miłość."[10] Zatem, aby kobieta naprawdę żyła w takim duchu, jakiego Bóg dla niej pragnie, musi zbliżyć się do Niego. Powinna pozwolić Mu na uwolnienie jej kobiecego ducha poprzez doświadczenie bezpieczeństwa Jego Miłości i obecności. Święta Edyta Stein powiedziała kiedyś: „Modlitwa i wewnętrzna cisza mogą poszerzyć kobiecego ducha. Kobiety powinny stać się 'szerokie', 'spokojne', 'opróżnione z siebie', 'ciepłe' i 'przejrzyste'. Tylko serce wyzwolone z egoizmu może być przeniknięte przez łaskę, która jest zdolna uformować niewiasty w kochające osoby, którymi mają się wciąż stawać".[11] Istnieje wiele powodów, dla których kobiety powinny starać się o takiego ducha, jaki opisuje święty Paweł. Jednym z przykładów jest matka. Jej dziecko (nawet to, które przebywa jeszcze w jej łonie) wie zawsze, jak ona czuje się w danej chwili. Gdy zdarzy się, że mówi bardzo głośno, to dziecko odbiera to negatywnie. Jeżeli mama jest zestresowana, dzieciątko stresuje się również i może nie rozwijać się prawidłowo. W czasie ciąży formuje się bowiem nie tylko ciało, ale i emocje dziecka. Jeśli jego matka zachowuje się głośno lub arogancko, gdy ono jest jeszcze w jej wnętrzu, to bardzo trudno będzie mu zachować spokój już po narodzinach. Przecież nawet dorosły człowiek zaczyna w naturalny sposób odczuwać stres, gdy przebywa z nerwową

---

[10] Ibid., str. 13.

[11] Herbstrith, Waltraud. (2016), *Edyta Stein. Żydówka i chrześcijanka*, Wydawnictwo eSPe: Kraków.

osobą. O ileż więc bardziej wrażliwe jest małe dziecko, które rośnie w łonie matki? Jeśli ma się ono rozwijać prawidłowo, to niezmiernie ważne jest, aby duch jego mamy był bardzo spokojny, zarówno w czasie ciąży jak i po porodzie. Ilekroć niemowlę płacze, rodzic zawsze powinien umieć je wyciszyć jak najłagodniejszym głosem. Czy kiedykolwiek słyszałaś o dziecku utulonym do snu przez krzyczącą matkę? Ono potrzebuje miłości, a tą miłość otrzymuje nie tylko przez dotyk. Prawdą jest to, że również głos może „dotknąć" dziecka. Jeśli będzie pełen miłości, to przyjdzie ukojenie. Kiedy dziecko będzie „dotykane" spokojnym duchem matki i jej miłością, będzie rosło spokojnie i zdrowo. Jeśli mama ma zwyczaj mówienia cichym głosem, to sama pomaga dziecku, by często nie płakało. Odnosi się to nie tylko do niemowląt, ale także do starszych dzieci. Dwulatki często są nadwrażliwe i mają napady złości tylko dlatego, że przechodzą „okres dwulatka". Jeśli w takiej sytuacji matka nie jest spokojna, lecz głośna i zestresowana, to nie pomoże ani sobie ani maluchowi. Natomiast bardzo cichym, spokojnym głosem może wyciszyć swoje dziecko oraz nauczyć je, jak być bardziej opanowanym i posłusznym. Chociaż Bóg dał kobietom dar cichego, spokojnego i łagodnego ducha ze szczególnym przeznaczeniem dla ich dzieci, to jednak powinny one dzielić się nim zawsze i z każdym. Tak naprawdę, dla każdej osoby płci żeńskiej drugi człowiek jest trochę jak jej dziecko. Dzięki temu kobieta może stawać się prawdziwą nauczycielką pokoju przez wszystko, czym jest i co czyni,[12] wypełniając w ten sposób swoją „wyjątkową rolę w humanizacji społeczeństwa".[13]

Przede wszystkim ważna jest świadomość, że to przez swojego Ducha Świętego Bóg pomaga kobiecie żyć zgodnie z Jego pierwotnym zamysłem. On daje jej dar swojego własnego Ducha, więc to według Niego powinien być formowany kobiecy duch. Niewiasta posiada w szczególności zdolność spokojnej, łagodnej obecności – jest to dar samego Pocieszyciela. Spokój, delikatność i cisza ducha kobiety jest jednym ze sposobów, w jaki może ona być odbiciem Ducha Świętego. Ewa miała nauczyć Adama, jak można żyć takim duchem, ponieważ jest to naturalny dar, którym Bóg ją obdarzył. Święty Paweł zachęca wszystkich chrześcijan, aby wcielili w życie te słowa:

> *A zatem zachęcam was ja, więzień w Panu, abyście postępowali w sposób godny powołania, jakim zostaliście wezwani, z całą pokorą i cichością, z cierpliwością, znosząc siebie nawzajem w miłości. Usiłujcie zachować jedność Ducha dzięki więzi, jaką jest pokój. Jedno jest Ciało i jeden Duch, bo też zostaliście wezwani do jednej nadziei, jaką daje wasze powołanie. Jeden jest Pan, jedna wiara, jeden chrzest. Jeden jest Bóg i Ojciec wszystkich,*

---

[12] Jan Paweł II, *The Genius of Women*, str. 11.
[13] Ibid., str. 40.

który [jest i działa] ponad wszystkimi, przez wszystkich i we wszystkich.

(Ef 4,1-6)

Dzięki temu, że kobieta przyjmie swój naturalny dar w ten sposób, może ona pomóc poprowadzić ludzkość w naśladowaniu Boga. Oto duch kobiety. Czy dzisiejsi ludzie żyją takim duchem czy nie? Niestety nie zawsze. A jest to dar, który Bóg chce dać ludzkości właśnie przez niewiastę. Powinien on być widoczny w jej sposobie myślenia, mówienia i działania – we wszystkim. Jednak, aby żyć tym duchem w sposób święty, kobieta potrzebuje Świętego Ducha. Powinna mieć z Nim bardzo głęboką relację. Musi być napełniona Duchem Świętym tak, jak Matka Boża. W scenie Nawiedzenia, czyli spotkania z Elżbietą, Maryja była tak pełna Ducha Świętego, że On „przeskoczył" niejako z jej łona do Jana Chrzciciela w łonie Elżbiety, w ten sposób „chrzcząc" go. Kiedy to nastąpiło, Elżbieta rzekła: „Błogosławiona jesteś między niewiastami", a Maryja odpowiedziała: *„Wielbi dusza moja Pana, a* **duch mój raduje się** *w Bogu, Zbawicielu moim..."*. Jej duch się rozradował! Kobieta musi dawać radość jak Maryja oraz radować się w Bogu tak samo jak ona. Oto zadanie kobiety. Powinna być tak pełna Ducha Świętego, by mógł On „przeskakiwać" z jej serca do serc wszystkich napotykanych przez nią osób. Niech moja dusza i serce głoszą wielkość Pana, a „duch mój raduje się w Bogu, Zbawicielu moim"... To jest właśnie misja kobiety.

Powinna czynić dokładnie to: głosić swoim sercem i duszą wielkość Pana, radując się Nim w swoim duchu.

Czwarty element kobiecej istoty – serce i dusza

Porozmawiajmy teraz o sercu i duszy kobiety, czyli o tej najgłębszej sferze ludzkiej. Serce człowieka jest bowiem miejscem, gdzie łączą się najintymniejsze głębie jego emocji, myśli, ciała i ducha. Jest to „kaplica" – wewnętrzne pomieszczenie, w którym człowiek spotyka się z Bogiem. Tak mówi o tym Katechizm Kościoła Katolickiego:

> Skąd pochodzi modlitwa człowieka? Niezależnie od tego, jaki byłby język modlitwy (gesty, słowa), zawsze modli się cały człowiek. Aby jednak określić miejsce, z którego wypływa modlitwa, Pismo święte mówi niekiedy o duszy lub o duchu, najczęściej zaś o sercu (ponad tysiąc razy). Modli się serce. Jeśli jest ono daleko od Boga, modlitwa pozostaje pusta.
> (KKK, p.2562)

Serce jest mieszkaniem, w którym jestem, gdzie przebywam (według wyrażenia semickiego lub biblijnego: gdzie „zstępuję"). Jest ukrytym centrum, nieuchwytnym dla naszego rozumu ani dla innych ludzi; jedynie Duch Boży może je zgłębić i poznać. Jest to miejsce decyzji w głębi naszych wewnętrznych dążeń. Jest to miejsce prawdy, w którym wybieramy życie lub śmierć. Jest to w końcu miejsce spotkania, gdyż nasze życie, ukształtowane na obraz Boży, ma charakter relacji; serce jest więc miejscem przymierza.

(KKK, p.2563)

Jakie powinno być serce kobiety? Bardzo piękna odpowiedź na to pytanie znajduje się w Ewangelii św. Łukasza (Łk 21,1-4):

Gdy podniósł oczy, zobaczył, jak bogaci wrzucali swe ofiary do skarbony. Zobaczył też, jak uboga jakaś wdowa wrzuciła tam dwa pieniążki, i rzekł: «Prawdziwie powiadam wam: Ta uboga wdowa wrzuciła więcej niż wszyscy inni. Wszyscy bowiem wrzucali na ofiarę z tego, co im zbywało; ta zaś z niedostatku swego wrzuciła wszystko, co miała na utrzymanie».

Kobieta potrzebuje dawać WSZYSTKO. Fulton Sheen napisał kiedyś: „Niewiasta jest zdolna do większych poświęceń niż mężczyzna, a to po części dlatego, że jej miłość jest bardziej stała, a także dlatego, że nie będzie ona szczęśliwa bez absolutnego i pełnego poświęcenia. Kobieta jest stworzona do tego, co święte, jest narzędziem niebios".[14]

---

[14] Sheen, Fulton J. (2018), *Maryja. Pierwsza miłość świata*, ESPRIT: Kraków.

Bóg nie uczynił serca Ewy, aby ofiarowała tylko jego część, ale by dawała wszystko Bogu, a przez Niego – drugiemu człowiekowi. I dalej: „Kobieta to wypełnienie «mysterium caritatis» – tajemnicy miłości. A miłość nie oznacza tego by mieć, posiadać, zawładnąć. To znaczy raczej – być posiadaną przez kogoś, być darem z siebie dla innych. Niewiasta może kochać Boga w sposób pośredni, przez stworzenia, albo zupełnie bezpośrednio... Jednak, aby być szczęśliwą, musi przynosić ludziom Boga".[15] Kobieta jest powołana do walki z przejawami egoizmu, wzbudzanymi w niej przez grzech pierworodny. Musi walczyć z nimi poprzez swoją wielkoduszną wrażliwość, czułość, radość i współczucie, oddając się służbie innym w autentycznej miłości. Papież Jan Paweł II pisał obszernie w „Mulieris Dignitatem", że kobieca służba wobec rodzin, Kościoła i całego społeczeństwa powinna być realizowana w wolności, wzajemności i miłości. Dar ma sens tylko wtedy, gdy jest przekazywany darmo, przez poświęcającą się miłość. Zatem, aby kobieta mogła być darem dla świata, trzeba umożliwić jej dobrowolne przyjęcie zadania, które Bóg jej powierzył. Pan stworzył serce kobiety dla siebie, aby ona mogła Mu je oddać, a przez Niego – ofiarować je innym. Ale najpierw jej serce musi spocząć w swoim Stwórcy. Tylko wtedy będzie ona w stanie oddać wszystko. Kiedy serce kobiety spoczywa w Bogu, On wypełnia każdą część jej ciała, umysłu, emocji, ducha i duszy.

---

[15] Ibid., str. 84.

Tylko wtedy, gdy kobieta słucha Boga, może stać się Jego głosem przemawiającym w świecie. Niewiasta upodabnia się do Bożego serca najbardziej wtedy, gdy wypełnia swoje powołanie do służby. „Żadna kobieta nie jest szczęśliwa, jeśli nie ma kogoś, komu mogłaby się poświęcić – nie w służalczości, ale w miłości. Dla kobiety życie jest myśleniem o drugich. Ona bardziej potrzebuje podtrzymywać innych niż siebie, a tak bardzo się w to zadanie angażuje, że pragnie cała poświęcić się dla drugiego człowieka".[16] To dlatego kobiece serce powinno być otwarte, a nie zamknięte, lękliwe czy samolubne. Musi być otwarte na Boga oraz słuchające – jak matczyne serce. Matka jest zawsze czujna, by usłyszeć czy i kiedy jej dziecko płacze, czego potrzebuje jej mąż lub jak ona sama może lepiej służyć. Kiedy matka leży w łóżku, to śpi słuchając. Jeśli jej niemowlę, leżące w kołysce obok, zaczyna oddychać inaczej niż normalnie, ona budzi się myśląc: „Co się dzieje? Czy wszystko z nim w porządku? Czy nic mu nie grozi?". Jest bardzo wrażliwa i uważna na wszelkie dźwięki. Tak samo musimy postępować w relacji z Bogiem. On złożył w nasze serca dar wrażliwej czujności. Pan chce użyć tego daru, aby przyjść z pomocą wszystkim ludziom. Niewiasta powinna mieć bardziej otwarte serce niż usta, by być stale uważna na potrzeby innych. Musi być otwarta w swoim sercu na to, co Bóg chce jej powiedzieć oraz czego pragnie ją nauczyć. Serce kobiety powinno odpoczywać w Nim i UFAĆ

---

[16] Ibid, str.180.

Mu. W ten sposób będzie w stanie uczynić to, co jej powie Pan. Kobiece wnętrze ma być zawsze gotowe by PRZYJMOWAĆ i mówić: „Tak, chcę tego, czego Ty chcesz, Boże. Chcę służyć według Twego zamysłu". Maryja, Matka Jezusa, miała właśnie takie nastawienie. Bóg posłał do niej anioła i zapytał: „Czy zostaniesz matką Zbawiciela, mojego Syna?" A ona odpowiedziała: „*Oto ja służebnica Pańska, niech mi się stanie według Słowa Twego*", czyli Fiat – tak! To w taki sposób każda niewiasta ma odpowiadać Bogu.

Kobieta jest stworzona nie tylko do tego, by kochać w heroiczny sposób i tak wypełniać swoje powołanie, ale także do tego, by poprzez pełną poświęcenia miłość wzywać innych do pójścia jej śladem. Święta Teresa z Avila stwierdziła kiedyś: „Miłość rodzi miłość". Nigdy jednak wzajemność nie powinna być warunkiem autentycznej miłości. Święty Bernard z Clairvaux powiedział:

> **Miłość nie potrzebuje żadnej przyczyny poza samą sobą ani nie domaga się żadnych efektów; jest celem samym w sobie. Kocham dlatego, że kocham; kocham, bo jestem zdolny by kochać... Czysta miłość nie pragnie wzajemności, nie jest interesowna. Czysta miłość ani nie powiększy się przez nadmierne nadzieje, ani nie zmniejszy się przez nieufność.**

Miłość prowadzi do spełnienia się danej osoby, a więc kobieta powinna dążyć do tego, by przedmiot jej miłości został zaspokojony przez miłość. A jednak „prawdziwa miłość ma nadzieję na wzajemność, choć nie stawia jej wymagań".[17] Skłonność kobiety do absolutnego poświęcenia, oddania się i miłości często prowadzi ją do służby ludziom najniższym, najsłabszym i najbiedniejszym. Nierzadko służy ona w duchu bezinteresowności graniczącej z męczeństwem. A umieranie samej sobie jest czynem heroicznym. Papież Jan Paweł II powiedział, że należy zwrócić uwagę nie tylko na znane święte osoby, które żyły w ten sposób – jak Matka Teresa – ale także na te „zwyczajne kobiety, które ujawniają dar swojej kobiecości, oddając się służbie innym w swoim codziennym życiu. Właśnie ofiarując się innym każdego dnia, kobiety wypełniają swoje najgłębsze powołanie".[18] Nie należy tu mylnie rozumieć, że jest to spychanie kobiet na margines społeczeństwa i sprowadzanie ich do roli niewolnic. Papież Jan Paweł II uważał, że taka postawa uniemożliwiłaby kobietom bycie w pełni sobą oraz realizację ich powołania. Gdyby tak się stało, ludzkość odczułaby wielki brak. Kobiety są wezwane, aby dawać z siebie wszystko, nawet wykonując proste czynności dla innych, ale nie mogą być skrępowane i zmuszane do tego wbrew swojej woli. Swoboda dawania siebie w miłości jest tym, co czyni je odbiciem Boga. I rzeczywiście, kiedy niewiasta pełni rolę służebnicy Pana, staje

---

[17] *The Catholic Woman, Volume 3 – Wetherfield Institute Proceedings* (San Francisco: Ignatius Press, 1990), str. 18.

[18] Jan Paweł II, *The Genius of Woman,* str. 57.

się obrazem Jego Boskiej Miłości w świecie. Wszystkie kobiety, niezależnie od ich stanu, powinny starać się odzwierciedlać Maryję i jej „Fiat". Tylko w ten sposób mogą przybliżyć człowiekowi to, co Boże i wypełnić swoje powołanie. Święta Edyta Stein powiedziała:

...Czy wszystkie kobiety powinny zostać zakonnicami, aby wypełnić swoje powołanie jako kobiety? Oczywiście, że nie. Ale pewne jest, że upadła kobieca natura może zostać przywrócona do swojej czystości (...) tylko wtedy, gdy zostanie całkowicie oddana Bogu. Niezależnie od tego, czy niewiasta jest matką w domu, czy zajmuje centralne miejsce w życiu publicznym, czy też mieszka za cichymi murami klasztoru – wszędzie musi być **służebnicą Pana**. Taką była Maryja we wszystkich okolicznościach swojego życia: jako dziewica zamknięta w świątyni, cicha matka w Betlejem i Nazarecie czy jako przewodniczka apostołów i wspólnoty chrześcijan po śmierci Jej Syna. Gdyby każda kobieta była obrazem Matki Bożej – Oblubienicy Chrystusa i apostołki Bożego Serca – wówczas wypełniłaby swoje kobiece powołanie, niezależnie od warunków, w jakich żyje i pracuje.[19]

Papież Jan Paweł II głęboko rozumiał istotę kobiety i rozpoznał jej cenne, niepowtarzalne dary. W swoim „Liście

---

[19] Stein, str. 53-54.

do Kobiet" opisał ich poszczególne talenty, a zwłaszcza „wyjątkową zdolność do postrzegania osoby jako jednostki, rozumienia jej aspiracji i potrzeb ze szczególną wnikliwością oraz [jej] zdolność do stawiania czoła problemom z głębokim zaangażowaniem".[20] Z powodu swojej naturalnej umiejętności do ofiarowywania i poświęcania się, kobieta jest często na tyle „opróżniona z siebie", że może być łatwo napełniona Duchem Świętym. Nawiązuje to do powierzonego jej daru proroctwa, które realizuje się przez bycie łącznikiem między ludźmi a Bogiem i Jego bezgraniczną Miłością. Kiedy kobieta rozmawia z drugim człowiekiem, powinna słuchać jednym uchem tego, co mówi on, a drugim („uchem serca") tego, co mówi Bóg. Jeśli jest ona dostrojona – przez Ducha Świętego – do swego Stwórcy, to On sam będzie ją prowadził i przekazywał jej to, co powinna powiedzieć drugiemu człowiekowi, a co ten naprawdę potrzebuje usłyszeć. Wtedy taka rozmowa może stać się naprawdę uzdrawiającym doświadczeniem dla rozmówcy, który poczuje się dotknięty do głębi. Bóg pociąga serce kobiety, by oddała się sprawie miłości. Papież Jan Paweł II pisał, że **„kobiety postrzegają daną osobę być może lepiej niż mężczyźni, ponieważ czynią to swoim sercem. Widzą drugiego człowieka niezależnie od odmiennych systemów ideologicznych czy politycznych, we wszystkich jego mocnych i słabych stronach. Po prostu starają się wychodzić do innych ludzi**

---

[20] Jan Paweł II, *Genius of Woman*, str. 29.

i im pomagać".[21] To odsłania duchowe piękno zamysłu Boga co do ludzkości. **Kobiety chwytają ludzi za serce.** Godność życia każdego człowieka jest czymś bardzo cennym dla kobiet, co ujawnia się w ich osobistych relacjach.

Każda niewiasta powinna powierzyć się Bogu. Prosta modlitwa Jezusa na krzyżu: „Ojcze, w Twoje ręce powierzam Ducha mego" może łatwo stać się i jej modlitwą. Wtedy te słowa będą miały fundamentalne znaczenie dla duchowej przemiany dokonywanej w niej przez Boga. Kobieta powinna się modlić w ten sposób: **„Ojcze, w Twoje ręce powierzam moje ciało, umysł, emocje, serce, duszę i ducha – całe życie."** Jeżeli kobieta ofiaruje to wszystko Ojcu, będzie w stanie (z Jego pomocą) znów stać się w pełni sobą – według pierwotnego zamysłu Boga. Amen.

Do refleksji:

1. Jakie dary powierzył mi Bóg poprzez ciało? W jaki sposób moje ciało jest darem? Czym jest moje ciało dla Boga? Czym jest ono dla mnie samej oraz dla innych? Jaka relacja zachodzi między moim ciałem a Bogiem, między mną a innymi?

---

[21] Ibid., str. 57.

2. Jak odpoczywa mój umysł? Gdzie powinien spoczywać? Jakie myśli powinny się w nim rodzić?
3. W jaki sposób moje emocje/uczucia są darem?
4. Jakiego rodzaju ducha powinienem(powinnam) mieć? Jakiego ducha Bóg chce, abym miał(a)?
5. W jaki sposób moje serce może żyć w jedności z Bogiem?

Przyjdź, drogi Jezu i uzdrów proszę moje ciało, emocje, umysł, ducha i serce; ulecz wszystkie rany zadane przez świat i mój własny grzech. Pomóż mi zobaczyć piękno Twojego stworzenia we mnie samej. Pomóż mi być wdzięczną za dar mojej kobiecości, abym mogła ofiarować ten dar światu w sposób otwarty i wolny. Proszę, mój Jezu, byś zawładnął mną przez swoją Miłość. Pomóż mi poznać Ciebie i Twoją Miłość do mnie i do każdej części mojego ciała, umysłu, uczuć, serca i duszy – tak, aby to poznanie mogło wyzwolić mnie do jeszcze większej otwartości i zaufania wobec Ciebie. Proszę, napełniaj mnie coraz bardziej Duchem Świętym – tym potężnym darem Twojej uzdrawiającej i przemieniającej Miłości. Niech ta pochłaniająca mnie Miłość wypływa ze mnie i dotyka całego świata. **„W Twoje ręce powierzam moje ciało, umysł, emocje, serce, duszę i ducha."** Amen.

Rozdział 3

Kobieta jako Pomocnica

Powiedzieliśmy już o tym, że każda niewiasta jest darem od Boga oraz darem dla mężczyzny. Teraz porozmawiajmy o tym, w jaki sposób może się ona realizować w roli „pomocnicy". Istotnym jest, aby kobieta zrozumiała to najważniejsze dzieło, jakim jest służba Bogu i bliźniemu. Właśnie poprzez wypełnianie tej misji może ona stać się darem dla Boga i drugiego człowieka. Pan stworzył Ewę jako „prezent"–z jej ciałem, emocjami, myślami, duchem i sercem, ale kobieta jest darem tylko wtedy, gdy daje samą siebie. Papież Jan Paweł II napisał, że „to właśnie czyniąc siebie «darem», niewiasta może lepiej poznać siebie i spełnić się w swojej kobiecości".[1] Kobiety zostały stworzone, by podlegać komuś oraz ofiarowywać siebie: najpierw przez całkowite poddanie się Bogu, a potem (jako bezinteresowny dar) – swojemu mężowi, dzieciom i wszystkim ludziom. Fulton Sheen stwierdził, że „istotą kobiecości jest: akceptacja, rezygnacja i poddanie

---

[1] Jan Paweł II, *The Genius of Women* (Washington, D.C.: United States Catholic Conference, Inc., 1997), str. 26.

się".² Aby właściwie zrozumieć i przyjąć ten Boży zamysł względem kobiet, trzeba najpierw uświadomić sobie, co to znaczy być chrześcijaninem. Jezus stał się ostatnim i najniższym człowiekiem – po prostu nikim. Świętość Zbawiciela przejawiła się w Jego wielkiej, darującej się miłości, która była gotowa by służyć. Jezus powiedział: „Syn Człowieczy nie przyszedł, aby mu służono, ale aby służyć i oddać swoje życie na okup za wielu".³ Jezus wzywa wszystkich chrześcijan do służby pełnej poświęcenia, która naśladowałaby ofiarną miłość ujawniającą się w Jego życiu. Kobiety już posiadają tę cnotę bezinteresownej miłości, gdyż jest ona niejako wpisana w głębię ich istoty – poprzez dar macierzyństwa. Matka służy swoim dzieciom, używając swego ciała, serca, umysłu i duszy. Dlatego też kobietom łatwiej jest (niż mężczyznom) wypełnić to ważne przykazanie Jezusa, aby „miłować się nawzajem"⁴ poprzez „oddawanie swojego życia"⁵ za wszystkich tych, których spotykają na swej drodze.

Matka Boża jest tego doskonałym przykładem: kiedy Bóg poprosił Ją o tą największą łaskę bycia Matką Syna Bożego, ona nazwała siebie „Służebnicą Pańską", czyli „tą, która

---

² Sheen, Fulton J. (2018), *Maryja. Pierwsza miłość świata*, ESPRIT: Kraków.

³ Mt 20,28.

⁴ J 15,12.

⁵ J 15,13.

służy". W ten sposób już zaczęła naśladować Jezusa, który miał przyjść jako „Sługa Pański". Papież Jan Paweł II napisał w Liście Apostolskim „Mulieris Dignitatem"[6]:

> Kiedy Maryja odpowiada na słowa Zwiastuna swoim „Fiat", wtedy Ta „pełna łaski" czuje potrzebę wyrażenia swego osobistego odniesienia do daru, jaki został Jej objawiony. Mówi więc: „Oto ja służebnica Pańska" (Łk 1,38). Tej wypowiedzi nie wolno spłycać ani pomniejszać, wyrywając ją sztucznie z całego kontekstu wydarzenia oraz z całego kontekstu objawionej prawdy o Bogu i o człowieku. W tym wyrażeniu „służebnica Pańska" dochodzi do głosu w Maryi cała świadomość stworzoności w stosunku do Stwórcy. Jednakże owa „służebnica" przy końcu nazaretańskiego dialogu zwiastowania wpisuje się w całą perspektywę dziejów Matki i Syna. To przecież ten Syn, który jest prawdziwym i współistotnym „Synem Najwyższego", powie o sobie wielokrotnie, a zwłaszcza w szczytowym momencie swego posłannictwa: „Syn Człowieczy nie przyszedł, aby Mu służono, lecz żeby służyć" (Mk 10,45). Chrystus nosi w sobie stale świadomość „Sługi Pańskiego" z proroctwa Izajasza (por. 42,1; 49,3.6; 52,13), w której jest zawarta najistotniejsza treść Jego posłannictwa mesjańskiego:

---

[6] Jan Paweł II, List apostolski *Mulieris Dignitatem*, Sekcja II, § 5.

świadomość, że jest Odkupicielem świata. Maryja od pierwszej chwili swego Boskiego macierzyństwa, swego zjednoczenia z Synem, którego „Ojciec posłał na świat, aby świat był zbawiony przez Niego" (por. J 3,17), włącza się do mesjańskiej służby Chrystusa. Przecież właśnie ta służba buduje sam fundament tego królestwa, w którym „służyć – znaczy panować". Chrystus – „Sługa Pański", objawi wszystkim ludziom królewską godność służenia, z którą łączy się najściślej powołanie każdego człowieka.

Kobiety, wypełniając to wielkie polecenie Jezusa, są wobec mężczyzn jakby stałym przypomnieniem żądania Zbawiciela, aby i oni byli „niewolnikami" i sługami wszystkich. W nocy przed męką krzyżową, gdy Jezus umył nogi Apostołom, rozkazał im również: *„Jeżeli więc Ja, Pan i Nauczyciel, umyłem wam nogi, to i wy powinniście sobie nawzajem umywać nogi. Dałem wam bowiem przykład, abyście i wy tak czynili, jak Ja wam uczyniłem."*[7] Aby w ten sposób służyć Bogu i ludzkości, człowiek musi najpierw być otwarty i uległy wobec Miłości, gotowy by zapomnieć o sobie aż do heroizmu, stawiając potrzeby innych przed własnymi.

Wypełniając powyższe wskazania, kobieta naśladuje samego Chrystusa i jest prawdziwą bramą łaski dla całej ludzkości. Jest to najwspanialszy sposób, w jaki wypełnia się jej rola jako „pomocnicy" mężczyzny, ponieważ dopomaga

---

[7] J 13,14-15.

mu przez bycie wzorem chrześcijańskiej miłości. **Najbardziej wzniosłym powołaniem kobiety jest „ofiarowanie siebie całkowicie w darze, przyjęcie Bożej misji, bycie poddaną świętym celom Nieba. Odmawiając bycia służebnicą Pańską, niewiasta zaniża swoją godność. Gdy kobieta nie jest w stanie dawać, przeżywa najbardziej nieszczęśliwe chwile, a gdy odmawia poddania się – może przeżyć piekło."**[8] Kobieta zachowałaby się bardzo egoistycznie, gdyby zatrzymała „siebie tylko dla siebie", mówiąc na przykład: „Mam męża, ale nie chcę mieć dzieci. Chcę swojego ciała tylko dla siebie. Nie oddam siebie mojemu mężowi ani innym ludziom..." Można powiedzieć, że taka postawa jest całkowitym przeciwieństwem jej przeznaczenia, aby przyjmować, pielęgnować, dawać i chronić życie. Zamiast być darem i pomocą, staje się ona tylko ciężarem i „pasożytem" (który troszczy się jedynie o odżywianie siebie samego).

Kobieta nie została stworzona dla samej siebie, ale dla Boga i drugiego człowieka. Zwłaszcza w małżeństwie ona sama i jej ciało nie należy już tylko do niej. Przez sakrament małżeństwa, oddała swoje ciało mężowi oraz Bogu i przyszłym dzieciom. Gdy weszła w akt pożycia małżeńskiego, złożyła tym samym obietnicę, że odda się całkowicie mężowi i pozostanie otwarta na przyjęcie nowego życia do swego

---

[8] Sheen, Fulton J. (2018), *Maryja. Pierwsza miłość świata*, ESPRIT: Kraków.

łona, by je potem pielęgnować, chronić, a w końcu wydać na świat. **Jednak jej ciało stanie się darem tylko wtedy, gdy ona sama zechce je podarować, gdy zaakceptuje swoją misję od Boga: ofiarowywanie siebie w bezinteresownej Miłości.**

Niewiasta jest „pomocnicą" poprzez swoje ciało, umysł, uczucia, ducha, serce i duszę. Najpierw porozmawiajmy o tym, w jaki sposób Bóg zamierzył służbę kobiety przez ciało. Naturalnie, Stwórca chciał, by była ona matką. Stworzył jej ciało, aby służyło innej osobie. Kiedy kobieta jest w ciąży, wszystko w jej ciele się zmienia, bo zaczyna ono żyć dla dziecka. Matka nie może już żyć tak, jak się jej podoba: musi uważać na to, co je, nie może pić dużo kawy i alkoholu, czy palić papierosów, bo te rzeczy są szkodliwe dla jej dziecka. Ciało kobiety służy nawet wtedy, gdy ona śpi. Jest to fizyczny znak tego, że jej umysł, emocje i serce muszą być zawsze gotowe, by zapomnieć o sobie, by służyć i dawać się innym. W tym jest miłość.

Ciało to dar, gdyż jest ono narzędziem, za pomocą którego człowiek czyni swoją miłość widzialną. Kobieta może to zrobić w szczególny sposób w powołaniu małżeńskim, ponieważ tu stale ukazuje swą miłość poprzez troskę o rodzinę: w sprzątaniu, gotowaniu, wychowywaniu, uspokajaniu dzieci... Jeśli dziewczyna nie decyduje się na ślub, ale zostaje osobą konsekrowaną lub zakonnicą, oddaje swoje ciało Jezusowi jako mężowi, a także światu – przez Niego. Jest ona w stanie robić te same rzeczy, co żona i matka (sprzątanie, gotowanie, wychowywanie, uspokajanie...), ale czyni to wobec tych ludzi, którzy nie zostali obdarowani matką, siostrą lub inną kobietą służącą im w miłości. Rezygnując z małżeństwa i wchodząc w szczególny oblubieńczy związek z Jezusem, kobieta może służyć większej liczbie dusz. Jej ciało jest darem, jej umysł jest darem, jej uczucia są darem – wszystko po to, aby pomagać innym. Kobieta staje się darem tylko wtedy, gdy służy. Trzeba pamiętać o tym, że służba wcale nie czyni człowieka słabym; umieranie dla siebie jest naśladowaniem Chrystusa i sprawia, że możemy stać się silnymi w Nim.

Jak już wspomniałam wcześniej, nie można pojąć powołania kobiety bez zrozumienia powołania Jezusa. Kobiety odkrywają swoje posłannictwo w Chrystusie. On ujawnia pierwotną misję niewiasty, ponieważ jest prawdziwym mężczyzną. Jeśli osobnik płci męskiej jest prawdziwym mężczyzną, to przedstawicielka płci żeńskiej może być prawdziwą kobietą. Ale jeśli mężczyzna nie spełnia swojego zadania, to kobieta nie ma możliwości wypełnić swojego. Jeśli mąż zawodzi w utrzymywaniu rodziny, to ta sprawa spada na jego żonę – często jest to ciężar ponad jej siły. Jeśli mąż nie pracuje, aby zapewnić rodzinie jedzenie, schronienie i ubranie, to kobieta musi to robić sama, co z kolei oddala ją od pierwotnego powołania do „bycia" matką w domu. Na szczęście, nawet jeśli kobieta znajdzie się w tak trudnej sytuacji, zawsze istnieje nadzieja. Jezus jest i zawsze będzie prawdziwym mężczyzną. Jeśli więc żona jest zmuszona do przejęcia zadań męża, ale ma naprawdę głęboką relację z Chrystusem, to Jego Miłość może jej pomóc w wyzwoleniu prawdziwej kobiecości.

Pan pragnie nauczyć kobietę jak służyć. Powołanie do służby nie jest jednak zadaniem zastrzeżonym wyłącznie dla płci żeńskiej. Wszyscy chrześcijanie są wezwani do heroicznej służby i ofiarnej miłości. Jednak trzeba przyznać, że kobiety posiadają ten dar w szczególnym stopniu, a żyjąc nim prawdziwie – mogą inspirować oraz uczyć mężczyzn, jak to powołanie wypełniać. Jezus przyszedł na ziemię po to, aby służyć, i wezwał wszystkich chrześcijan (zarówno mężczyzn, jak i kobiety) do naśladowania Jego służebnej miłości. Patrząc na przykład Chrystusa możemy być pewni, że służba nie jest czymś złym. Świat mówi, że służenie jest zjawiskiem negatywnym, bo wtedy człowiek wydaje się kimś słabym, nikim, jakby niewolnikiem. Jednak służba naśladująca Chrystusa w rzeczywistości czyni człowieka dzieckiem Boga, powołanym do życia według Jego zamysłu.

Kim jest sługa lub niewolnik w oczach świata? Ostatnią, najmniejszą, najniższą i najmniej ważną osobą. Ale Jezus przyszedł na ziemię właśnie jako sługa, a nawet niewolnik, aby nauczyć ludzi, co to naprawdę oznacza. Powiedział nam, abyśmy szukali dla siebie ostatniego miejsca. Powinniśmy być świadomi tego, że służba nie jest zła; przeciwnie – jest bardzo dobra i chrześcijańska.

W Stanach Zjednoczonych, zwłaszcza na uniwersytetach, kobiety często chcą być podobne do mężczyzn. Domagają się władzy i powtarzają: „Nie będziemy służyć!", „Nie otrzymamy niczego od mężczyzn!", „Nie pozwolimy im decydować ani nas prowadzić!", „Nie potrzebujemy mężczyzn, nie muszą nas chronić". Ten problem nie dotyczy tylko Stanów Zjednoczonych, ale rozciąga się na cały świat, zarówno na Europę, Rosję, jak i dalej. Pojawia się pytanie: „Dlaczego?". Dlaczego kobiety są tak przeciwne służbie, miłości? To wszystko z powodu grzechu. Grzech sprawia, że człowiek myśli o służeniu samemu sobie, zamiast poświęcać się, by służyć innym. A przecież służba nie jest zła. Jezus tak czynił. Spójrzmy na Lucyfera, którego Bóg stworzył jako najwyższego anioła. W czym zawinił, skoro został zrzucony aż z nieba do piekła? Czy może skłamał, popełnił cudzołóstwo lub morderstwo? Nie, jedyne co powiedział to „non servum", czyli „nie będę służył". Służba jest tak ważna, ponieważ tylko poprzez dar z siebie mogę prawdziwie stać się tym, kim Bóg mnie stworzył oraz oddać należną Mu chwałę. Nauka Kościoła jest piękna: „Człowiek nie może w pełni odnaleźć siebie samego, jak tylko poprzez autentyczny dar z siebie". (Gaudium et Spes, 24)

Bóg dał kobietom dar służby, aby uczyły mężczyzn, jak być dobrymi chrześcijanami. Kobiety, jeśli żyją swoim powołaniem, ukazują mężczyznom jak powinna wyglądać relacja człowieka z Bogiem. Służba nie jest słabością! To naprawdę żadna słabość. **Jeśli kobieta służy, w rzeczywistości potrzebuje być bardzo silna, gdyż musi zapomnieć o sobie. Słabi ludzie nie umieją o sobie** zapomnieć. W takim razie, odpowiedzmy sobie na istotne pytanie: co to znaczy służyć? A oto odpowiedź: służyć lub być poddanym innym nie oznacza biernego niezdecydowania, lecz aktywne zapominanie o sobie. Świat będzie powtarzał, że służenie jest złe i że kobiety wcale nie muszą tego robić. Ale tak naprawdę wartość niewiasty jest w jej służbie... ponieważ wtedy ona stale zapomina o sobie. Powinna to właśnie czynić. A to jest coś, co wymaga siły. Ta ważna umiejętność pomaga też w uczeniu innych ludzi relacji ze Stwórcą. Poprzez swoją służbę mężczyźnie, kobieta równocześnie uczy go, jak on może służyć Bogu. W taki sam sposób, w jaki kobieta słucha mężczyzny i służy mu, mężczyzna powinien słuchać Boga i Jemu służyć. Oto jak niewiasty mogą pomóc mężczyznom oraz całej ludzkości w poznawaniu Boga i obcowaniu z Nim.

Zatem, w jaki sposób kobieta powinna służyć? Jak ma realizować swoje zadanie bycia pomocnikiem? Po pierwsze, aby ofiarować dar, trzeba go posiadać. Mary Rousseau powiedziała na konferencji dla kobiet, że dawanie siebie zakłada najpierw posiadanie siebie do dawania. „Wezwanie Ojca Świętego do kobiet, aby przyjęły powołanie do ofiarowania siebie w miłości, jest również wezwaniem do samorealizacji (musi być to jednak odpowiednio uporządkowane). Tu nie chodzi o rozwój dla celu jakim jestem ja, ale o rozwój ukierunkowany na wyposażenie mnie w coś, co będę mogła ofiarować innym".[9] Dlatego też kobiety mają obowiązek odpowiedniego przygotowania i kształtowania samych siebie, aby być potem pięknym darem od Boga dla swoich mężów, rodziny i całego świata. Lecz cóż takiego kobieta może dać światu, czego najpierw nie **otrzymała** od Boga? A zatem, aby być dobrym pomocnikiem, potrzebuje ona najpierw mieć dobrą relację z Bogiem. Najlepszym sposobem na to, aby niewiasta mogła stać się darem, jest jej powrót do Ojca oraz prośba, aby On sam uformował i prowadził jej życie. Pan chce ją najpierw napełnić, aby miała coś do ofiarowania. Kobieta musi mieć dar, by móc go dać. Dlatego powinna poświęcić czas, aby przebywać z Bogiem, a potem móc służyć bliźnim. Musi ona dbać o swoje ciało, ale nie powinna martwić się o nie za bardzo (mając obsesję na jego punkcie lub odwrotnie – usiłując nie poświęcać mu żadnej uwagi). Kobieta potrzebuje być zdrowa, aby móc ofiarować swoje ciało jako dar. Powinna dbać także o swój umysł, więc ważne jest zdobycie pewnej edukacji; musi mieć ona coś, czym potem będzie mogła się dzielić. Potrzebuje również pozytywnego ładunku uczuciowego otrzymanego od Boga (między innymi miłości, spokoju i ciszy w swoich emocjach), aby mogła potem udzielać to innym. Często jednak kobiety pozwalają, by ich emocje brały górę. Tak bowiem zostały stworzone: z wrażliwymi emocjami, które

---

[9] *The Catholic Woman, Volume 3 – Wetherfield Institute Proceedings* (San Francisco: Ignatius Press, 1990), str. 18.

trzeba stale kontrolować. Każda niewiasta może znaleźć równowagę w świecie swoich uczuć przez naśladowanie Maryi i zwracanie się do Boga. Na przykład, kiedy kobieta zaczyna czuć się bardzo szczęśliwa lub podekscytowana, nie powinna mówić podniesionym głosem czy wręcz krzyczeć, ale raczej – pozwolić swojemu sercu radować się z Bogiem, aby ta radość odbiła się głęboko w jej wnętrzu. Kiedy zaś bardzo się czegoś boi, nie powinna płakać lub panikować, ale starać się zachować spokój i zaufać swemu Panu.

Kobieta potrzebuje również przyjąć Ducha Świętego, aby mogła Go następnie przekazać bliźnim. Powinna też przyjmować Serce Jezusa – szczególnie w Eucharystii, aby mogła dawać potem swe serce innym. To właśnie przez Serce Zbawiciela każda niewiasta może odnaleźć swoje serce oraz swoją tożsamość, uzdrowioną przez Jego miłość na krzyżu. Kiedy niewiasta przyjmuje Jezusa (Jego Serce), to On układa wszystko w jej wnętrzu oraz w jej relacji z Bogiem, tak by mogła się Jemu ofiarowywać. Tak właśnie czyniła Matka Boża. Jej serce zawsze spoczywało w Bożym sercu i dlatego mogła się modlić: *„Oto ja, służebnica Pańska"*.[10] To dlatego stała się tak potężnym darem dla świata. Każda niewiasta musi najpierw otrzymać od Boga, aby dawać.

Po drugie, aby być pomocnicą, kobieta **musi umieć słuchać**. A kogo? Przede wszystkim Boga. Powinna być zawsze otwarta, by móc usłyszeć, jaki jest zamysł Pana dla jej

---

[10] Łk 1,38.

życia, jak mogłaby służyć innym. Dziewczynka słucha swoich rodziców, ponieważ oni chcą zazwyczaj tego, co jest najlepsze dla niej. Rodzice często mogą sprawdzić się w tej roli nawet lepiej niż przyjaciele, ponieważ ich doświadczenia życiowe i dojrzała relacja z Bogiem pomagają zobaczyć rzeczy, których ona sama być może nie umie jeszcze dojrzeć. Czasami rodzic zna dziecko lepiej niż ono siebie samego. W miarę jak kobieta dorasta, potrzebuje słuchać ludzi, których Bóg jej daje do wzrostu – ludzi, którzy są dla niej przykładem życia i doświadczenia uformowanego w relacji z Panem. Będąc w małżeństwie, kobieta powinna słuchać swojego męża. Począwszy od momentu ślubu, Bóg wymaga, by głos męża był Jego głosem dla nowo powstałej rodziny. To dlatego młoda kobieta powinna być bardzo ostrożna wybierając sobie przyszłego męża, ponieważ jeśli on umie słuchać Boga, to i ona będzie Go słuchać – właśnie dzięki swemu mężowi. Jeśli zaś dziewczyna decyduje się na wstąpienie do zakonu, to zakłada, że będzie posłuszna swojej przełożonej. Natomiast, gdy dana osoba ma kierownika duchowego lub kapłana, który wysłuchuje jej spowiedzi, wtedy to jego powinna słuchać. Poprzez słowa i postawy tych wszystkich ludzi kobieta wsłuchuje się w Boga. Potrzebuje także słuchać Kościoła – Jego powszechnego nauczania oraz wszystkich pasterzy, ponieważ Kościół jest jej Matką, która chce dać jej życie. Kobieta musi również słuchać Boga bezpośrednio w swoim sercu – poprzez modlitwę. Tylko dzięki codziennemu kontaktowi z Panem może ona odkryć cały zamiar Stwórcy wobec jej życia. Już samo przebywanie w obecności Niebieskiego Ojca na modlitwie, jest formą „słuchania" – kiedy jako córka jest uległa, spoczywając w Bożych ramionach, Pan może do niej mówić i formować ją poprzez swoją Miłość. Zatem, aby być pomocnikiem, kobieta powinna pamiętać o dwóch rzeczach: musi przyjąć dar (aby go potem dawać) oraz słuchać Boga przez Kościół, swoich rodziców, serce i swojego męża lub przełożonego. Tylko w ten sposób każda niewiasta w końcu zrozumie, jak przekazać ten dar, który posiada i którym sama jest. Na przykład, kiedy mąż podejmuje jakąś decyzję w rodzinie, to jest to wskazówka dla żony, w jaki sposób ma służyć – według woli Bożej. Może pewnego dnia mąż powie: „Myślę, że w niedzielę nasza rodzina potrzebuje zostać w domu, zamiast iść z wizytą do przyjaciół. Powinniśmy być razem, ponieważ jest to czas dla naszej rodziny. Chciałbym, abyśmy zjedli razem obiad, a potem poszli do parku. Czuję, że to jest to, czego Bóg chce dla naszej rodziny w tym dniu". Jego żona powinna odpowiedzieć: „Zgadzam się!". A skoro ciało kobiety jest darem od Boga, może ona posłużyć się nim, by przygotować ten obiad. To mąż powiedział jej, jak użyć tego daru wedle Bożego zamiaru. Jeśli ta kobieta, świadoma daru swojego ciała, rozpoznała jak ma w tej sytuacji służyć, to znaczy, że rozpoznała głos Boga mówiącego do niej przez męża.

Spójrzmy teraz na przykład siostry zakonnej. Ona też dostała od Boga dar ciała. Jej przełożona może na przykład powiedzieć: „Idź przygotować posiłek dla tych biednych ludzi z ulicy". Zakonnica jest świadoma, iż dostała od Boga dar ciała i – słuchając głosu Boga przez swoją przełożoną – rozpoznaje, jak się nim teraz posłużyć. Inny przykład: młoda dziewczyna wie, że dostała od Boga dar rozumu. Jej matka może powiedzieć: „Widzę, że dobrze rozumiesz nauki Kościoła, masz też niezłe oceny z religii. Wiesz, że mam zajęcia z katechizmu dla przedszkolaków w niedzielę rano – chodź ze mną. Wykorzystaj dar rozumu otrzymany od Boga, aby mi pomóc". Dziewczyna słucha i wykonuje polecenie mamy, wykorzystując swój dar od Pana. Bóg może również mówić bezpośrednio przez serce człowieka. Na przykład, gdy nastolatka spędza czas w domu ze swoim rodzeństwem, oglądając telewizję, podczas gdy matka przygotowuje obiad w kuchni, może usłyszeć w swoim sercu, jak Bóg cicho podpowiada: „Idź, pomóż swojej mamie". Stwórca dał jej dar ciała i wskazuje bezpośrednio w sercu, jak może posłużyć tym darem.

Zatem, kobieta jest pomocą, jest służebnicą. Wypełnia jednak swoją rolę tylko wtedy, kiedy potrafi przyjmować, słuchać i, co najważniejsze, być posłuszną. Kobieta może słuchać głosu swojej matki, kierownika duchowego, przełożonego we wspólnocie zakonnej, a nawet samego Boga – ale jeśli nie jest ostatecznie posłuszna temu głosowi, to na co to wszystko? Cóż z tego, że słucha Boga mówiącego do niej bezpośrednio lub przez innych, jeśli na ten głos nie odpowiada, jeśli nie jest posłuszna? Dlatego w relacji z Bogiem, w wypełnianiu swego powołania, kobieta jest wezwana nie tylko do przyjmowania, słuchania i bycia posłuszną. To wszystko musi mieć jeszcze źródło w Miłości, czyli powinno pochodzić z miłującego serca. Spójrzmy jeszcze raz na ten przykład z małżeństwem. Na plan męża (dotyczący rodzinnej niedzieli) żona może zareagować na dwa różne sposoby. Mogłaby powiedzieć: „Dobrze, niech tak będzie. Co prawda chciałam się wybrać do centrum handlowego, ale chyba zostanę w domu z wami." Jednocześnie jednak kobieta ta może przez cały czas mówić o tym, że jest za gorąco by iść do parku, że bolą ją nogi od stania w kuchni i przygotowywania obiadu dla wszystkich, i że w sumie ta decyzja nie jest po jej myśli. A przecież istnieje jeszcze INNA opcja: mogłaby ona zareagować wedle Bożego zamiaru, czyli z Miłością wspartą przez Ducha Świętego. Może ona więc uśmiechnąć się ze spokojem i miłością, będąc szczęśliwa z faktu, że naśladuje Chrystusa w tej ofiarnej miłości oraz przyczynia się do tego, by jej rodzina była bardziej zjednoczona i święta. W jaki sposób więc Bóg chce, aby kobieta realizowała swoją rolę pomocnicy? Zawsze w miłości.

Bóg stworzył niewiastę właśnie w taki sposób, więc jeśli ona przestaje służyć, to w pewnej mierze przestaje też być w pełni kobietą. Pan pragnie, by jej służba trwała. I chce, by nie tylko służyła, ale służyła w świętości i miłości. Aby zrealizować tą misję, kobieta potrzebuje głębokiej relacji z Bogiem. Najpierw musi zaakceptować od Niego dar siebie samej, potem usłyszeć, czego Bóg od niej pragnie i w jaki sposób ma służyć, a następnie – rzeczywiście zacząć służyć, z Jego łaską i w dziękczynieniu. Bóg sam daje bowiem łaskę potrzebną do służby bliźniemu. A kiedy niewiasta służy, czyli wykorzystuje swój dar do celu, dla którego została stworzona (by dawać siebie), to wtedy jej służba staje się dziękczynieniem Bogu i może Mu przynieść wielką chwałę. Najpierw jednak kobieta powinna mieć osobistą, głęboką relację z Bogiem. **Stopień jej świętości jest związany ściśle ze stopniem jej kobiecości.**[11] Aby żyć pełnią daru otrzymanego od Boga, potrzebuje ona głębokiej relacji ze swym Stwórcą. Co do tego nie ma wątpliwości.

Kobieta jest pomocnicą na wiele różnych sposobów: pomaga ludzkości poznać ważne rysy Bożego oblicza, mężczyznom i światu odkryć potrzebę właściwej relacji z Bogiem (polegającej na słuchaniu, służbie i posłuszeństwie). Służy poprzez swoje ciało (dając życie), przez swój umysł i emocje (będąc wrażliwą wobec innych) oraz poprzez swojego ducha (udzielającego innym pokoju). Kobieta powinna czynić miejsce dla Ducha Świętego, umieć milczeć i słuchać Boga. Niewiasta staje się pomocą, gdy pozwala, by Bóg Sam odpoczął w jej sercu i napełnił je swoją Miłością, aby ona stąd wylewała się na świat. I to jest najważniejszy dar, jaki posiada kobieta – dar miłości.

---

[11] Sheen, Fulton J. (2018), *Maryja. Pierwsza miłość świata*, ESPRIT: Kraków.

Dzięki niemu, kobieta może doskonale wypełnić swoje zadanie w świecie. Została nim obdarzona, ponieważ Bóg stworzył ją jako służebnicę, a służyć to znaczy kochać i być posłuszną. W jaki sposób umiłował nas Jezus? Był posłuszny Ojcu i ofiarował swoje ciało na krzyżu. Kobiety powinny kochać, czyli być posłuszne i oddawać swoje ciało, umysł, emocje i serce na krzyżu, jako dar dla Boga i drugiego człowieka. Muszą o sobie zapomnieć. Niewiasta ma do przekazania dar miłości – dla swoich dzieci oraz innych ludzi. Papież Pius XI napisał w encyklice „Casti Connubii": „Jeśli bowiem mężczyzna jest głową, to kobieta jest sercem; a jak on zajmuje naczelne miejsce w rządzeniu, tak ona może i powinna zająć dla siebie naczelne miejsce w miłości".[12] Kobieta ma więc za zadanie „dzierżyć władzę" w miłości, bo taki dar otrzymała od Stwórcy. Bóg dał mężczyźnie dar przewodzenia, a kobiecie-dar kochania. Mężczyzna prowadzi, ochrania, kieruje, podczas gdy kobieta umie patrzeć sercem. Wrażliwe kobiece uczucia nie tylko uświadamiają jej samej potrzeby innych ludzi, ale też – pomagają im rozwijać się przy niej, w miłości. Kobieta naprawdę wie jak kochać.

Spójrzmy na kolejny przykład. Jeśli trzeba podjąć jakąś decyzję w sprawie dzieci, ich rodzice powinni wiele ze sobą rozmawiać. Nie chodzi bowiem o to, że skoro mąż ma

---

[12] Papal Teachings –LEO XII, BENEDICT XV, PIUS XI, PIUS XII, str. 36.

przewodzić rodzinie, to już nie potrzebuje słuchać swojej żony. Powinien uważnie wysłuchać jej zdania, a następnie – razem z nią i za natchnieniem Bożym – zdecydować, co będzie najlepsze dla ich rodziny, co bardziej pomoże jej w świętości. Może powiedzieć tak: „Nasze dziecko nie pójdzie na to przyjęcie. To nie jest dla niego dobre miejsce, bo zagraża ono jego świętości." Ojciec ma prawo o tym zdecydować. Za to matka ma za zadanie przekazać to postanowienie ich dziecku. Dlaczego? Decyzja „co" należy do męża, a decyzja „jak" do żony, ponieważ to ona odpowiada za sprawę miłości. Ona wie lepiej, jak delikatnie powiedzieć dziecku o trudnym rozwiązaniu tej sprawy. Czujemy tę różnicę między rolą taty i mamy, prawda? Wiele razy mężczyźni są bardzo konkretni, nawet jakby bezuczuciowi. Są bowiem ukierunkowani na rozwiązania i decyzje. W tej więc sytuacji ojciec być może powiedziałby do dziecka wprost: „Nie możesz tam iść i kropka". Kobiety natomiast są bardziej wrażliwe, potrafią wyrażać słowa z głęboką miłością i delikatnością. Matka prawdopodobnie wyjaśniłaby motywy tej decyzji: „Nie chcemy, żebyś był tam kuszony do złego. Wymyślimy jednak coś innego, co sprawi ci radość". Kobiety są w tym bardzo dobre, posiadają swoiste wyczucie miłości. Mężczyźni powinni więc w takich sytuacjach słuchać ich i uczyć się, jak można kochać w ten sposób. List do Efezjan (Ef 5,21-33) w konkretny sposób wyjaśnia, jak kobiety mają uczyć swoich mężów, by ci naśladowali Boga w miłości. Ten fragment Pisma Świętego jest instrukcją relacji mąż-żona.

Jest to też doskonałe ukazanie tych trzech istotnych zadań w życiu kobiety: przyjmowanie daru, słuchanie Bożych poleceń oraz posłuszeństwo w ofiarowaniu siebie:

> *Bądźcie sobie wzajemnie poddani w bojaźni Chrystusowej! Żony niechaj będą poddane swym mężom, jak Panu, bo mąż jest głową żony, jak i Chrystus – Głową Kościoła: On – Zbawca Ciała. Lecz jak Kościół poddany jest Chrystusowi, tak i żony mężom – we wszystkim. Mężowie miłujcie żony, bo i Chrystus umiłował Kościół i wydał za niego samego siebie, aby go uświęcić, oczyściwszy obmyciem wodą, któremu towarzyszy słowo, aby osobiście stawić przed sobą Kościół jako chwalebny, nie mający skazy czy zmarszczki, czy czegoś podobnego, lecz aby był święty i nieskalany. Mężowie powinni miłować swoje żony, tak jak własne ciało. Kto miłuje swoją żonę, siebie samego miłuje. Przecież nigdy nikt nie odnosił się z nienawiścią do własnego ciała, lecz [każdy] je żywi i pielęgnuje, jak i Chrystus–Kościół, bo jesteśmy członkami Jego Ciała. Dlatego opuści człowiek ojca i matkę, a połączy się z żoną swoją, i będą dwoje jednym ciałem. Tajemnica to wielka, a ja mówię: w odniesieniu do Chrystusa i do Kościoła. W końcu więc niechaj także każdy z was tak miłuje swą żonę jak siebie samego! A żona niechaj się odnosi ze czcią do swojego męża!*

Tekst ten pokazuje wyraźnie, że niewiasta ma służyć i być posłuszna swojemu mężowi. Widzimy tu jednak coś więcej: kobieta ma zarówno służyć swojemu małżonkowi, jak i uczyć go Miłości. Powinna to czynić poprzez bycie żywym przykładem łagodnego, pełnego poświęcenia uczucia, a także poprzez wzbudzanie miłości męża (gdy pozwala mu na przewodzenie). Czytamy tu również: *„Mężowie, miłujcie swoje żony jak swoje własne ciało"*. Czyli, mężu: musisz dać z siebie wszystko, by uświęcić swoją ukochaną. Warunkiem posłuszeństwa kobiety jest szczere pragnienie mężczyzny, by służyć jej ze wzajemnością. Często gotowość żony do przyjęcia takiego wsparcia męża faktycznie uczy go poświęcenia w miłości. Jego wybranka może zainspirować go do odważnego zapominania o sobie i obudzić w jego sercu potrzebę odwzajemniania jej postawy. Mój przyjaciel kapłan-pustelnik powiedział kiedyś:

> Mężczyźni muszą kochać swoje żony tak, jak Chrystus ukochał Kościół – oddając za niego swoje życie, aby go uświęcić. A więc mężowie powinni dać się ukrzyżować za swoje żony. Kobiety mają oczekiwać od swego małżonka takiej samej miłości i służby, jaką Jezus okazał Kościołowi. Miłość Zbawiciela nie dominuje nade mną, ale czyni mnie na powrót sobą, czyni mnie wolnym. W ten sam sposób kobieta ma prawo myśleć: miłość mojego męża nie może mnie zdominować, ale raczej sprawić, że będę bardziej sobą, będę wolna. Tak więc, w

tym szczególnym „poddaństwie", niewiasta powinna być na tyle łagodna i uległa, by otrzymać pełną służbę, miłość i poświęcenie męża. Wszystko co mniejsze od tego – nie jest warte jej godności. W małżeństwie mężczyzna ma umrzeć dla siebie. Musi być zdolny do tego, aby poświęcać się w imię miłości, aby przyczyniać się do uświęcenia swej żony.

Mężowie są powołani do kochania swoich żon tak, jak Chrystus ukochał Kościół. Jest to zaproszenie dla mężczyzn, aby poświęcali się w pełni – tak jak to uczynił Jezus. Całe Jego życie było darem dla innych. Podobnie więc, całe życie męża musi być darem dla jego żony. Jedyny sposób, w jaki mężczyzna może to osiągnąć (czyli kochać tak samo jak Jezus), to żyć w głębokiej relacji ze swoim Zbawicielem.

Gdyby więc kobieta naprawdę spotkała kogoś, kto byłby gotów oddać swoje ciało, serce i duszę, by uczynić ją świętą – czy nie chciałaby być takiej osobie posłuszna? Gdyby ten człowiek najbardziej na świecie pragnął poświęcić się służbie swej ukochanej i tak decydować o jej życiu, by uczynić ją świętą – czy nie chciałaby ona zaufać mu na tyle, by stać się wobec niego uległa?

Posłuszna, pokorna, ufna miłość kobiety musi być również przeżywana w życiu zakonnym. Przełożona powinna słuchać sióstr, które zostały jej powierzone; ma starać się o ich świętość. Oby każda przełożona chciała być największą, czyli pierwszą Służebnicą ze wszystkich. Gdyby rzeczywiście tak było, posłuszeństwo przychodziłoby nam z łatwością. Jeśli bowiem wszystko odbywa się tak, jak Bóg tego pragnie, nietrudno jest słuchać i być posłusznym. Gdy osoba odpowiedzialna podejmuje decyzje przybliżające kobietę do świętości, postawa uległości nie będzie dla niej ciężarem. Problem polega na tym, że życie nie jest idealne, a mężowie i przełożeni zakonni- nie zawsze starają się podejmować decyzje wyłącznie dla dobra (świętości) swoich żon czy podwładnych. Na szczęście, dzięki wierności kobiety w takich próbach oraz dzięki jej posłuszeństwu wobec Boga i Jego woli, może być ona pięknym przykładem dla swej przełożonej lub męża. Stanie się tak, jeśli postanowi ona być posłuszna tylko dlatego, że jest to człowiek dany jej przez Boga, nawet jeśli popełnia on błędy i zamiast szukać tego, co uczyni ją świętą – chce po prostu szukać tego, co jego uszczęśliwia. Mimo takich duchowych niedoskonałości, posłuszna kobieta może pomóc swojemu mężowi/przełożonej wzrastać w świętości właśnie wtedy, gdy nie jest to dla niego/dla niej łatwe – tak jak to uczynił Jezus przez swoją śmierć na krzyżu. Jej życie będzie wtedy piękną realizacją kobiecego powołania, polegającego na tym, by przyjmować, słuchać i służyć...

Najlepszym przykładem kobiety w roli pomocnika jest Maryja. Anioł przyszedł do niej i powiedział: „Czy staniesz się matką Jezusa, Zbawiciela świata?". Co odpowiedziała

Matka Boża? *"Oto ja służebnica Pańska, niech mi się stanie według Twego słowa."* Tym samym jakby potwierdziła: „Tak, przyjmę życie, które Bóg chce mi powierzyć. Słucham. Będę posłuszna". To jest przykład dla wszystkich kobiet. Maryja wypełniła rolę pomocnicy-służebnicy wobec całej ludzkości. Dlatego tak istotne jest, aby kobiety chciały iść za Jej przykładem, czyli: przyjmować od Boga, słuchać Go i być Mu posłuszne. A wszystko po to, by wnosić Boży zamysł w świat; wszystko po to, by stawać się arcydziełami kobiecej świętości – tak jak Maryja.

Na koniec tego rozdziału chciałabym jeszcze dodać, że dziewczęta, żony czy zakonnice **powinny słuchać i służyć nie tylko poprzez swoje czyny, ale także poprzez bycie w pełni sobą**. Naturalnie, wszystkie panie muszą wykonywać w życiu różne kobiece czynności, takie jak gotowanie, sprzątanie, opieka nad dziećmi itp. Ale by być w pełni osobą według Bożego zamysłu, kobiety muszą przede wszystkim słuchać Boga, mieć z Nim osobistą relację, po prostu być z Nim. A to „bycie" z Bogiem powinno przełożyć się na relację z drugim człowiekiem. Największym darem, jaki kobieta może dać swojej rodzinie (mężowi, dzieciom, współsiostrom, czy po prostu spotykanym ludziom), jest dar „bycia" z nimi w miłości. Cytowany wcześniej kapłan-pustelnik wyjaśnia to w ten sposób:

> Istnieją dwa wymiary życia człowieka: praca i miłość. Nasze życie kręci się wokół pracy, czyli manipulowania

rzeczami w celu uzyskania konkretnego produktu. To działanie może stać się bożkiem, który odczłowiecza i zakrywa najgłębszą część człowieka, jaką jest miłość. Jeśli chodzi o naszą pracę, mogłaby zostać wykonana przez Boga w mgnieniu oka. Ale jeśli chodzi o naszą miłość – Pan nie może kochać za nas, bo miłość jest aktem wolnej woli. Jest ona tym wymiarem osoby ludzkiej, który najbardziej określa nasze człowieczeństwo. Często ludzie traktują swojego bliźniego przedmiotowo, tak jak pracę, próbując manipulować nim, by przemienił się w konkretny „produkt". Ale prawdziwa miłość to nie „przetwarzanie" bliźniego, lecz służba jemu oraz najgłębszej tajemnicy jego istoty. W miłości muszę szanować drugiego, a moja wolna wola nie może przemieniać go wedle mojego zamysłu. Tylko prawdziwa i głęboka miłość jest zdolna wypełnić jego wnętrze. Tylko w miłości Boga, z Nim i przez Niego człowiek może rzeczywiście czuć się spełniony... Wiele razy rodzice pragną, aby ich dzieci odniosły w życiu sukces. Ale co właściwie oznacza „sukces"? Pieniądze, sławę, przyjemności? Rzeczywistym sukcesem w życiu człowieka jest jego zdolność do prawdziwej miłości. Dlatego jedyną miarą sukcesu rodzica powinno być to, że nauczył swoje dziecko kochać.

Doskonałą ilustracją do powyższych słów jest opowieść o Marcie i Marii z Ewangelii według świętego Łukasza (10,38-42):

W dalszej ich podróży przyszedł do jednej wsi. Tam pewna niewiasta, imieniem Marta, przyjęła Go do swego domu. Miała ona siostrę, imieniem Maria, która siadła u nóg Pana i przysłuchiwała się Jego mowie. Natomiast Marta uwijała się koło rozmaitych posług. Przystąpiła więc do Niego i rzekła: „Panie, czy Ci to obojętne, że moja siostra zostawiła mnie samą przy usługiwaniu? Powiedz jej, żeby mi pomogła". A Pan jej odpowiedział: „Marto, Marto, troszczysz się i niepokoisz o wiele, a potrzeba [mało albo] tylko jednego. Maria obrała najlepszą cząstkę, której nie będzie pozbawiona".

Marta ciężko pracowała – dla Jezusa. Pomagając i służąc gościowi, wypełniła swoje kobiece powołanie do bycia pomocnicy. Przygotowała dla Niego posiłek, sprzątała i wykonywała wiele innych czynności tylko po to, by Go ugościć. A w tym czasie Maria po prostu siedziała u stóp Jezusa i słuchała Go. Marta więc rzekła: *„Powiedz jej, żeby mi pomogła"*. Ale Jezus odparł na to: „Zostawcie ją, niech słucha, gdyż ona wybrała to, co najlepsze". Z pewnością Marta jest bardzo dobrym przykładem kobiety w roli służebnicy. Wykonywała swoją pracę, by usłużyć bliźniemu. Ale co się w końcu stało z jej pomocą? Z czasem zaczęła myśleć bardziej o sobie i sama zażądała pomocy – choć przecież podjęła funkcję bycia pomocnicą. Nie myślała więc tylko o bliźnim, lecz poczęła skupiać się na sobie, mówiąc: „Dlaczego nie mam pomocy? Powiedz jej, żeby mi pomogła!". Próbowała manipulować Marią, by osiągnąć pożądany przez siebie rezultat (czyli pomoc), zamiast zaakceptować decyzję siostry, która wolała w tej sytuacji okazać Jezusowi miłość w inny sposób – siedząc i słuchając Go.

Prace Marty i cała jej posługa były bardzo dobre. Jezus nie powiedział: „Źle służysz" albo „Nie powinnaś gotować obiadu". Pobłogosławił jej pracę, bo pełniła piękną kobiecą rolę w tej służbie. Ale kiedy Marta zaczęła patrzeć na siebie, Jezus powiedział: „Nie, nie, nie...". Bycie kobietą oznacza przede wszystkim przyjmowanie, słuchanie i kochanie. **Dopiero potem** – służenie. Maria wybrała część błogosławioną, tę lepszą, gdyż najpierw usiadła u stóp Jezusa, by przyjmować, słuchać i kochać – po prostu „być" z Nim. Najgłębszym darem i zadaniem kobiety nie jest działanie, ale przyjmowanie, słuchanie i kochanie Boga oraz bycie otwartym i „dostrojonym" do Niego – jak Maria w tej sytuacji. Dopiero potem kobieta może zacząć wypełniać swe powołanie do służby, bo wtedy jej korzeniem jest relacja z Panem. Podsumowując, działanie każdej niewiasty ma być owocem przebywania w Bożej obecności, słuchania i kochania Go; ma być odpowiedzią na Jego pragnienia.

Uwaga, jaką Jezus skierował do Marty, nie odnosiła się do jej pracy, lecz miała przypomnieć, gdzie powinno być jej serce. Przede wszystkim chodzi o to, że Marta miała myśleć o Panu, a nie o swoich własnych potrzebach. Powinna kochać Go, naśladując Jego Miłość, zamiast oskarżać swoją siostrę. Aby być prawdziwie świętą niewiastą, nie zawsze trzeba „coś robić". Czasami Bóg wzywa kobietę, by po prostu była z Nim, czyli słuchała, przyjmowała i służyła – poprzez modlitwę i płynącą z niej miłość. Każda niewiasta musi być w łączności z Bogiem, aby wiedzieć, jak ma służyć wedle Jego zamysłu. Ta komunia miłości ma stać się centrum jej serca, ma być fundamentem wszystkich innych rzeczy. Gdy spędzanie czasu z Panem będzie na pierwszym miejscu, służba kobiety będzie naśladowaniem Jego Serca, a w rezultacie – przyniesie wiele owoców.

Do refleksji:

1. Jak mogę (konkretnie) wypełniać rolę „pomocnicy" w moim życiu?
2. Co mogę zrobić, by lepiej słuchać? Kogo mam słuchać?
3. W jakich sytuacjach (konkretnie) służę po prostu przez to, że jestem tą/tym, kim Bóg mnie stworzył?

4. Które kobiece cnoty Matki Bożej chciałabym naśladować w codziennym życiu? (ZAPYTAJ O TO JEZUSA!!!)

Chwała Ojcu, Synowi i Duchowi Świętemu…

Rozdział 4

Kobieta jako Matka.
Dar przyjmowania, pielęgnowania, dawania i ochrony Życia

Kolejnym darem kobiety jest przyjmowanie, pielęgnowanie, dawanie i chronienie życia. Ten dar jest wpisany bezpośrednio w ciało kobiety. Tylko ona może przyjąć fizycznie życie dane od Boga. Ach... to naprawdę wielki dar. Nie polega on jednak tylko na widzialnym aspekcie fizycznym; niewiasta przyjmuje nowe życie również poprzez swoje uczucia, umysł i serce. Kobieta może „przyjmować życie" także duchowo – przez czytanie Słowa Bożego i pozwalanie mu na przemianę swojego myślenia tak, aby było ono ukierunkowane na Boga i bliźnich. Kiedy chrześcijanka przyjmuje Komunię Świętą, jej serce otrzymuje tego samego Jezusa, którego Maryja nosiła z czułością w swoim łonie przez dziewięć miesięcy.

Niewiasta pielęgnuje życie. Jako matka, nie tylko rodzi dziecko fizycznie, ale już wcześniej – podczas ciąży – troszczy się o nowe maleństwo, służąc mu swym ciałem, umysłem, emocjami i sercem. A gdy już wyda dziecko na świat, poświęca mu całą siebie, by stało się ono dojrzałym i świętym człowiekiem.

Niewiasta ochrania życie. Jej ciało jest tak stworzone, by mogło stanowić bezpieczne schronienie dla rozwijającego się niemowlęcia. Kobieta jest obdarzona instynktem, który podpowiada jej, jak chronić powierzony jej skarb.

Niewiasta daje życie. Najpierw je przyjmuje, a potem – rodzi je jako dar dla świata. Otrzymuje nowe życie od Boga i daje je innym. To niesamowite! Każda kobieta najpierw przyjmuje, pielęgnuje i chroni życie w sobie, a potem uczestniczy aktywnie w jego narodzinach. To matka sprawia, że rozpoczęte nowe życie nie przestaje trwać, a i ona sama nie przestanie trwać na jego straży. Kobieta nie rodzi dziecka tylko jeden raz (przez fizyczny poród), ale – od chwili jego narodzin aż do śmierci – będzie dawała mu życie nieustannie. Już jako niemowlę, dziecko codziennie potrzebuje przyjmować od swojej mamy to, co podtrzymuje jego życie. Dostaje pokarm (nawet bezpośrednio od niej), ubrania, potem wiedzę itd... Matka daje miłość, uczy, sprząta – jej małe dziecko nie umie przecież nic samo zrobić. Każdego dnia musi więc dawać mu życie na nowo. Przede wszystkim jednak powinna go obdarowywać życiem duchowym. Niewiasta jako matka ofiarowuje dziecku całą siebie – od pierwszej chwili, gdy zaczyna ono wzrastać w jej wnętrzu.

Kiedy patrzymy na mającego kilka dni noworodka, widzimy, jak bardzo jest delikatny. Jest to kruchy, a zarazem najcenniejszy dar, jaki Bóg powierza kobiecie – nowe życie potrzebujące jej opieki. Fulton Sheen napisał: „W zwiastowaniu Maryja jakby odbudowuje powołanie kobiety, czyli misję powierniczki boskości udającej się do ludzi. Matka staje się nią w momencie narodzin dziecka, ponieważ dusza każdego nowego człowieka jest przeniknięta Bogiem. Niewiasta nosi w sobie to, co tylko Bóg może dać."[1] Kobieta powinna przyjąć dar nowego życia z miłością i radością. Jeśli zabraknie tych dwóch rzeczy – miłości i radości – to powierzone jej życie może umrzeć.

Kiedyś w Ameryce przeprowadzono (bardzo zły) eksperyment z noworodkami. Badacze podzielili dzieci na dwie grupy. Niemowlęta z pierwszej grupy miały zapewnioną tylko niezbędną opiekę, z nakazem danym personelowi, aby nie okazywać dzieciom pozytywnych emocji ani nie nosić ich na rękach. Druga grupa noworodków otrzymała taką samą opiekę fizyczną jak ta pierwsza, ale – dodatkowo – zawsze był przy nich ktoś, kto spędzał kilka godzin dziennie trzymając je na rękach. W rezultacie okazało się, że dzieci z pierwszej grupy miały wiele problemów zdrowotnych, prowadzących niemal do śmierci – tylko dlatego, że nie okazywano im uczuć. Widzimy więc, jak ważna jest miłość przekazywana dziecku już od chwili narodzin.

Słyszałam podobną historię o sytuacji sierocińców w Anglii. Po II wojnie światowej pojawiło się wiele sierot, więc

---

[1] Sheen, Fulton J. (2018), *Maryja. Pierwsza miłość świata*, ESPRIT: Kraków.

w całym kraju otwarto liczne domy dziecka. W tym samym czasie nastała wielka epidemia, w której zmarła większość niemowląt z tych przytułków. Przyczyna ich śmierci była następująca: mimo, iż opiekunowie troszczyli się o fizyczne potrzeby sierot, to było ich po prostu za mało by móc poświęcać dodatkowy czas na noszenie dzieci na rękach, mówienie do nich i okazywanie im uczuć. W rezultacie niemowlęta zaczęły umierać. Działo się tak we wszystkich domach dziecka w Anglii, poza jednym. Dlaczego? W tym jednym sierocińcu pracowała pewna bardzo wrażliwa i bezinteresowna sprzątaczka o macierzyńskich uczuciach. Po ośmiu godzinach swojej pracy spędzała kolejne kilka godzin, chodząc od pokoju do pokoju i trzymając na rękach każde z opuszczonych dzieci, chociaż przez kilka minut. Nie była w stanie robić tego za każdym razem dla wszystkich sierot, ale zawsze starała się poświęcić całą swoją uwagę temu konkretnemu dziecku, które właśnie trzymała na rękach, choćby przez kilka minut. Ostatecznie żadne z tych sierot nie umarło. Oto jak istotne jest okazywanie dziecku fizycznych dowodów miłości.

Fundamentalną sprawą jest obdarowywanie dzieci życiem duchowym. Kobieta powinna modlić się za swoje własne potomstwo, jak również i za te dzieci, których rodzice nie dbają o rozwój duchowy. Młody człowiek naprawdę nie będzie mógł się bez tego dobrze rozwijać. Duch Święty jest oddechem Boga oraz samym Życiem; bez szczególnych łask pochodzących od Niego (przez modlitwę), dziecko nie może wzrastać i dojrzewać w człowieczeństwie. Jak już mówiliśmy, niemowlę potrzebuje miłości do wzrostu. A Duch Święty to nie tylko Życie – On jest także czystą Miłością. Jeśli dziecko wychowuje się w atmosferze modlitwy, to w przyszłości stanie się ono dla Boga bardzo cennym narzędziem do działania w świecie.

Kobiety zawsze powinny być otwarte na życie, nieustannie! Wtedy cały świat może zostać przemieniony. Cały świat! Kiedyś słyszałam pewną historię o Matce Teresie z Kalkuty. Była ona bardzo przygnębiona w związku z tak licznymi cierpieniami spowodowanymi na świecie przez AIDS. Pewnego dnia, na modlitwie, zwróciła się w tej szczególnej sprawie do Boga i zapytała Go, dlaczego nie dał lekarstwa na tę straszliwą chorobę. Pan odpowiedział jej, że już kiedyś posłał na świat osobę, która miała wynaleźć to lekarstwo, ale ten człowiek został zabity w wyniku aborcji... Oto jak jedna osoba może mieć wpływ na cały świat! Dlatego też niewiasta ma być zawsze otwarta na życie i cieszyć się z tego prezentu, gdy zostanie nim obdarowana. Każde nowe życie zawiera w sobie tajemnicę przyszłych darów – nie tylko dla jednego konkretnego poczętego dziecka czy jego rodziny, ale również dla całej ludzkości.

Czy wiesz, do czego zdolna jest pojedyncza osoba, która naprawdę umie kochać? Był kiedyś taki święty kapłan, który miał objawienia Pana Jezusa i dużo z Nim rozmawiał. Pewnego razu Chrystus powiedział do niego, że gdyby znalazło się jeszcze dwóch lub trzech ludzi na świecie, którzy kochaliby Boga tak mocno jak on, to diabeł nie miałby już żadnej mocy. Miłość jest tak potężna!

Jak ludzie mogą nauczyć się kochać? Od swoich rodziców. Pierwszym nauczycielem jest matka, która nosi dziecko z miłością w swoim łonie. Jeśli człowiek jest otwarty na życie, to sam się może przekonać, jak ono rozprzestrzenia się potem na cały świat. Moja ziemska matka jest tego bardzo dobrym przykładem. Zawsze była bardzo otwarta na życie: urodziła trzynaścioro dzieci. Pierwszym i najlepszym darem, jaki rodzice mi przekazali była wiara, a drugim – rodzeństwo. Bracia i siostry są moimi najbliższymi przyjaciółmi. Kiedy przychodzi problem, zawsze mamy siebie nawzajem do pomocy. To jest nasze szczęście. A w dzisiejszym świecie mówi się: „Dziecko to problem". Lub: „Ciało kobiety jest jej własnością. Jeśli nie chce mieć dziecka, nie należy ją do tego namawiać. A skoro go już nie potrzebuje, to ma prawo dokonać aborcji. Jej ciało należy tylko do niej, tak jak i decyzja". Nie! To przekonanie nie jest prawdziwe – to kłamstwo. Bóg dał wprawdzie kobiecie ciało jako dar, ale upomina się o nie, gdy ofiarowuje matce nowe życie. Jej ciało nie jest już tylko jej własnością, gdy Bóg wybiera je na schronienie dla małego dziecka.

Również małżeństwo to nie zabawa. Gdy dziewczyna decyduje się wyjść za mąż, jednocześnie zgadza się na to, by mieć dzieci. Dlatego Bóg dał jej męża. Jeśli kobieta rozeznaje swoje powołanie do małżeństwa, przystaje równocześnie na dwie fundamentalne sprawy: po pierwsze, będzie to relacja miłości z drugim człowiekiem, która odzwierciedli miłosną relację wewnątrz Trójcy Świętej. Po drugie (co jest równie ważne), ich ludzka miłość ma wydać owoce. Otwartość na życie jest fundamentalna. Mężczyzna i kobieta pobierają się, by ich miłość wydała owoc, czyli wspólne potomstwo. W akcie małżeńskim żona oddaje Bogu (przez męża) swoje ciało, serce i duszę. Przez to miłosne zjednoczenie jej cała istota jakby mówi: „Moje ciało nie jest już moje. Daję je tobie, mężu, oraz oddaję je Bogu. Niech On ześle nam dar nowego życia". Ciało niewiasty staje się wtedy domem dla dziecka Bożego i dlatego nie jest już wyłącznie jej własnością.

Kwestia aborcji nie dotyczy tylko potencjalnej matki – w jej wnętrzu znajduje się już nowy człowiek (z własnym ciałem), który potrzebuje ochrony właśnie od tej, która dała mu życie. Gdy kobieta znajduje się w niesprzyjających okolicznościach i chce usunąć ciążę, to często myśli: „Przecież nikt nie dowie się o mojej aborcji, dlaczego więc mam tego nie zrobić?". Dziewczyna jest skłonna zdecydować się na to z różnych powodów: nie ma pieniędzy, wstydzi się z powodu zajścia w ciążę lub nie chce, aby ktokolwiek się o niej dowiedział; często sądzi, że aborcja załatwi te sprawy po cichu. A przecież to wielki grzech! Dla niektórych z nas ten fakt jest oczywisty, ale dla wielu ludzi na świecie – to odkrycie nowej prawdy. Jeśli dana osoba dokonuje aborcji, to jest natychmiast ekskomunikowana, czyli odsunięta od komunii z Kościołem. Ale dlaczego? Czyż Bóg nie jest miłosierny? Tak, nasz Pan jest bardzo miłosierny i może przebaczyć każdy upadek, ale aborcja jest tak wielkim grzechem (jeśli kobieta jest świadoma, co robi), że osoba, która się tego dopuszcza, rani samą siebie, zamyka się i nie może już otrzymywać Bożych łask – nawet wtedy, gdy Bóg chciałby jej udzielić. To tak, jakby grzech zamykał wejście do jej serca. Jeśli kobieta zdecydowała się odrzucić dar nowego życia, który jest największym darem od Stwórcy, to jak może otrzymać od Niego inne dary? To dla niej niemożliwe. Sama zamyka się przed Bożą łaską, a stan ten będzie trwał aż do wyznania grzechu w sakramencie spowiedzi.

Życie jest bardzo ważnym darem i odpowiedzialnością. Miłość małżeńska nie jest przeznaczona tylko dla męża i żony, lecz także dla całej ludzkości. Fizyczny owoc ich małżeńskiej miłości – dziecko – jest darem dla świata. Jeśli dana para nie ma dzieci, często wydaje się być nieszczęśliwa. Owszem, małżonkowie mogą obdarowywać się miłością tylko między sobą, ale jak długo to potrwa? Tak naprawdę żyją tylko dla siebie, bo dopiero wydane na świat potomstwo wyzwoliłoby ich z siebie samych. Dziecko może bowiem nauczyć swych rodziców głębokiego poświęcenia w miłości. Dzięki temu nie tylko matka czy ojciec jest darem dla dziecka (służącym mu w miłości), ale i to dziecko staje się wielkim darem dla swego rodzica, ponieważ wzbudza w nim bezgraniczną miłość odzwierciedlającą to, co Boskie.

Chciałabym powiedzieć teraz parę słów o kobietach, które pragną mieć dzieci, ale nie mogą. Czasami Bóg chce, aby dane małżeństwo przynosiło konkretne owoce poprzez swe biologiczne dzieci, ale czasami przyzwala na problem z poczęciem, ponieważ myśli o innych dzieciach na świecie, które też potrzebują rodziców. Wtedy Bożym zamysłem jest, aby bezdzietna para wydała owoc poprzez decyzję o adopcji – fizycznej albo duchowej. Zgodnie z wolą i pomocą Boga, takie małżeństwo może podzielić się swą miłością na przykład poprzez służbę na rzecz dzieci zastępczych lub dzieci na misjach. Niezależnie od formy, małżonkowie muszą zawsze przynosić owoce w Miłości, w jakikolwiek sposób Bóg tego pragnie.

Boży plan dla małżeństwa jest zawsze najlepszy! Nie twierdzę, że kobieta musi mieć piętnaścioro dzieci, aby być dobrą, otwartą na życie matką. Bóg ma plan i każda para musi odkryć go dla siebie. Regularnie, na przykład co miesiąc, małżonkowie powinni wspólnie modlić się w celu rozeznania Bożej woli względem nich i ich rodziny. Są oczywiście momenty, gdy – z poważnych przyczyn – Kościół zezwala na praktykę tzw. „naturalnego planowania rodziny". Jednak tylko świadomie modląca się para będzie umiała w swym sumieniu rozeznać, jak długo ma z tej metody korzystać i kiedy powody do jej stosowania są uzasadnione. Zawsze najważniejsze jest, aby małżeństwo było gotowe pełnić wolę Bożą. Jednak sam fakt, że małżonkowie są otwarci na nowe życie, nie oznacza od razu, że będą mieli dużo dzieci. Słyszałam o kobiecie, której udało się zajść w ciążę tylko cztery razy w ciągu dwudziestu lat pożycia małżeńskiego. Znam też inną, która była otwarta na poczęcie aż pięciorga dzieci w ciągu pierwszych pięciu lat swojego małżeństwa, co okazało się zbawienne, ponieważ potem zachorowała na nowotwór i nie mogła już zajść w ciążę. Moja siostra Teresa daje najlepszą odpowiedź, gdy ludzie pytają ją (jako matkę dziewiątki), ile tak naprawdę chce mieć dzieci. Zawsze odpowiada: „Chcę je wszystkie. Bóg zna tą konkretną liczbę dusz w niebie, które chce mi powierzyć, a ja chcę je wszystkie. Nie więcej i nie mniej".

Macierzyństwo jest fizycznym darem, który Bóg dał Ewie i jej potomstwu. Ale jest to także duchowe doświadczenie, które nawet niezamężna kobieta może przeżywać – każda niewiasta ma powołanie, by zostać matką w swoim życiu. Dar macierzyństwa jest czymś, co od początku jest wpisane w kobiecą naturę. Można to zaobserwować u małych dziewczynek, które już w wieku jednego czy dwóch lat zaczynają opiekować się lalkami, przejawiając niemal dorosłe matczyne zachowania i uczucia. Kiedy byłam w Afryce (gdzie bardzo trudno jest o lalki), to widziałam, jak małe dziewczynki znajdowały patyki i udawały, że są one ich „dzidziusiami". Jest coś naturalnego w każdej dziewczynie, która jako matka chce pielęgnować życie.

Niewiasta została obdarzona darem macierzyństwa przeznaczonym nie tylko dla jej biologicznych dzieci, ale także dla całego świata. Przykładem tego może być obecność kobiety w miejscu pracy. Chociaż święta Edyta Stein twierdziła, że „niewiasta powinna być gotowa poświęcić swój zawód dla powołania"², to jednak dostrzegła też ważną rolę kobiet w społeczeństwie. Nauczała, że „zamiast po prostu pełnić swą rolę jako prawnik, lekarz, nauczyciel czy urzędnik, kobieta może i powinna służyć jako swoista matczyna towarzyszka człowieka"³. Papież Jan Paweł II żywił nadzieję, że obecność kobiety w miejscu pracy i w gospodarce może przekształcić ją z brutalnej lub żmudnej produkcji w bardziej spersonalizowaną strukturę. Ojciec Święty zachęcał kobiety do zaangażowania się również w politykę – w takim stopniu, w jakim nie przeszkadza to ich powołaniu.⁴ Edyta Stein pisała w podobnym duchu: „Jeśli powołaniem kobiety jest ochrona życia i utrzymanie rodziny, to nie może ona pozostać obojętna na to, czy decyzje podejmowane przez rządy i narody sprzyjają rozwojowi rodziny i dobrobytowi młodego pokolenia"⁵. Dlatego tak ważne jest, aby obywatelki naszych społeczeństw były zaangażowane m.in. w grupy pro-life, bezpośrednio lub poprzez modlitwę.

Dar macierzyństwa dotyczy wszystkich aspektów kobiecej osoby. Możliwość rodzenia dzieci nie jest tylko związana z jej ciałem. Bóg dał Ewie i jej córkom bardzo

---

[2] *"The Catholic Woman, Volume 3- Wethersfield Institute Proceedings"* (San Francisco: Ignatius Press, 1990), str. 99.

[3] Herbstrith, Waltraud. (2016), *Edyta Stein. Żydówka i chrześcijanka*, Wydawnictwo eSPe: Kraków.

[4] Jan Paweł II, *Genius of Woman*, str. 32.

[5] Herbstrith, Waltraud. (2016), *Edyta Stein. Żydówka i chrześcijanka*, Wydawnictwo eSPe: Kraków.

wrażliwe uczucia, aby wiedziały, czego potrzebują ich dzieci. Obdarował niewiastę również rozumem, aby potrafiła zastanawiać się: „Jak mogę służyć innym ludziom i kochać ich tak, jakby byli moimi własnymi dziećmi?". Ponadto, Stwórca dał kobiecie bardzo czułe serce, które potrafi nauczyć dzieci miłości do Boga – jest to jej szczególny talent. Przez całe życie niewiasta jest powołana do tego, by realizować swój dar macierzyństwa. Powinna starać się o to, by dawać życie każdej napotkanej osobie oraz „wychowywać" ją przez swego ducha i serce. Na wszystkie dzieci ma patrzeć tak, jakby były jej własnymi. Oczywiście, jeśli matka ma swoje własne potomstwo, to ono stanowi jej pierwszą odpowiedzialność. Nie może przecież opiekować się wszystkimi dziećmi na świecie a zaniedbywać własne – powierzone jej przez Boga. Ten dar to zadanie, a więc matka powinna nieustannie koncentrować się na obdarowywaniu swojego potomstwa życiem i bezpieczeństwem.

Moja siostra Karen jest tego dobrym przykładem. Po ślubie ona i jej mąż Scott przyjęli do siebie dzieci zastępcze na kilka lat. Potem, kiedy Karen miała już swoje własne potomstwo i musiała chronić je przed dorastającymi dziećmi zastępczymi (które z powodu swych wcześniejszych zranień w dzieciństwie często okazywały przemoc), zdecydowała się zakończyć opiekę nad nimi, a skupić się na swoich dzieciach biologicznych, co odczytała jako swoją podstawową odpowiedzialność. Mimo to, nadal starała się obdarzać miłością inne dzieci na świecie, w nowy sposób: poprzez pomoc żywnościową, adopcję bożonarodzeniową oraz modlitwę. Obserwując tą sytuację w życiu siostry, mogłabym powiedzieć, że skupienie się na swym macierzyństwie biologicznym przez Karen w rezultacie posłużyło także innym nieszczęśliwym dzieciom na świecie. Jej szczególne doświadczenie macierzyństwa pomaga jej teraz w lepszej służbie potrzebującym.

Kobiety, które wydały na świat potomstwo, zaczynają inaczej patrzeć także na „nie swoje" dzieci. Stają się matkami wszystkich ludzi. Postawa przyjmowania, pielęgnowania, ochraniania i dawania życia jest wezwaniem kierowanym przez Boga do każdej niewiasty, niezależnie od jej powołania i miejsca w życiu. Kobiety mogą być matkami dla całego świata, ofiarowując życie różnym ludziom i na różne sposoby. Prawdą jest, jak już mówiłam, że kobiety mają prawo domagać się poszanowania swojej godności, ale mają one również bezwzględną powinność działania na rzecz godności WSZYSTKICH ludzi.[6] Laura L. Garicia powiedziała w jednym z przemówień: „Ponieważ Bóg w bardzo szczególny sposób powierzył człowieka kobietom, one z natury wydają się posiadać głęboką wrażliwość na wewnętrzną wartość każdej osoby ludzkiej".[7] W „Evangelium Vitae" papież Jan Paweł II napisał pięknie, że w

---

[6] Jan Paweł II, *Genius of Woman*, str. 17.

[7] *The Catholic Woman, Volume 3- Wethersfield Institute Proceedings,"* str. 128.

dzisiejszym społeczeństwie kobiety są wezwane do „pogodzenia ludzi z życiem".[8] Stwierdził:

> Jesteście powołane, aby dawać świadectwo *prawdziwej miłości* – tego daru z siebie i tego przyjęcia drugiego człowieka, które (…) muszą stanowić istotę każdej innej więzi między osobami. Doświadczenie macierzyństwa wyostrza w was wrażliwość na bliźniego, ale zarazem obarcza was wyjątkowym zadaniem: „macierzyństwo zawiera w sobie szczególne obcowanie z tajemnicą życia, które dojrzewa w łonie kobiety. (…) Ten jedyny sposób obcowania z nowym kształtującym się człowiekiem stwarza z kolei takie odniesienie do człowieka – nie tylko do własnego dziecka, ale do człowieka w ogóle – które głęboko charakteryzuje całą osobowość kobiety." („Mulieris dignitatem"). Dzięki temu kobieta pojmuje i uczy innych, że ludzkie relacje są autentyczne, jeśli się otwierają na przyjęcie drugiej osoby.

Nieco dalej papież mówi o wrodzonej godności człowieka – tak docenianej przez kobiety – oraz o miłości, jaką umieją one okazywać ludziom z powodu tej godności. Niewiasta nie patrzy na użyteczność, piękno czy inteligencję. Ze względu na naturalne łaski pochodzące od Boga jest ona w stanie zostać matką i przyjąć dzieci, a więc także – przyjąć wszystkich ludzi

---

[8] Jan Paweł II, *Evangelium Vitae*, § 99.

z tą samą otwartą miłością. Ponieważ kobieta została stworzona do intymnej relacji z własnym potomstwem, posiada wrodzoną zdolność odnoszenia się tak do wszystkich osób, z którymi wchodzi w intymny kontakt. Potrafi wspierać rozwój nowego życia w drugim człowieku, co wynika z jej matczynej natury. Mary Rousseau powiedziała, że „my, jako kobiety, z tym wrodzonym, wrażliwym i matczynym zrozumieniem indywidualności innych ludzi, często po prostu wiemy same z siebie, jak pielęgnować ich zdolność do miłości"[9]. Ponieważ kobiety są tak delikatne i mają (ze swej natury) bardziej wyrafinowane, wrażliwe i czułe serce, mogą wnieść pokój do społeczeństwa, które jest rozdarte przez tak wiele ran. Papież Jan Paweł II wezwał kobiety, aby leczyły te rany swoją bezinteresowną miłością, podobną do miłości Boga.

Chciałabym pokrótce omówić, w jaki sposób kobieta może konkretnie dawać życie światu.

<u>Jak kobieta może dawać życie w sposób fizyczny?</u>

Jest wiele możliwości na tego typu działanie. Na przykład, kobieta może dzielić się jedzeniem lub ubraniami z potrzebującymi. Może też pomóc innym ludziom w doprowadzeniu do porządku domu lub siebie samych.

---

[9] *The Catholic Woman, Volume 3 – Wetherfield Institute Proceedings,"* str. 23.

Niewiasta jest w stanie wykonywać te rzeczy naprawdę w bardzo heroicznym stopniu, choć w zwykłych okolicznościach swojego życia. Godnym pochwały jest karmienie głodnych w jadłodajni lub schronisku dla bezdomnych, ale równie szlachetne może być przygotowywanie posiłku dla chorego sąsiada lub starszego rodzica. Można też pięknie poświęcać czas po prostu na uważne wycieranie mleka z twarzy niesfornego dziecka lub zamiatanie brudnych schodów w cudzym domu. Najbardziej istotną rzeczą jest to, że kobieta jest powołana do używania swojego ciała jako narzędzia, aby uczynić swoją miłość widzialną dla innych – obecność Miłości zawsze daje Życie. Kiedy człowiek doświadcza, że jest kochany, to w jego sercu rozpala się światło, a pewna lekkość ducha, pokój w duszy i cicha energia zdaje się wypełniać całą jego osobę – tylko dlatego, że czuje się kochany tak, jak Bóg to zamierzył. W ten sposób, za każdym razem, gdy kobieta ofiarowuje swoją miłość w sposób czynny, może „dawać życie" w sposób fizyczny otaczającemu ją światu.

Jak kobieta może dawać życie w sposób intelektualny lub emocjonalny?

Dobrym przykładem jest uczenie innych. Kobiety są z natury wspaniałymi nauczycielkami, ponieważ zostały tak stworzone, by „dostrajać się" do innych oraz by stawać się

„nauczycielami świata" dla wszystkich tych dzieci, które zostały powierzone ich opiece.

Niewiasta może również dawać życie poprzez swoje słowa – jest to jej kolejny naturalnie wrodzony dar. Często, widząc narysowany przez dziecko obrazek, mama zareaguje zupełnie inaczej niż tato. On prawdopodobnie powie coś w tym stylu: „Naprawdę fajnie ci to wyszło". Ale kobieta (pragnąc dawać życie) skomentuje to raczej tak: „Piękny! Opowiedz mi więcej o tym rysunku. Udało ci się to zielone drzewo. A dlaczego narysowałeś taki księżyc?". Tak powinna wyglądać relacja matki z dziećmi – ma je uczyć oraz budzić w nich życie, by mogły prawidłowo wzrastać. To jest tak jak z pieczeniem chleba: jeśli piekarz tylko wrzuci do miski wszystkie składniki i tak je zostawi, to chleb nie wyrośnie. Ale jeśli doda drożdże i odpowiednio wyrobi ciasto, wtedy chleb się uda. Tak samo z dzieckiem: rośnie tylko wtedy, gdy jego matka nieustannie dodaje „drożdże" miłości w swoich kontaktach z nim. W ten sposób kobieta musi postępować nie tylko ze swoimi biologicznymi dziećmi, ale także ze wszystkimi ludźmi. Powinna okazywać swą miłość każdemu napotkanemu dziecku czy bezdomnemu człowiekowi na ulicy (nawet pijanemu). Niewiasta ma zmieniać świat poprzez okazywanie matczynej miłości wobec wszystkich.

Przedstawicielki płci pięknej często odczuwają pokusę, by mówić zbyt wiele, szczególnie o innych ludziach (czyli plotkować). Jeśli jednak kobieta stara się żyć zgodnie z Bożym planem, to każde wypowiadane przez nią słowo będzie dawać życie. Co to oznacza? Kiedy matka jest ze swoim dzieckiem, ono robi wszystko to, co mama. Powtarza usłyszane przez nią słowa, naśladuje jej czynności. Matka musi więc bardzo uważać na to, co mówi. Każde jej słowo kształtuje w tym dziecku przyszłego dorosłego. Nie dotyczy to jednak tylko matek. Każda niewiasta została obdarzona zdolnością do przemieniania ludzi poprzez swoje słowa, jeśli tylko właściwie używa tego daru. Wszystkie wypowiadane słowa muszą więc dawać życie.

Jeśli kobieta mówi coś złego drugiemu człowiekowi, to staje się to dla niego przyczyną smutku i jakby „zabija" go wewnętrznie. Jeżeli dodatkowo przekazuje coś negatywnego o innej osobie, to jednocześnie rani człowieka o którym mówi, sprawia ból samej sobie (z powodu grzechu oszczerstwa) oraz rani tą osobę, z którą właśnie rozmawia (bo to budzi wątpliwości w jej umyśle i zachęca do osądzania; a jednocześnie nie daje uzdrowienia ani pokoju, do czego powołana jest niewiasta w świecie). Mówiąc wprost, wypowiadanie takich słów nie przynosi nikomu życia, a raczej je odbiera.

Przypominam sobie sytuację z mojego pobytu na Syberii. Pewnego razu podsłuchałam rozmowę, która mnie bardzo zaniepokoiła; potem powiedziałam o niej swojemu duchowemu ojcu. Ta podsłuchana konwersacja dotyczyła niepowodzeń pewnego księdza, którego znała jedna z rozmawiających osób. Powiedziałam więc mojemu duchowemu ojcu o swym niepokoju, którego nie znałam przyczyny

– to, co usłyszałam od tych ludzi, było przecież „prawdziwe" (jako fakt), choć na pewno nie życzliwe. Mój mądry ojciec wykorzystał to doświadczenie, by dać mi lekcję na temat prawdy. Powiedział: „Mary, to co oni mówili, nie było prawdą. Może i było to faktem, ale na pewno nie prawdą. Jezus jest prawdą. Aby rozmowa była prawdziwa (czyli pełna obecności i światła Chrystusa), potrzebne są cztery rzeczy. Po pierwsze, wypowiadana opinia musi być zgodna ze stanem faktycznym; po drugie i po trzecie, dane słowa należy powiedzieć odpowiedniej osobie w odpowiednim czasie; po czwarte, wszystko, co się mówi, ma być zawsze wypowiadane w MIŁOŚCI (a nie w duchu krytyki). Dopiero wtedy taka wypowiedź będzie prawdą. Będzie pełna Jezusa".

A zatem, kobieta powinna dawać życie poprzez swoje słowa według powyższych wskazówek. Każda jej wypowiedź musi być naśladowaniem Chrystusa. Powinna zawsze mówić z czystą miłością i dobrocią. Każde jej słowo ma dawać życie. Wyrazy są bowiem jak kapsułki, które albo zawierają Ducha Świętego (dającego życie i miłość poprzez słowa danej osoby) albo „pustego" czy nawet złego ducha (niszczącego życie i miłość). Kiedy mówimy do innych, ważniejszy jest duch zawarty w wypowiadanych słowach (i przekazywany innym) niż sama forma słów. Jeśli serce kobiety spoczywa w Bogu i trwa w dialogu z Nim, to wtedy jej słowa wydadzą życie. Ale jeśli jej serce trwa w grzechu, to słowa zabiją i odbiorą życie. Trzeba zawsze modlić się i prosić Boga, aby napełniał nasze słowa Duchem Świętym. W ten sposób (odbijając w sobie świętość Stwórcy), niewiasta może otrzymać życie od Pana i przekazać je dalej innym – właśnie poprzez to, co mówi.

Jak kobieta może dać życie w sposób duchowy?

Kiedy kobieta modli się za drugą osobę, staje się dla niej jakby matką. Modlitwa daje życie. Celuje „pociski" Ducha Świętego w stronę potrzebującego. A Jego obecność zawsze daje i pielęgnuje życie. Boży Duch nieustannie je chroni, a potem przynosi owoce, wydając kolejne nowe życie. Kobieta może również pouczać lub prowadzić ludzi duchowo. Posiadając wrodzoną zdolność do intymnej relacji z Bogiem, potrafi doprowadzić do tego, że inni poznają i pokochają Go w podobnie intymny sposób.

Dwa rodzaje macierzyństwa

Istnieją dwie drogi w życiu, dzięki którym kobieta może otrzymać życie od Boga, przekazać je innym oraz stać na jego straży. Pierwsza z nich to powołanie do macierzyństwa fizycznego, a druga – do macierzyństwa duchowego. Dziewczyna może wyjść za mąż, a potem zostać biologiczną matką bądź poświęcić się Jezusowi jako oblubienica (w różnej formie) i przyjąć wszystkie dzieci Boże na świecie jako własne, aby karmić je potem poprzez swoje życie duchowe i modlitwę. Najpierw przyjrzyjmy się macierzyństwu duchowemu. Kobieta otrzymuje od Boga dar bycia duchową matką–poprzez modlitwę. Potrzebna jest tu niewiasta wielkiej modlitwy, pozwalająca, by wszelkie łaski, które spływają na nią z nieba, wylewały się na cały świat. Nie może zatrzymać ich tylko dla siebie. Kiedy duchowa matka modli się, to bardziej troszczy się o swoje duchowe dzieci, niż o siebie samą. Naturalnie, może ona modlić się o siłę, której sama potrzebuje do wytrwania w swoim powołaniu, ale zasadniczo nie powinna modlić się tylko za siebie. Musi wstawiać się w tych wszystkich intencjach, które Bóg kładzie jej na sercu. Powinna zanosić modlitwy za cały świat, na przykład za rząd, cierpiących w Afryce, sieroty, więźniów, zatwardziałych grzeszników...

Jeśli duchowa matka prowadzi życie modlitwy, to zawsze będzie przynosiła owoce w służbie. Czasami przybierze ona formę szorowania podłóg (z modlitwą na ustach) w obrębie cichych ścian klasztoru, a innym razem – wyjścia do świata i podjęcia bezpośredniej pracy w społeczeństwie. Zawsze, gdy dziewczyna wchodzi na drogę tego specyficznego powołania poza małżeństwem, zostaje tym samym wezwana do macierzyństwa duchowego, przez które ma prowadzić dusze do Boga. Można to zrobić na wiele sposobów. Są kobiety, które pracują na polu edukacji i tam, pielęgnując Bożą miłość w sercach uczniów, wypełniają swoje powołanie do macierzyństwa. Są również takie, które realizują je w służbie medycznej bądź kierownictwie duchowym. Papież Jan Paweł II tak wypowiada się na ten temat: „W swojej pracy kobiety przejawiają rodzaj uczuciowego, kulturowego i duchowego macierzyństwa, które ma nieocenioną wartość dla rozwoju jednostek i przyszłości społeczeństwa".[10] Ponieważ najważniejszym aspektem życia społecznego jest jego wymiar etyczny, kobiety ponoszą ogromną odpowiedzialność jako nauczycielki i opiekunki wspólnoty ludzkiej.

Każda matka – fizyczna czy duchowa – musi być zawsze gotowa, by dawać miłość swoim dzieciom. Macierzyństwo nie jest czymś, co kobieta po prostu „robi" przez kilka godzin dziennie. Macierzyństwo odmienia całą istotę kobiety. Ona staje się MATKĄ. To wpływa na całe jej życie. Nie jest mamą tylko przez dziesięć godzin dziennie, a potem „koniec i idzie spać". Jeśli jej dziecko zacznie płakać w środku nocy, to ona także się obudzi, by się nim zaopiekować. A jeżeli otrzyma telefon od swojego duchowego dziecka, które potrzebuje pilnie jej pomocy o godzinie drugiej w nocy, to powinna nie tylko pomodlić się za nie, ale też i wspomóc w konkretny sposób. To jej obowiązek, bo jest matką nieustannie. To jest fundamentalne.

Matka musi być bardzo opanowana, w przeciwnym razie jej potomstwo może żyć w ciągłym lęku. Jeśli ona będzie wciąż zestresowana, to rozwój jej pociech może być nieharmonijny. Obowiązkiem matki jest zapewnić swoim dzieciom spokój. Ważne jest również, aby kobieta zawsze czujnie obserwowała swoje pociechy. Dotyczy to zwłaszcza małych dzieci (poniżej piątego roku życia). Są one wciąż

---

[10] Jan Paweł II, *The Genius of Woman*, str. 54.

gotowe znaleźć coś niebezpiecznego do zabawy, ale dobra matka jest tego świadoma, więc dba o ich życie i bezpieczeństwo. Dotyczy to również duchowego macierzyństwa: kobieta zawsze powinna być czujna i gotowa, by uprzątnąć drogę przed swoim „dzieckiem" z duchowych niebezpieczeństw.

Matka biologiczna jest zmuszona stale obserwować, co jej maleństwo ma aktualnie w ręku, co je, dlaczego kaszle, kto jest z nim (czy są to osoby stanowiące zagrożenie), czy pomieszczenie (w którym przebywa obecnie) jest wolne od niebezpieczeństw, czy też nie. Matka zawsze potrzebuje wiedzieć – fizycznie i konkretnie – co się dzieje aktualnie z jej dzieckiem. W ten sam sposób duchowa mama ma obowiązek czuwać nad powierzonym jej „podopiecznym": co ma ono właśnie w rękach, jaki pokarm duchowy przyjmuje, kto jest z nim i jak to wpływa na jego życie z Bogiem. Kobieta powinna zawsze dbać o to, aby duchowe „pomieszczenie" serca jej podopiecznego było wolne od wszelkich niebezpieczeństw. Macierzyństwo – zarówno biologiczne jak i duchowe – nie jest czymś na krótką chwilę. Jest na zawsze.

Matka nieustannie modli się za swoje dziecko. Jeśli przygotowuje obiad, to powinna to traktować jako litanię miłości w intencji swojego potomka. Jeśli jej maleństwo budzi się w środku nocy i ona musi długo nosić je na rękach, to niech poświęca ten czas jako dar swojego serca dla niego. Wszystko w jej życiu ma być ofiarą i modlitwą pełną miłości. Gdy kąpie swojego bobasa, powinna to ofiarować kochając.

Kiedy myje jego buzię, może modlić się na przykład tak: „Panie, oczyść także jego serce. Pomóż mu być świętym. Niech jego serce będzie zawsze tak czyste, jak teraz jego twarz". Kobieta powinna zawsze modlić się w podobnie piękny sposób, gdy służy swoim dzieciom.

Macierzyństwo biologiczne jest sposobem, w jaki większość kobiet wypełnia swoje Boże powołanie do bycia matką. Jest to bardzo ważne zadanie, ponieważ matki kształtują całe społeczeństwo i kulturę „fizycznie" – poprzez proces rodzenia i formowania potomstwa. W pierwszych dwóch latach życia jest wręcz konieczne, aby dziecko było blisko swej matki. Dotyczy to również duchowego macierzyństwa, zwłaszcza kiedy człowiek w swoim życiu religijnym jest jeszcze dzieckiem, które wymaga o wiele większej troski i uwagi od swoich duchowych „rodziców" niż ci ludzie, którzy postąpili już dalej na Bożych drogach. W pierwszych latach swojego życia dziecko potrzebuje bardzo zażyłej relacji z matką, gdyż wymaga nieustannej miłości – takiej, którą tylko matka może dać. Stwórca nie uczynił dziecka jako istoty samowystarczalnej; aby ono rosło, potrzebuje relacji ze swoją rodzicielką. To właśnie dlatego Bóg zechciał, by niemowlę było do niej „przywiązane" przez przyjmowanie pokarmu bezpośrednio od niej.

Bóg rozpoczyna ten wzajemny związek już w łonie matki. Niemniej jednak dziecko musi być pewne, że jego mama zawsze przy nim będzie i że zawsze znajdzie się ktoś, kto będzie się nim opiekował. Gdy nie potrafi jeszcze nic samo zrobić, potrzebuje stabilności, którą daje obecność i miłość jego mamy. Bardzo istotny dla rozwoju dziecka jest częsty i czuły kontakt fizyczny. Przez pierwsze niemal dwa lata życia niemowlęcia nie mamy prawa mówić, że jest ono „za często" trzymane na rękach. Wiem, ludzie nierzadko myślą: „Nie, to może zepsuć dziecko, bo potem już zawsze będzie chciało być noszone na rękach". Oczywiście nie chodzi mi o to, że kobieta nie może odłożyć dziecka nawet na chwilę, ale raczej o to, że powinna od razu zareagować, gdy ono płacze. Jeśli przez pierwsze dwa lata życia dziecko otrzymuje tak mocną i niezawodną miłość, bo ktoś się nim opiekuje i często trzyma je na rękach, to wtedy będzie ono wzrastać właściwie w swym rozwoju emocjonalnym, a przez resztę życia nie będzie już potrzebowało takiego rodzaju troski. Jednak, jeśli maleństwo leży lub siedzi gdzieś stale samo, jeśli nikt go nie bierze na ręce, gdy bardzo płacze, jeśli nikt się nim nie opiekuje – wtedy będzie szukało tego rodzaju miłości przez całe swoje życie. Często właśnie dlatego młodzi chłopcy i dziewczęta chcą współżyć przed ślubem. Decydują się na tak niemoralny krok prawdopodobnie dlatego, że odczuwają głód dotyku, a w dzieciństwie może nie mieli ojca, który by się nimi opiekował. A być może, po prostu, ich rodzice nie okazywali swej miłości biorąc ich na ręce, więc potrzebują oni poczucia, że ktoś jest przy nich blisko. Powinni jednak byli doświadczyć tego w dzieciństwie, poprzez czuły kontakt ze swoimi rodzicami.

To naturalne, że człowiek potrzebuje miłości fizycznej, ale Bóg zamierzył, by każdy otrzymał ją najpierw od swoich rodziców, jeszcze w dzieciństwie. Dzięki tej bliskości międzypokoleniowej dziecko może zrozumieć miłość swego Stwórcy. Jeśli otrzyma całą miłość Boga przeznaczoną dla niego jako dziecka (poprzez swoich rodziców), wtedy będzie w stanie naturalnie i mocno kochać Boga i ufać Mu już jako dorosły człowiek. Dziecko najpierw uczy się relacji miłości od swoich rodziców, co później owocuje tym, że będzie ono w stanie samo stworzyć swoją relację miłości z Bogiem.

Zatem, nie powinniśmy mówić, że dany rodzic zbyt często trzyma dziecko na rękach. Zauważmy: niemowlęta są tak słodkie, że większość ludzi, widząc je po raz pierwszy, pragnie od razu wziąć je na ręce. Bóg stworzył dzieci jako malutkie i piękne stworzenia między innymi właśnie po to, by dorośli chcieli je trzymać i przytulać – a one tego właśnie potrzebują. Szczególnie ważną potrzebą małego dziecka jest fizyczna miłość ojca lub osoby o uczuciach ojcowskich. Zdaję sobie sprawę z tego, że czasami dziecko jest zmuszone wzrastać bez taty (z powodu jego śmierci lub odejścia). Wtedy jednak powinien go zastąpić wujek lub inny mężczyzna (najlepiej mający bliską relację z Bogiem), który będzie kochał to dziecko w ojcowski sposób.

Pamiętam bardzo mocny przykład–ilustrację powyższych słów – ze swojej służby na misjach na Syberii. Pewnego lata zorganizowaliśmy tygodniową Szkołę Biblijną. Uczestniczyła w niej także sześcio- lub siedmioletnia Tatiana (najmłodsza dziewczynka z całej grupy), która była wychowywana przez samotną matkę. Po pierwszych dwóch dniach odwiedził nas ksiądz, aby spędzić trochę czasu z dziećmi. Tatiana dosłownie przylgnęła do niego, wszędzie podążając za nim jak cień. Chciała ciągle trzymać go za rękę i siedzieć w pobliżu podczas posiłku lub wspólnego śpiewania. Dziewczynkę zachwycała jego ojcowską miłość – coś, czego ona nigdy wcześniej nie zaznała. Tego samego popołudnia ksiądz musiał jednak nagle wyjechać na kilka godzin, ponieważ dostał wezwanie do chorych. Mała Tatiana była zrozpaczona, gdy zobaczyła, że go nie ma. Rzuciła się na łóżko i nie mogła przestać płakać. Odmówiła wyjścia ze swego pokoju i nie chciała nic jeść. Obudziła się naturalna potrzeba ojcowskiej miłości w jej sercu, więc oczywiste było, że przeżywa taką rozpacz, ponieważ nie może jej teraz zaspokoić. Tak naprawdę pragnęła ona Boga, ale wiemy, że dla małego dziecka to rodzice stanowią pierwsze doświadczenie Jego bliskości. Kiedy więc Tatiana nagle została odcięta od tego kapłana–pięknego narzędzia ojcowskiej miłości Boga – to bardzo zraniło jej serce.

Istotne jest, aby dziecko doświadczało stałej miłości swej matki oraz jej nieustannej bliskości. Czasami oczywiście może zaistnieć sytuacja, w której musi ona wyjechać gdzieś sama, na godzinę lub dwie, ale nie powinna zostawiać swego malucha samego na dłużej. W przypadku niemowlęcia, matka powinna być przy nim zawsze. Po pierwszych dwóch latach swego życia dziecko nadal potrzebuje mamy, ale już nie tak intensywnie – może zostawać ono samo na dłużej. Wciąż jednak istotne jest, aby miało możliwość stałej i bliskiej więzi ze swoją rodzicielką. W Ameryce jest wiele problemów związanych z tym, że kobiety decydują się na pracę i umieszczają swoje maleńkie dzieci w żłobku. Pracowałam kiedyś w takim miejscu. Muszę powiedzieć, że (chociaż bardzo kocham dzieci) nie mogłam ofiarować każdemu z nich takiej miłości, jakiej potrzebowało, a jaką mogły dać tylko ich własne matki. Było tam po prostu zbyt wiele dzieci. Dawałam z siebie wszystko, ale nie mogłam obdarzyć ich tym, czego Bóg chciał dla nich, bo po prostu nie byłam ich mamą. W zależności od dnia, pięcioro lub dziesięcioro dzieci przypadało na jedną opiekunkę… Bóg obdarzył matkę darem tak szczególnej miłości, że jest ona w stanie oddawać wszystko swoim dzieciom, przez cały czas. Cudza opieka nie jest w stanie tego zastąpić. Nikomu nie uda się odtworzyć tej intensywnej miłości, którą Bóg umieszcza w sercu matki. Ja naprawdę kocham swoich bratanków i siostrzenice, lubię przebywać z nimi nawet przez dłuższy czas. Ale nie mogę dać im tego, co dają im moje siostry, bo to je – nie mnie – Bóg obdarzył łaską bycia biologiczną matką. A mnie… Pan dał dar bycia ciocią. Z kolei moja mama otrzymała łaskę bycia babcią. I jest ona naprawdę wspaniałą babcią, choć przecież nigdy nie będzie matką dla swoich wnuków. A dzieci potrzebują zarówno babci, ciotki, jak i matki. Jedna osoba nie może pełnić tych wszystkich ról.

Chciałabym zaznaczyć, że jest to całkowicie zrozumiałe, że istnieją w dzisiejszym świecie sytuacje, w których dzieci są wychowywane przez samotną matkę lub ojca z powodu grzechów innych osób (mąż lub żona opuszczający rodzinę itp.), choroby bądź śmierci rodzica albo ciężkiej sytuacji finansowej rodziny. Wtedy jedynym rozwiązaniem jest zostawienie dziecka pod cudzą opieką. I choć taka sytuacja nie jest idealna, to może być oczywiście jedyną opcją. Nie potępiam takich kobiet w najmniejszym stopniu, bo wiem, że w tak trudnych okolicznościach Bóg na pewno cierpi razem z ich zranionymi sercami. W takich przypadkach gorąco zachęcam kobiety, aby powierzały swoje dzieci tylko najbardziej troskliwym i kochającym opiekunom oraz aby nieustannie zawierzały je Matce Bożej. Jeśli matka nie może być ze swoim dzieckiem, powinna modlić się za nie przez cały dzień (ofiarując swoją pracę jako modlitwę w jego intencji). Musi także prosić Maryję, aby pomogła jej znaleźć kogoś dobrego do opieki nad swym maleństwem oraz by Ona sama zatroszczyła się o nie.

Często matka jest bardzo zmęczona, bo czuje, że brakuje jej cierpliwości lub jej maleństwo ciągle płacze. W takiej sytuacji musi się modlić, aby otrzymać łaskę wytrwania. Kobieta nie może być matką tylko „na pół etatu", ale ma być gotowa dawać zawsze. I Bóg da jej tę łaskę, jeśli o to poprosi. **Być matką oznacza umrzeć. Bo być matką znaczy kochać. Kochać tak jak Jezus. A On umarł na krzyżu. Oddał całe swoje istnienie, aby nas ukochać. Dlatego kobieta może** odnaleźć swoje macierzyństwo także tam – na krzyżu. Powinna oddać całą siebie tak, jak uczynił to Jezus – jako ofiarę Miłości. I ona musi stać się ofiarą Miłości w całym swoim życiu. Często matki bardzo cierpią. Wierzę, że Jezus POZWALA na takie cierpienia, aby dzięki temu ich dzieci były święte. Jeśli kobieta naprawdę pragnie świętości dla swojego potomstwa, to jest gotowa cierpieć w tej intencji. Jezus także cierpiał na krzyżu, aby dać nam szansę na świętość. Niewątpliwie, w dzisiejszym świecie pełnym pokus i grzechu matka często będzie bardzo cierpieć; może jednak poświęcać swoje cierpienia jako modlitwę, aby jej dzieci były blisko Boga. Nie mówię tego, by kogokolwiek przestraszyć wizją trudnej przyszłości, spalonym rodzinnym domem czy czymś podobnym... Prawdziwe matki, pragnące świętości dla swoich dzieci, cierpią tak naprawdę każdego dnia, kropla po kropli. Ale jeśli tylko uświadomią sobie sens i potencjał tego cierpienia, to będą zbierać te wszystkie trudne okazje – jak piękne kwiaty i skarby – by ofiarować je Bogu jako modlitewną prośbę o wspólne przebywanie ze swoimi dziećmi kiedyś w wieczności.

Matka nigdy nie przestaje być matką. Często musi zmienić całe swoje życie, gdy oczekuje dziecka. Będąc w ciąży, powinna bardzo uważać na własne ciało oraz swoje otoczenie. Jak wiadomo, palenie papierosów i picie dużej ilości alkoholu w ciąży jest bardzo złe dla poczętego maleństwa, którego umysł może nie rozwijać się prawidłowo. Często matka potrzebuje pozmieniać także swoje zwyczaje.

Przebywanie przy głośnej muzyce, telewizorze (włączonym cały dzień), a zwłaszcza przy źródle gniewu i agresji jest bardzo złe dla dziecka. Przeciwnie, jeśli ciężarna kobieta jest pełna pokoju, to jej dzieciątko także będzie spokojne. Gdy zaś po poczęciu pójdzie na Mszę świętą i przyjmie Serce Jezusa w Eucharystii, to również maleństwo w jej łonie otrzyma swoją pierwszą Komunię Świętą. Wtedy matka staje się jak Matka Boża idąca do Elżbiety. Kiedy Maryja przywitała się ze swoją krewną, Jan Chrzciciel zatańczył w jej łonie z powodu bliskiej obecności Jezusa. Tak więc, jeśli kobieta chodzi na Mszę Świętą w czasie ciąży, może ofiarować swojemu dziecku Serce Jezusa, czyli spotkanie z odwieczną Miłością! Jeśli modli się dodatkowo na różańcu w tym błogosławionym okresie, to przekazuje Bożą naukę oraz Ducha Świętego swojemu poczętemu synkowi lub córce.

Ciało kobiety nie jest już takie samo po wydaniu na świat potomstwa. Jeśli dziecko jest głodne, to nie jest ważne, gdzie mama aktualnie przebywa – ona musi je nakarmić. Jej ciało nie jest już tylko jej własnością, ale staje się jedzeniem, ochroną i domem jej dziecka. Jeśli niemowlę nie może przestać płakać, kobieta zawsze poświęca jego uspokajaniu całą swoją miłość, emocje i serce. Ważne jest, aby pomagać matkom, ponieważ macierzyństwo to naprawdę wymagające zadanie. Kobieta zawsze musi dawać z siebie wszystko, a do tego jeszcze – powinna być zadowolona. Dobrze gdy tak rzeczywiście jest, bowiem dziecko potrzebuje radości, a to jego mama jest jej źródłem. Świat musi naprawdę dużo modlić się za matki. Macierzyństwo to nie zabawa. To poważna odpowiedzialność Miłości.

Najważniejszym zadaniem chrześcijańskiej matki jest przekazać dzieciom wiarę w Boga i miłość do Niego. Należy tego uczyć już od małego. Nawet jeśli niemowlę ma zaledwie parę miesięcy, jego mama powinna wziąć książeczkę, pokazywać obrazki, opowiadać oraz modlić się razem z nim. Ludzie czasami mówią: „Dzieci nie rozumieją słów, gdy są małe, po co więc do nich mówić?". Po pierwsze, one rozumieją o wiele więcej, niż nam się wydaje. Po drugie, dzieci potrzebują kochającego dotyku, a głos matki jest właśnie taką formą czułego „dotykania". Mówienie i śpiewanie swojemu maluszkowi to jak trzymanie na rękach i pieszczenie go. Jest to trochę inna forma okazywania miłości. A jeśli rodzic dodatkowo modli się razem ze swoimi dziećmi, to także w ten sposób dzieli się z nimi swoją miłością.

Trzeba, by matka przy każdej okazji nauczała swoje potomstwo – nie tylko o świecie (choć to też jest ważne), ale i o Bogu. Powinna szeptać swemu maleństwu nieustannie: „Jezus cię kocha. O, jak bardzo On cię kocha". Jeśli człowiek słyszy coś wiele razy, zaczyna w to wierzyć. Jeśli ja słyszałabym każdego dnia: „Nie jesteś piękna. Nie, wcale nie jesteś piękna", wtedy zaczęłabym powoli w to wierzyć. Ale jeśli codziennie będę czytać Pieśń nad Pieśniami, gdzie Pan mówi mi, że jestem piękna i ukochana, to uwierzę, że jestem piękna i ukochana przez Niego. A jeśli uwierzę w Jego miłość do mnie, to będę postępowała tak, jak przystało na

„ukochaną". Jeśli będę przekonana, że jestem prawdziwie dzieckiem Bożym, to będę tak żyć. Matka musi uświadomić dziecku jego wartość i piękno poprzez swoją miłość do niego. Kiedy byłam mała, moja mama śpiewała mi oraz bratu: „Mary jest dobrą dziewczynką, bardzo ją kocham. Michael jest dobrym chłopcem, bardzo go kocham". Wydaje mi się, że tego rodzaju miłość i afirmacja naszej wartości (nawet jeśli wtedy byliśmy zbyt mali, by naprawdę zrozumieć te słowa) pomogły nam stać się rzeczywiście „dobrymi" ludźmi.

Dzieci nie są problemem. A jednak od zawsze ludzie postrzegali je jako przeszkody lub ciężary. Widzimy to nawet w scenie z Ewangelii, gdy uczniowie skarcili rodziców za przyprowadzanie dzieci do Jezusa. Apostołowie nie chcieli „męczyć" Go obecnością dzieci. Ale Jezus odpowiedział: *„Pozwólcie dzieciom przychodzić do mnie, do takich bowiem należy Królestwo Niebieskie".*[11] Czasami małe urwisy mogą rzeczywiście sprawiać problemy, bo – tak jak wszyscy ludzie – popełniają błędy. Dzieci wciąż się uczą, to jest ich praca. Jednak, mimo to, matki powinny je wychowywać z cierpliwością i miłością. Dziecko potrzebuje miłości by wzrastać. Czasami jednak ta miłość musi być „twarda", ponieważ rodzic potrzebuje pokazać dziecku granice. Zawsze jednak powinny one mieć swoje źródło w miłości. Jeśli dziecko zrobi coś złego, na przykład uderzy swoją mamę, to ona prawdopodobnie od razu zareaguje

---

[11] Mt 19, 13-15.

gniewem. Ale cóż dobrego przyjdzie z tych negatywnych emocji? Tym bardziej, jeśli ten mały winowajca ma dwa lata i może jeszcze nie rozumie, że to, co robi, jest złe – dopóki matka go tego nie nauczy. Ale jeśli ona sprawi urwisowi lanie tylko po to, by wyładować swój gniew, to nie pokaże mu tego, co jest dobre i właściwe. Dziecko formuje się i dorasta w miłości; jest ona niekiedy twarda, ale zawsze musi to być miłość. Jeśli matka jest bardzo spokojna, cierpliwa i kochająca, to w tej sytuacji może na przykład wziąć rękę dziecka i lekko ją klepnąć mówiąc: „Nie, nie". Jeśli taki mały klaps jest czyniony w miłości, to pomoże w wychowaniu dziecka – oczywiście pod warunkiem, że matka nie czyni tego popychana przez własny gniew. Powodowana miłością ma jednak prawo dyscyplinować swoje dziecko.

Czasem kobieta musi powiedzieć coś podniesionym głosem, ale powinna wtedy jednocześnie zachować spokojne serce, a w środku spróbować nawet uśmiechnąć się z dystansem do bieżącego zdarzenia. Jeśli jednak matka zwyczajnie chce wykrzyczeć swoje własne złe emocje, to nie jest to dobre rozwiązanie, bo takie zachowanie nie nauczy dziecka miłości. **Co prawda ta negatywna reakcja rodzica na pewno zniechęci malucha do powtórnego błędu, lecz z pewnością nie wychowa go do dokonywania własnych wyborów w wolności.** Tylko miłość może tego nauczyć. Dzieci muszą wiedzieć, że rodzice będą je kochać bez względu na to, co one zrobią. Potrzebują jednak ograniczeń i dyscypliny, ponieważ nie znają zasad moralności, dopóki rodzice ich tego nie nauczą. Istnieje bowiem niebezpieczeństwo, że jeśli w dzieciństwie maluchy otrzymywały wszystko, co chciały, to w dorosłym życiu będą myśleć, że są pępkiem świata. Zawsze w zasadach dyscypliny i posłuszeństwa potrzebna jest miłość. Jeśli rodzic mówi: „Przestanę cię kochać, jeśli...", to wywołuje u dziecka tylko strach. To nie jest dobre. Jezus zdobył wieczność dla ludzkości poprzez posłuszeństwo. To była Jego Miłość do nas – właśnie posłuszeństwo. Dzieci muszą nauczyć się tego od swoich rodziców.

Kobiety są wezwane do okazywania miłości wszystkim dzieciom na świecie, niezależnie od tego, ile miałoby to je kosztować. Kiedy byłam w liceum, pracowałam kilka nocy w tygodniu w instytucji, której celem było zapobieganie przemocy wobec dzieci. Moim zadaniem było pilnowanie około dziesięciu do dwudziestu maluszków, podczas gdy ich rodzice mieli „zajęcia z wychowania". Historie, które były przynoszone wraz z tymi dziećmi, mogłyby złamać serce niejednemu. Pamiętam swoją pierwszą noc. Podano mi na ręce dziecko, które miało około dziewięć miesięcy, ale było bardzo opóźnione w rozwoju. Oto przyczyna: jego ojciec zabrał je do lekarza na badania kontrolne, gdy niemowlę miało sześć tygodni, a kiedy nie przestawało płakać (co jest normalne dla takiego maleństwa, w takiej sytuacji), jego rodzic uderzył je w twarz i rzucił nim o ścianę... Historie, z którymi tam się spotykałam, były niekiedy naprawdę tragiczne, ale ja się cieszyłam, że mogłam dać tym dzieciaczkom choć trochę miłości. Dziwiło mnie nawet, że ludzie pytali mnie często: „Jak możesz tam pracować? Nie przygnębia cię to, że patrzysz na takie cierpienia? Ja nigdy nie mogłabym zajmować się takimi dziećmi". Mi jednak takie pytania nigdy nie przychodziły do głowy.

Oczywiście, nigdy nie lubiłam patrzeć na cierpienie. Ale moja mama nauczyła mnie już w dzieciństwie (wtedy, gdy otworzyliśmy nasz dom dla dzieci zastępczych – niektóre z nich pochodziły z rozbitych rodzin i niestety potem musiały do nich wracać), że ofiarowanie skrzywdzonemu maluchowi choć odrobiny miłości jest o wiele lepsze niż jej zupełny brak. Nasza macierzyńska miłość okazywana napotkanym ludziom może być jedyną miłością, jaką oni doświadczą w swoim życiu. Dlaczego miałam odmawiać tamtym dzieciom szansy spotkania z obliczem Bożej Miłości tylko dlatego, że „czułam się niekomfortowo" dotykając ich cierpienia? Przecież sam Jezus powiedział: *„Cokolwiek uczyniliście jednemu z tych braci moich najmniejszych, Mnieście uczynili".*[12] Być może miała to być dla mnie jedyna szansa w życiu na przyjęcie postawy Weroniki lub Szymona, którzy przynieśli pocieszenie Jezusowi na Drodze Krzyżowej. Kobiety powinny zawsze patrzeć na każdego człowieka tak, jakby to był Chrystus. Biblia jest pełna opowieści o tym, jak ludzie okazywali innym dobro, a potem dowiadywali się, że tak naprawdę usłużyli aniołom.

---

[12] Mt 25, 40

Miłość zmienia ludzi. Nawet codzienne, zwyczajne spotkania mogą być wypełnione darem płynącym prosto z naszego serca. Na świecie często brakuje prawdziwej Miłości. Ludzie bardzo potrzebują czułości, którą Bóg obdarzył (zwłaszcza) kobiety. Podróżując po świecie, ciągle zaskakuje mnie, że tak wiele dorosłych osób mówi mi: „Twoja miłość jest pierwszą, jakiej doświadczam w życiu" (w ciągu 50 czy 60 lat bycia na tej ziemi!) oraz że „ta miłość pomogła mi się zmienić". To przecież naturalne: gdy plama na ubraniu zostanie namoczona przez dłuższy czas w wodzie, łatwo się spiera. W podobny sposób, gdy zranione ludzkie serce zostanie „nasączone" miłością, będzie możliwe jego uleczenie. Kobieta nigdy nie może ulec pokusie myślenia, że czyjeś cierpienie jest „zbyt straszne", by się nim zająć. Niewiasta została stworzona jako matka, która ma się dzielić nieograniczoną, matczyną miłością ze wszystkimi napotkanymi ludźmi. To może być jedyna miłość, jakiej oni zaznają. A każde dziecko, które zostaje powierzone opiece kobiety, jest jej dane przez Boga – nie na jeden dzień, ale na całe życie. Jest za nie odpowiedzialna aż do śmierci. Jeśli chodzi o mnie, to wierzę, że Bóg powierzył mi każdą osobę (którą spotykam na rekolekcjach lub która właśnie czyta tę książkę) jako duchowe dziecko. I dlatego, przez całe swoje życie, mam obowiązek kochać i troszczyć się o te Boże dzieci jak o „potomstwo" dane mi od Pana. Muszę się nimi opiekować, muszę się za nie modlić. Jeśli ktoś ma wiele takich duchowych dzieci, to prawdopodobnie trudno mu będzie codziennie wspominać je wszystkie po imieniu, ale może po prostu powiedzieć: „Boże, błogosław i pomóż wszystkim tym duszom, które mi powierzyłeś". Dotyczy to zarówno dzieci duchowych, jak i biologicznych – kobieta jest matką do śmierci, a często także i po śmierci. To jest misja, która nie kończy się, gdy dziecko dojdzie do osiemnastego roku życia.

W mojej rodzinie znajduje się wiele pięknych wzorów świętych matek, na przykład wśród moich sióstr i szwagierek. Nieprzerwanie nauczają swoje dzieci (nie tylko wiedzy, ale także miłości i życia), tworzą rządowe petycje na rzecz ochrony życia, ich domy są bardzo zadbane, dzieci ubrane i nakarmione, a każda z tych rodzin ma swój własny, niepowtarzalny i bardzo piękny system wspólnej modlitwy. Moi rodzice obdarzyli życiem aż trzynaścioro dzieci, ale za każdym razem, gdy spotykaliśmy młodą, samotną matkę, zabieraliśmy ją do naszego domu. Po tym jak moja mama urodziła dwanaścioro własnych dzieci (trzynaste straciła w wyniku poronienia), zaczęliśmy przyjmować dzieci zastępcze. Kiedy mój najmłodszy brat (zastępczy) był uwikłany w długą walkę sądową, zanim trafił do nas, moi rodzice otaczali go miłością jako swoje „Dzieciątko Jezus" aż przez dwa i pół roku, zanim sąd wyraził zgodę na jego adopcję.

Mogę powiedzieć, że moja mama jest prawdziwą matką dla całego świata. Nawet kiedy spędzałam wiele lat na Syberii (służąc jako misjonarka), ona co kilka tygodni wysyłała paczki z jedzeniem, środkami czystości, lekarstwami i wieloma prezentami dla tych wszystkich, którym tam służyłam. Jest prawdzie piękną matką – daje z siebie wszystko. Jeszcze w dzieciństwie pamiętam, że mama nigdy nie kładła się spać, dopóki wszystkie jej pociechy nie zasnęły. A zawsze budziła się przed wszystkimi. Jak ona to robiła? Wiedziała, że jej rola polega na ochronie i dawaniu życia. Jeśli dzieci jeszcze nie spały, to oznaczało, że wciąż będą mogły czegoś potrzebować, więc mama chciała być zawsze gotowa, by służyć, dawać i chronić ich życie (gdy któreś z nas było poza domem, czekała na nas i modliła się).

To była jej miłość. Co najważniejsze, mama powierzała nas opiece Maryi. Każda matka powinna ofiarować swoje dzieci Najświętszej Dziewicy, gdyż sama nie zawsze może być z nimi, no i nie zawsze jest przecież idealną matką. Maryja jednak jest naszą doskonałą rodzicielką – ZAWSZE może być blisko danego dziecka i chronić je. Jeśli kobieta powierzy swoje dzieci Niebieskiej Matce, to może być pewna, że Ona niezawodnie zadba o to, aby wszystkie jej dzieci wyrosły na osoby, które Bóg zapragnął mieć jako swoje dzieci.

Zamiarem Stwórcy nigdy nie było to, aby niewiasta nie miała potomstwa. Bóg powołał ją do tego, by posiadała dzieci, czasem jednak jej powołanie nie jest realizowane w sposób fizyczny. Ale każda kobieta ma zostać matką. Dlatego też potrzebuje Maryi, aby to Ona pokazała, co oznacza macierzyństwo. Każda kobieta powinna prosić o to, by Najświętsza Dziewica modliła się za wszystkie powierzone jej dzieci. Maryja była doskonałą matką, więc Jezus zechciał nam

Ją dać. Być może nasze mamy były bardzo dobre, ale przecież nie idealne. Dlatego nie powinniśmy starać się naśladować nasze ziemskie matki, ale raczej – niebieską Matkę, Maryję. Ona jest doskonała, więc musi być naszym wzorem. Powinniśmy Ją prosić, aby uczyła nas prawdziwego macierzyństwa. Potrzebujemy wyjątkowo bliskiej relacji z Matką Bożą.

W macierzyństwie Maryi wydarzyło się wiele bardzo trudnych rzeczy. Kiedy była w ciąży „pozamałżeńskiej", bała się, że ludzie ją ukamienują. Ale jednocześnie jej duszę wypełniał spokój, modlitwa i ufność. Potem, kiedy urodził się Jezus, Herod chciał go zabić, więc wraz z Józefem i Dzieciątkiem musiała nocą uciekać do Egiptu. Mimo to, Maryja trwała w spokojnym zaufaniu. Nadszedł w końcu moment, gdy stała u stóp Krzyża i była zmuszona patrzeć, jak ludzie uśmiercają Jej Syna… Także wtedy – ze spokojnym i ufnym sercem – musiała pozwolić, aby przez swą śmierć Jej Syn wypełnił wolę Ojca. Przeżyła wiele niezwykle trudnych chwil, ale nigdy nie przestała być doskonałą matką, ponieważ miała własną głęboką relację z Bogiem. Jeśli my – jako kobiety – pójdziemy do Maryi, to Ona na pewno zechce nas nauczyć, jak zostać dobrymi matkami. A gdy czasem nie potrafimy żyć i kochać tak, jak tego oczekuje od nas Bóg, Ona może być narzędziem uzdrowienia, także w relacjach z naszymi własnymi dziećmi.

Do refleksji:

1. Jak mogę wypełniać swoje powołanie do bycia matką? (i jak mam uczyć moje córki, aby zostały dobrymi matkami?)
2. W jaki sposób mogę dawać życie ludziom? (i jak mogę ich uczyć, by dawali Życie innym?)
3. Co konkretnie mogę uczynić, by chronić życie? (i jak mogę uczyć innych, by to robili?)
4. Co to znaczy być dobrą matką? W jaki sposób kobieta może nią zostać?
5. Jaką główną cnotę macierzyństwa Maryi chciałabym naśladować?

Rozdział 5

Kobieta jako Żona

Maryja jest archetypem kobiety. Jest doskonałym ucieleśnieniem niewiasty-żony, którą Bóg zapragnął, stwarzając Ewę. Jednak w przeciwieństwie do tej pierwszej kobiety, nieposłusznej Bogu, Maryja była Mu w pełni poddana poprzez swoje Fiat podczas Zwiastowania: zaufała swemu Stwórcy i była Mu doskonale posłuszna. Dlatego właśnie Matka Boża jest kobietą „par excellence" (najlepszą w pełnym tego słowa znaczeniu). Jest Ona „nową Ewą", stworzoną do bycia Darem, Pomocą i Matką naszego Zbawiciela – „nowego Adama". Została niepokalanie poczęta i nigdy nie zgrzeszyła, a więc jest dokładnie taką kobietą, jaką Bóg pragnął od początku. Jej tożsamość oddaje zamysł Księgi Rodzaju, a jednocześnie go udoskonala. Dlatego w całym Piśmie Świętym jest ona nazywana „Niewiastą" – jako ta, która najpełniej odzwierciedla doskonałe piękno stwórczego zamysłu Boga.

W dziele stworzenia bycie „kobietą" oznaczało bycie „żoną":

Potem Pan Bóg rzekł: «Nie jest dobrze, żeby mężczyzna był sam, uczynię mu zatem odpowiednią dla niego pomoc».

Wtedy to Pan sprawił, że mężczyzna pogrążył się w głębokim śnie, i gdy spał wyjął jedno z jego żeber, a miejsce to zapełnił ciałem. Po czym Pan Bóg z żebra, które wyjął z mężczyzny, zbudował niewiastę. A gdy ją przyprowadził do mężczyzny, mężczyzna powiedział:

«Ta dopiero jest kością z moich kości i ciałem z mego ciała!

Ta będzie się zwała niewiastą, bo ta z mężczyzny została wzięta».

Dlatego to mężczyzna opuszcza ojca swego i matkę swoją i łączy się ze swą żoną tak ściśle, że stają się jednym ciałem.

Chociaż mężczyzna i jego żona byli nadzy, nie odczuwali wobec siebie wstydu.

(Rdz 2,18.21-25)

To o Maryi – niepokalanej „nowej Ewie" – mówi Duch Święty w Księdze Rodzaju w słowach: *„Wprowadzam nieprzyjaźń między ciebie i niewiastę, pomiędzy potomstwo twoje a potomstwo jej: ono zmiażdży ci głowę, a ty zmiażdżysz mu piętę"* (Rdz 3,15) oraz w Apokalipsie: *„Potem wielki znak się ukazał na niebie: Niewiasta obleczona w słońce i księżyc pod jej stopami, a na jej głowie wieniec z* *gwiazd dwunastu"* (Ap 12,1) i także dalej: *„Chodź, ukażę ci Oblubienicę, Małżonkę Baranka"* (Ap 21,9).

W łacińskich tekstach Pisma Świętego: Księdze Rodzaju 2,23-24, Liście do Efezjan 5,25.28.31-32 (gdzie święty Paweł mówi o mężach i żonach) oraz w Apokalipsie 21,9 i 19,7 używany jest ten sam rzeczownik „uxor" (oznaczający „żonę"/„małżonkę"). To pokazuje, że zastosowanie słowa „żona" w Apokalipsie nie jest przypadkowe. Bycie „kobietą"/„niewiastą" oznacza bycie „żoną", czyli darem, pomocą i matką – dla Boga, ludzkości, a czasami też dla konkretnego człowieka na ziemi. Być może to samo słowo jest użyte we wszystkich wymienionych miejscach Biblii właśnie po to, aby zwrócić naszą uwagę na Księgę Rodzaju i na to, jaki był pierwotny plan Stwórcy co do niewiasty – zarówno w odniesieniu do mężczyzny, jak i jej własnej relacji z Bogiem (poprzez bycie „znakiem").

Bóg ukazał pierwotny sakrament jedności pomiędzy pierwszym mężczyzną i kobietą (mężem i żoną), aby potem przemawiać do swego ludu przez następne wieki: poprzez proroków Starego Testamentu oraz w Nowym Testamencie: przez głos Jezusa, świętego Pawła i Jana Ewangelisty. Bóg nieustannie posługiwał się obrazem małżeństwa, by pociągnąć swój lud do miłosnej relacji z sobą. W większości przypadków, słowo „oblubienica" (w znaczeniu „panna młoda") jest stosowane, by opisać oblubieńczą miłość Boga do swego ludu. Jednak w kilku miejscach jest użyty bezpośrednio wyraz „żona" (na przykład w Księdze Ozeasza)

– a to, jak sądzę, nie jest przypadkiem. W tych miejscach słowo „żona" jest zastosowane celowo, aby wydobyć inny „kolor" i aspekt związku miłości Boga z człowiekiem – coś, co ma nieco inne konotacje niż słowo „panna młoda" czy „oblubienica". Zwraca to naszą uwagę na pierwotny zamysł Boga co do niewiasty.

Święty Jan Paweł II odwołuje się do tego w swoim dziele „Teologia ciała", pisząc: „Miłość Boga-Jahwe do Izraela, Ludu Wybranego, wyraża się jako miłość ludzkiego oblubieńca do kobiety **wybranej na żonę** przez przymierze małżeńskie" (paragraf 95,2). A potem (paragraf 95,4) papież stwierdza:

> Analogia z miłością łączącą małżonków jest tu silnie podkreślona. Izajasz mówi: „Bo **małżonkiem twoim** jest twój Stworzyciel, któremu na imię – Pan Zastępów; Odkupicielem twoim – Święty Izraela, nazywają Go Bogiem całej ziemi" (Iz 54,5). A zatem, w tym tekście, sam Bóg w całym swoim majestacie – jako Stwórca i Pan stworzenia – jest wyraźnie nazywany „Mężem" Ludu Wybranego. **Ten „Mąż" mówi o swoim wielkim „uczuciu", które już nie „odstąpi" od Izraela – jego żony**–ale będzie stanowić stabilny fundament „przymierza pokoju".

Papież mówi dalej, że miłość Boża jest najpierw objawiona jako „miłość ojcowska", ale kiedy przejawia się w

Odkupicielu (Jezusie Chrystusie), to przybiera już charakter małżeński, w którym to Chrystus jest „mężem".

Patrząc na hebrajskie i greckie teksty Pisma Świętego, można zauważyć kilka bardzo interesujących korelacji dotyczących użycia słowa „żona" w celu podkreślenia relacji między każdą kobietą a Jezusem – pierwotnym „mężczyzną", według zamysłu Księgi Rodzaju. Etymologia słowa „żona" oznacza „kobieta". I w tym pierwotnym związku małżeńskim, kobieta stworzona przez Boga (jeszcze przed grzechem pierworodnym) jest wierną i czystą żoną dla „swojego mężczyzny". Być może trzeba to ponownie odkryć w dzisiejszym społeczeństwie. Co to znaczy być niewiastą w pierwotnym tego słowa znaczeniu? Jest coś pięknego i głębokiego w powołaniu każdej kobiety, gdy odniesiemy je do Chrystusa. Z hebrajskiego słowa „niewiasta" (użytego w Księdze Rodzaju) wynika, że została ona „wzięta z mężczyzny" – tak samo każda kobieta chce narodzić się na nowo z boku Chrystusa. „Łączą się ze sobą tak ściśle" (jak każda kobieta pragnie przylgnąć do Jezusa na krzyżu), a „dwoje stają się jednym ciałem" (tak jak każda kobieta może zjednoczyć się z Nim w Eucharystii oraz poprzez miłość w cierpieniu). „Niewiasta"/ „żona" została stworzona z żebra mężczyzny jako dar i pomoc dla niego. I to właśnie w Krzyżu każda kobieta zostaje jakby na nowo utworzona z otwartego boku Jezusa – jako dar dla Niego oraz „pomoc" w cierpieniu zbawczym. W języku hebrajskim jest napisane, że *„mężczyzna i jego żona byli nadzy, ale nie czuli wstydu"* – tak samo na krzyżu Jezus wzywa nas z powrotem do pierwotnej czystości, abyśmy byli nadzy w Jego miłości, ale bez wstydu grzechu.

Maryja jest w tym doskonała. Sam Jezus podkreśla to, nazywając ją w Piśmie Świętym „Niewiastą-Oblubienicą". Patrząc na greckie teksty biblijne odnoszące się zarówno do „kobiety", jak i „żony", można zauważyć, że greckie słowo „żona" i „kobieta" (użyte w Liście do Efezjan, w rozdziale 5, o relacji małżonków odzwierciedlających Chrystusa i Kościół) jest tym samym greckim słowem, którym posłużył się Jezus w odniesieniu do swej matki (J 2,4 i J 19,26), ale nie tylko (Mt 19,5); spotykamy je także w Apokalipsie (Ap 21,9 i Ap 19,7). Jest tu ukryta ważna tajemnica: Jezus użył właśnie to słowo („gune") prawdopodobnie dlatego, by powrócić do Księgi Rodzaju. Myślę, że idea bycia „kobietą" (w pierwotnym znaczeniu) oznaczała po prostu to samo, co bycie „żoną", a to z kolei wiązało się z tożsamością współmałżonka, panny młodej czy ukochanej „swojego mężczyzny". Maryja była całkowicie „zawładnięta" przez Boga i przeżywała ten związek w pełni – wszystkie kobiety są powołane do naśladowania Jej w takiej relacji. Każda niewiasta, stworzona na nowo z boku Chrystusa na krzyżu oraz przekształcona przez Boga dzięki łasce sakramentalnej w „drugą połówkę" Chrystusa, musi żyć jako Jego „żona" tak, jak napisane jest to w Księdze Rodzaju – „stając się ściśle" jednym ciałem, krwią, sercem i duszą z Nim – przez Eucharystię i krzyż.

Słowo „żona" *przenosi nas do początku*, czyli do rzeczywistości bycia tym, „kim Bóg stworzył mężczyznę i kobietę, aby byli". To Jezus wskazuje nam, abyśmy szukali tam źródła naszej więzi małżeńskiej z Nim – ponieważ On sam posługuje się tym językiem. To właśnie Chrystus doskonale wypełnia proroczą historię Adama – poprzez swoje Wcielenie. Relacja Adama z Ewą (przed popełnieniem grzechu) wskazuje bezpośrednio na Chrystusa – „Mężczyznę", który realizuje istotę tej roli lepiej od Adama. Jezus, jako Mąż Kościoła, wyraźnie odzwierciedla w sobie treść Księgi Rodzaju (Rdz 2,23-25) lub raczej ją *wypełnia*. Chrystus, jako „Słowo Boże", opuścił bowiem swego Ojca w niebie, zstąpił na ziemię i przylgnął do swej ludzkiej „Żony" – Kościoła, by wraz z Nią [*w wielu językach, np. włoskim i hiszpańskim, słowo Kościół jest rzeczownikiem rodzaju żeńskiego – przyp.tł*] stać się „jednym ciałem" (przez Wcielenie, Krzyż i Eucharystię), co jest ostatecznym wypełnieniem słów z Księgi Rodzaju 2, 23-25.

Te treści możemy odnaleźć też w Katechizmie Kościoła Katolickiego (punkt 1045), gdzie jest mowa o ostatecznym wypełnieniu się małżeństwa Jezusa z Jego Kościołem: *„Ci, którzy są zjednoczeni z Chrystusem, stworzą wspólnotę odkupionych, «święte miasto» Boga oraz «Oblubienicę, małżonkę Baranka»."* Każda kobieta, naśladując Maryję, musi stawać się archetypem Kościoła, albowiem jak on została „wzięta" z przebitego boku Chrystusa i połączona z Nim jako Jego „żona"; powinna więc pozwolić Zbawicielowi, aby ją posiadł jako swoją własność oraz złożył w Niej swoje życie. *"Mężczyzna i jego żona byli nadzy, ale nie odczuwali wstydu"* (Rdz 2,25) – w ten sam sposób wszystkie kobiety są powołane do zjednoczenia z Jezusem nagim na krzyżu. Jednak, któż z nas nie odczuwa wstydu płynącego z grzechu...

Każda niewiasta jest wezwana, by – jako „żona" ukrzyżowanego Męża – w pełni odzwierciedlić w sobie zamysł z Księgi Rodzaju i to pierwotne powołanie człowieka do życia w małżeństwie. Kobiety są wezwane do bycia „małymi", aby w ten sposób Jezus mógł przywrócić im „pierwotną niewinność"–poprzez wspólną relację Miłości. Niewiasty są powołane do pójścia do ciemnego Ogrodu Oliwnego z Jezusem, który wszedł do niego nie po to, by jeść z drzewa życia, ale: by zostać ukrzyżowanym na drzewie śmierci (Krzyżu), by dać nam życie, by przetrwać ciemność i przywrócić światło pierwotnemu planowi Boga, by „pracować i trudzić się" na krzyżu (Rdz 3,17) i by odczuwać „trudy rodzenia" (Rdz 6,16) – to samo mogą też czynić kobiety, aby wraz z Nim przynosić życie światu. Powołanie każdej współczesnej Ewy wywodzi się z Księgi Rodzaju – jest to zasadniczo bycie „tą, którą Bóg stworzył, aby była" oraz tą, którą „zamierzył od początku"; jest to także bycie nowym stworzeniem, które Bóg „wyprowadził" z boku Jezusa na Krzyżu.

Każda niewiasta jest powołana do tego, aby upodobnić się do Chrystusa i być Jego odbiciem, prawdziwym „Człowiekiem" z Księgi Rodzaju – tak jak Maryja była odbiciem swojego Syna i Zbawiciela. Byłoby dobrze, gdyby wszystkie kobiety były odzwierciedleniem Matki Jezusa. Nazwanie ją „Niewiastą" nie miało na celu poniżenia Jej, lecz wyniesienie jako prawdziwej kobiety – takiej, jaką Bóg zapragnął na początku stworzenia. Jest coś pięknego w tym, że na weselu w Kanie Galilejskiej Jezus powiedział do swojej matki: *„Czyż to moja lub twoja sprawa, Niewiasto?"* (J 2,4), gdyż po grecku zdanie to oznacza: „Czyż to moja lub twoja sprawa, Żono?". Czyż więc to greckie słowo, oznaczające zarówno „niewiastę" jak i „żonę", zamiast poniżać Maryję w jej relacji z Jezusem, nie wywyższa Jej raczej? Być może to właśnie wtedy, w Kanie Galilejskiej – na początku swojej publicznej działalności – Jezus przestał traktować Maryję jako „swoją Matkę", a zamiast tego zaczął odnosić się do Niej jako do „Żony", ponieważ ostatecznie stała się Ona archetypem Kościoła – *„Małżonką Baranka"* (Ap 21,9).

To piękne, że u stóp krzyża Jezus również nazywa swoją Matkę „Niewiastą" – po grecku znów mamy tu słowo oznaczające „żonę". Tutaj, pod krzyżem, kiedy ich nowa relacja małżeńska zostaje wypełniona przez jedność cierpienia ich serc, wspólne zjednoczenie rzeczywiście daje owoc nowego życia: Jezus ofiarowuje Maryi „nowego syna" w świętym Janie, który reprezentuje Jej nowonarodzone dzieci – owoc miłosnego zjednoczenia ze Zbawicielem. Zatem, jeśli kobieta zjednoczy się pod krzyżem z Maryją, swoją Matką, to może stać się Jej (skromnym) obrazem, czyli *odkupioną „żoną"* – *„niewiastą obleczoną w słońce"* (Ap

12,1) w tym ciemnym świecie. Spójrzmy na starożytna homilię w brewiarzowej Godzinie Czytań, wyznaczoną na wspomnienie świętej Agaty: święty Metody z Sycylii pisze, że była ona **małżonką** Jezusa przez swoje cierpienia i męczeństwo z Nim. Wyraża to następująco: **"Dziewicza przeto niewiasta, która zaprosiła was na świętą naszą Ucztę, jest ową niewiastą «zaślubioną jednemu mężowi, Chrystusowi», gdyby posłużyć się tu słowami Apostoła Pawła z porównania do związku małżeńskiego"**.[1] Każda kobieta jest wezwana do tego, aby w podobny sposób zjednoczyć swoje cierpienia z Jezusem i, tym samym, stać się z Nim „jednym ciałem" – Jego prawdziwą „niewiastą" i „żoną". To jest właśnie to, co czyni kobietę tak potężną: jej małość, pokora i czystość może uczynić ją tak upodobnioną do Chrystusa, że jest On w stanie pokonać zło – właśnie przez nią. Co ciekawe, to samo hebrajskie słowo (*ashe*) używane jest zarówno dla „niewiasty", jak i „żony" w Księdze Rodzaju 2,22-25, a także potem (Rdz 3,15), gdy przepowiedziano, że „niewiasta" – „żona" zmiażdży głowę węża. Z kolei w Księdze Apokalipsy (Ap 12), w opisie zwycięskiej walki z szatanem, użyte jest właśnie greckie słowo „*gune*", które – podobnie jak w języku hebrajskim – oznacza jednocześnie „niewiastę" i „żonę". To jest właśnie ta odkupiona niewiasta/żona (*ashe/gune*), udoskonalona w obrazie Maryi, naszej Matce,

---

[1] Liturgia Godzin, Godzina Czytań: II Czytanie ze wspomnienia św. Agaty.

która przez swoją jedność z Jezusem, w Boskiej Miłości Małżeńskiej, oddała siebie całkowicie dla nas w doskonałym zjednoczeniu, miażdżąc w ten sposób głowę węża.

W świetle powyższego wywodu, ludzkość powinna ponownie odkryć znaczenie prostego słowa „żona" lub „niewiasta" w odniesieniu do oblubieńczej natury naszej relacji z Chrystusem. A zatem, każda kobieta powinna – razem z Maryją – przeżywać swoje życie jak Ona: jako mała, pokorna służebnica z Nazaretu, która odważnie stała pod krzyżem swego Syna, będąc rzeczywistą Współodkupicielką. Jezus powołał bowiem każdą kobietę nie tylko do tego, by była Jego „oblubienicą" i „małżonką", ale także by żyła ona absolutną pełnią tych słów, z Nim i Maryją, jako „małżonka Baranka, który został zabity" (Ap 21,9 i 5,8-9). Ważne jest to, że słowo „żona" nadaje jakby dodatkowe znaczenie obu tym wyrazom – „małżonka" bowiem dostaje rodzaj żeński [*w j. angielskim „małżonka" – "spouse" nie ma określonego rodzaju, podczas gdy słowo „żona" – "wife" jest już wyłącznie rodzaju żeńskiego – przyp.tł*], a „oblubienica" zostaje jakby dodatkowo „wzięta", „ogarnięta", „poznana" i „wypełniona" [*ang. "consumated"*]. Na krzyżu Jezus powiedział właśnie: *„Wypełniło się"* [*ang. "It is consumated"*] (J 19, 30) – to wtedy Zbawiciel zjednoczył się w pełni ze swoją „małżonką" Kościołem i zrodził owoce nowego życia. Stojąc pod krzyżem, Maryja przeżywa cierpienie swego Syna i jest z Nim zjednoczona w bólu swego serca; stoi tam jako żywy świadek przeżywający w pełni tę prawdę. Ostatecznie przecież, jeśli naszym modelem miłości oblubieńczej z Chrystusem jest List do Efezjan (a święty Paweł wybrał słowa „żona" i „mąż", aby tą relację opisać), to musi istnieć głęboki sens w radykalnym, realnym życiu pełnią tego, co naprawdę oznacza bycie Chrystusową „niewiastą" i „małżonką", a co Stwórca zamierzył od początku.

Do refleksji:

1. Jakie wersety z Pisma Świętego (w których używa się słowa „niewiasta" lub „żona") są mi najbliższe?
2. Dlaczego bycie kobietą oznacza także bycie „żoną"?
3. W jaki sposób samotna lub konsekrowana kobieta może przeżywać bycie „żoną" dla Jezusa i ludzkości?
4. W jaki sposób zamężna kobieta może najlepiej wypełnić zamysł Boga dotyczący tego, by niewiasta była też „żoną"?
5. W jakim (konkretnym) cierpieniu w moim życiu najlepiej mogę zjednoczyć się z Jezusem na krzyżu? Jak mogę wzrastać w „małżeńskiej" relacji z Nim? W jaki sposób może to wpłynąć na moje relacje z innymi ludźmi?

Rozdział 6

Bóg wzywa kobietę

Mówiliśmy już o tym, że kobiety mają przyjmować, chronić i dawać życie, wypełniając przy tym swoje poszczególne życiowe role: matki, zakonnicy, osoby konsekrowanej lub samotnej (która wciąż poszukuje Bożego powołania co do swojego życia lub czeka na Boże wezwanie). Odpowiedzmy sobie teraz na pytanie: w jaki sposób człowiek rozpoznaje swoje powołanie? Naturalnie, metod rozeznawania swej życiowej drogi jest tak wiele, jak wiele jest osób, które jej szukają. Słowo „powołanie" pochodzi od czasownika „wołać". Jeśli kogoś wołam (powołuję), to chcę czegoś od tej osoby. Powołanie jest prośbą Boga skierowaną do ludzkiego serca; jest darem, który On sam daje człowiekowi. I tak jak nie ma dwóch identycznych rozmów, tak samo Boże objawienie planu miłości co do życia Jego konkretnej córki nigdy nie jest identyczne z powołaniem kierowanym do innych Jego dzieci.

Bóg stworzył każdą kobietę w określonym celu. Jej serce musi go odkryć, aby mogło trwać w pokoju. To jest tak jak z wcześniejszym przykładem widelca: spełnia on dobrze swą rolę tylko wtedy, gdy jest używany według swego przeznaczenia, czyli do jedzenia. Tak samo jest z powołaniem kobiety – będzie miała pokój tylko wtedy, gdy przeżyje swe życie wedle Bożego zamysłu. Naturalnie, Bóg stworzył każdego człowieka w sposób wolny, a więc pozwala, aby mógł on sam wybrać swoją życiową drogę. A Pan zawsze będzie gotowy, by go błogosławić i obdarzać potrzebnymi do świętości łaskami – nieustannie i niezależnie od tego, jaką życiową rolę podejmie. Jednak, aby mieć prawdziwy pokój w swoim sercu, kobieta nie może po prostu „uchwycić się" pierwszego lepszego powołania.

To prawda, że pragnienia są zazwyczaj jednym ze sposobów rozpoznania powołania, ponieważ Bóg sam umieszcza je w sercu; ważne jest jednak, aby kobieta nigdy nie wybierała swej życiowej drogi mając na względzie tylko samą siebie. W ogrodzie Eden Ewa zdecydowała się sięgnąć po zakazany owoc z czysto egoistycznych pobudek. Człowiek nigdy nie powinien w podobny chciwy sposób „zagarniać" darów Bożych. Powołanie jest darem, który kobieta otrzymuje od swego Stwórcy. Misja życiowa wskazana jej przez Pana jest tym, co uczyni ją najświętszą i najszczęśliwszą w życiu, ale – co istotne – wskazana droga musi być przyjęta ze względu na Niego. Aby rozeznać swoje powołanie, kobieta powinna słuchać Boga i Jego wezwania w swoim sercu. Musi posłuchać Jego opowieści o tym, dlaczego ją stworzył, do czego ją stworzył, kim ją stworzył i jak ją stworzył – aby mogła Go w ten sposób kochać.

Powołując do życia każdego człowieka, Bóg ma dla niego określone zadanie w świecie. Pragnie, aby ta konkretna osoba pomogła konkretnym ludziom. Na przykład, jeśli ja wypełniam misję, którą Bóg mi dał, to na pewno istnieją na świecie określone osoby, którym Pan chce dać życie właśnie poprzez moje powołanie. Zatem, dzięki dobremu przeżywaniu mojego powołania, mogę pomóc innym na drodze do świętości. Jeśli jednak żyję w inny sposób, niż Bóg to zaplanował, to może ci ludzie nigdy nie otrzymają takiej miłości, jaką Bóg chciał, abym ja im dała poprzez moje powołanie. Wszyscy jesteśmy jednym ciałem w Chrystusie (jednością w Nim), a więc to, co czyni jedna osoba, nie dotyczy tylko jej samej, ale ma również wpływ na innych. Jeśli ja popełnię grzech, ty cierpisz. Nawet jeśli ten grzech nie był popełniony przeciwko tobie, to jednak będzie cię ranił.

Każdy człowiek na świecie i w Kościele cierpi z powodu grzechu pojedynczych osób, ponieważ żyjemy w komunii. Jesteśmy jednym ciałem w Chrystusie. I dlatego ważne jest, abyśmy wybrali właściwe powołanie, ponieważ wtedy także i inni ludzie otrzymają łaskę, aby dobrze przeżywać swoją życiową misję. Jeśli bowiem ja realizuję swoje powołanie, to żyję w jedności z Bogiem. A to daje Jemu możliwość, by przyszedł i „odpoczął" na tym świecie. Dzieło niewiasty polega na tym, by dać miejsce życiu; spójrzcie na jej łono – to jest właśnie miejsce na życie. Powinna ona również nieustannie robić miejsce dla życia duchowego, aby ono zapuszczało swoje korzenie. **Jeśli kobieta żyje swoim** powołaniem, to jest wtedy w jedności z Bogiem, a Duch Święty znajduje dla siebie miejsce w jej sercu, skąd potem może działać w świecie. Dzięki temu świat otrzyma pokój. Kobieta, która żyje swoim powołaniem, może przynosić prawdziwy pokój, może ożywić nim cały świat.

Jak konkretnie kobieta może rozpoznać swoje-Boże powołanie? Skoro słowo „powołanie" pochodzi od czasownika „wołać" – co to oznacza dla kobiety? Otóż powinna słuchać Bożego wołania. Sama z siebie nie będzie wiedziała, czego Bóg od niej oczekuje, czym pragnie ją obdarzyć. Pan zawsze pragnie ujawnić to swojej córce, więc jeśli tylko jej serce jest otwarte, to usłyszy Jego wołanie. W Ewangelii według świętego Mateusza (Mt 19,16-22) znajduje się opowiadanie o powołaniu bogatego młodzieńca. Stanowi ono dobry przykład dla wszystkich:

> *A oto zbliżył się do Niego pewien człowiek i zapytał: „Nauczycielu, co dobrego mam czynić, aby otrzymać życie wieczne?" Odpowiedział mu: „Dlaczego Mnie pytasz o dobro? Jeden tylko jest Dobry. A jeśli chcesz osiągnąć życie, zachowaj przykazania." Zapytał Go: „Które?" Jezus odpowiedział: „Oto te: Nie zabijaj, nie cudzołóż, nie kradnij, nie zeznawaj fałszywie, czcij ojca i matkę oraz miłuj swego bliźniego, jak siebie samego!" Odrzekł Mu młodzieniec: „Przestrzegałem tego wszystkiego, czego mi jeszcze brakuje?" Jezus mu odpowiedział: „Jeśli chcesz być doskonały, idź, sprzedaj,*

co posiadasz, i rozdaj ubogim, a będziesz miał skarb w niebie. Potem przyjdź i chodź za Mną!" Gdy młodzieniec usłyszał te słowa, odszedł zasmucony, miał bowiem wiele posiadłości.

To pytanie jest zadawane przez każdą z nas. Chcemy wiedzieć, co powinniśmy zrobić, by dostać się do Nieba. Jezus odpowiada: „Musisz przestrzegać przykazań." Większość ludzi zna dziesięć przykazań. I wielu z nich odpowiedziałoby Jezusowi tak samo jak ten bogaty, młody człowiek: „Przestrzegam ich, bo nie jestem zły, nie kradnę, jestem posłuszny rodzicom oraz Bogu, kocham Go" itp. Ale Jezus dodał potem: „Jeśli chcesz być doskonały"… Młodzieniec chciał.

To jest odpowiedź-klucz: każda niewiasta powinna pragnąć doskonałości. Jezus powiedział: „Bądźcie więc wy doskonali, jak doskonały jest Ojciec wasz Niebieski". Kobieta powinna mocno chcieć, by w jej życiu wypełniało się to polecenie Zbawiciela. Gdy będzie doskonała (święta), to jej serce wypełni prawdziwy pokój. Czy to oznacza, że nigdy nie zgrzeszy? Nie, jest przecież słaba, jak każdy. Wszyscy ludzie są grzesznikami i wciąż upadają. Ale jeśli kobieta uczęszcza do sakramentu spowiedzi i próbuje być doskonała w miłości, to będzie miała pokój w swoim sercu. Jezus chce, aby każda niewiasta była doskonała (święta). Wszyscy możemy osiągnąć doskonałość poprzez połączenie uczynków i miłosierdzia. Gdy człowiekowi nie udaje się wykazać doskonałością w działaniu, to może jej sprostać w miłosierdziu i przebaczaniu, które Jezus wylewa na otwarte serca pragnące Jego przebaczającej Miłości. Pozwalając, aby miłosierdzie i przebaczenie Zbawiciela wylało się na jej skruszone serce, kobieta umożliwia Chrystusowi „nadrobienie" tego, czego brakuje w jej doskonałości.

Jezus chce, aby miłość każdej kobiety była tak silna, by dążyła do jedności z Nim. Jeśli dwoje ludzi naprawdę się kocha, to nie wystarczy im spotkać się raz w tygodniu na kawę. Chcą być zawsze razem i prowadzić częste rozmowy, pragną mieć serca, które będą się znały bardzo głęboko. Jeśli mąż i żona się kochają, to nie wystarczy, że siedzą obok siebie w samochodzie – oni chcą ze sobą rozmawiać, chcą być jednym ciałem, chcą całkowitej jedności ze sobą nawzajem. To jest właśnie obraz tego, jakiej relacji z Bogiem powinna pragnąć kobieta – ma dążyć do doskonałego zjednoczenia z Nim. Tylko wtedy odnajdzie pokój, ponieważ Bóg stworzył ją, aby trwała w ścisłym zjednoczeniu ze swym Stwórcą. Serce kobiety będzie odczuwało pustkę, dopóki nie dojdzie do jedności z Bogiem.

Wróćmy do historii z Ewangelii. Jezus mówi: „Jeśli chcesz być doskonały...". W tych słowach chciał jakby ukryć pytanie: „Jeśli chcesz... mnie kochać?". Samo przestrzeganie przykazań jest dobre, ale żywa relacja z Bogiem to nie tylko zachowywanie przepisów. Chodzi o Miłość. Przykazania pomagają człowiekowi poznać, w jaki sposób należy kochać Boga, ale Jezus chciał pokazać rozmawiającej z Nim osobie coś więcej: chciał jej uświadomić, że tak naprawdę jej jedynym realnym dążeniem jest miłość do Boga. Jezusowi zależało na tym, by ten człowiek zrozumiał, że prawdziwym pragnieniem jego serca jest pragnienie miłości. To tak, jakby Zbawiciel chciał powiedzieć: „Zrozum, dziecko, twoje serce po prostu szuka miłości". Młodzieniec odpowiada: „Tak, chcę być doskonały, chcę kochać". Jezus więc kontynuuje: „Jeśli chcesz być doskonały, idź, sprzedaj, co posiadasz, i rozdaj ubogim, a będziesz miał skarb w niebie. Potem przyjdź i chodź za Mną!". Pan nie prosi o połowę życia czy połowę serca tego człowieka, On prosi o WSZYSTKO. Jezus powiedział: „Rozdaj to, co masz i pójdź za Mną". Ta sama historia opisana w Ewangelii według świętego Marka ukazuje spotkanie z Chrystusem w nieco innym świetle. Jest tam (Mk 10,21-22) napisane: *„Wtedy Jezus* **spojrzał z miłością** *na niego i rzekł mu: «Jednego ci brakuje. Idź, sprzedaj wszystko, co masz, i rozdaj ubogim, a będziesz miał skarb w niebie. Potem przyjdź i chodź za Mną!» Lecz on spochmurniał na te słowa i odszedł zasmucony, miał bowiem wiele posiadłości."* Jezus, patrząc na niego z miłością, powiedział: „Jeśli chcesz być doskonały, idź, sprzedaj CO POSIADASZ i rozdaj ubogim (...), potem przyjdź i chodź za Mną". Młodzieniec pomyślał o swoim majątku oraz o dotychczasowym życiu i zasmucił się. Spojrzał na siebie i powiedział: „To jest zbyt trudne". I zostawił Jezusa. Nie odwzajemnił spojrzenia Zbawiciela, który patrzył na Niego z Miłością. Jezus **spojrzał na niego z Miłością**, a tymczasem on patrzył tylko na siebie.

To dlatego nie mógł przyjąć swojego powołania – nie spojrzał na Jezusa. Jeśli Pan wzywa kobietę na konkretna drogę, to zawsze daje jej potrzebną łaskę do przyjęcia tego powołania, a czyni to poprzez swoje spojrzenie pełne Miłości. I wtedy – aby otrzymać Jego łaskę – kobieta musi spojrzeć na Pana, a nie na siebie. Jezus powiedział: *„Dla człowieka jest to niemożliwe, ale nie dla Boga. Dla Boga wszystko jest możliwe"* (Mk 10,27). Z Nim naprawdę wszystko jest możliwe.

Co ten fragment oznacza dla życia kobiety? Czy Bóg chce, aby wszystkie niewiasty stały się siostrami zakonnymi lub rozdały wszystko ubogim? Nie, ponieważ nie jest to wymogiem powołania każdej kobiety. Bóg pragnie, aby Jego córka oddała Mu wszystko, co jest w jej sercu, a potem – razem z Nim – ofiarowywała to innym. Nasz Stwórca chce, aby każda kobieta przylgnęła tylko do Niego oraz Jego woli w swoim życiu. On pragnie jej posłuszeństwa. To właśnie o tym Jezus naucza w tej Ewangelii. Może nie każda kobieta będzie wezwana, by naśladować świętego Franciszka i wyjść od razu na ulicę, by oddać wszystko, co ma, nawet swoje ubranie. To nie jest powołanie dla każdego. Ale Bóg chce, aby serce niewiasty było wolne od przywiązania do rzeczy. Kobieta nie powinna czuć się związana z ani jedną rzeczą na tym świecie, z ani jedną osobą (nawet dobrą) – poza samym Jezusem. Nasz Stwórca powiedział: „Będziesz miłował Pana, Boga swego, z CAŁEGO serca swego, z CAŁEJ duszy swojej i ze WSZYSTKICH sił swoich". On nie chce nic połowicznie.

Bogaty młodzieniec dał Mu tylko połowę, czyli przestrzeganie przykazań. A co z jego sercem? Z jego miłością?

W Starym Testamencie Bóg dał ludzkości połowę tego, co wymagane jest do osiągnięcia życia wiecznego. Najpierw ofiarował człowiekowi przykazania, czyli połowę potrzebnej mu pomocy. Ale Miłość Boża, która wypełniła to prawo, zrealizowała się w pełni dopiero przez krzyż Chrystusa, Jego śmierć i zmartwychwstanie. Bóg nie dał ludzkości niczego połowicznie. Jezus mógł przecież ofiarować tylko jedną kroplę swojej krwi, aby zbawić cały świat. Nie ofiarował jednak jakiejś „części" siebie–On oddał WSZYSTKO, ponieważ kochał i był posłuszny. Zatem, aby kobieta poznała swoje powołanie, musi najpierw całym sercem umiłować Boga jako Osobę. Nie może ona tylko ogólnikowo „kochać Boga". Jako Boża córka ma Ojca w niebie, bliższego niż ktokolwiek na tym świecie. Ma także brata Jezusa Chrystusa. Zaś Duch Święty, który jest Osobą żyjącą pośród Bożych dzieci na tej ziemi, spoczywa teraz na każdej kobiecie, która to czyta. Na początku tej książki modliliśmy się do Ducha Świętego, prosząc by przyszedł – jest więc obecny. Przyszedł, bo On też jest miłością, a miłość jest posłuszna. Jezus powiedział: „Proście o Ducha Świętego, a będzie wam dany". My prosiliśmy, więc Ojciec Go posłał. On tu teraz jest – podczas tych rekolekcji – jako Osoba. Każda niewiasta musi poznać Boga jako Osobę, aby wejść z Nim w relację miłości.

A zatem, jak kobieta ma odkryć swoje powołanie? Musi zrobić coś odwrotnego niż bogaty młodzieniec: ma *patrzeć* na Jezusa na krzyżu, który ją kocha oraz daje wszystkie łaski i potrzebną siłę, aby mogła uczynić to, o co On ją poprosi. A prosząc, Pan nie ma na celu unieszczęśliwienia człowieka. Ktoś może powiedzieć: „Jak Jezus może chcieć, abym była jego «żoną», skoro ja nie chcę iść do zakonu, tylko mieć własne dzieci?" Chyba taka kobieta nie bardzo rozumie, co to znaczy być „żoną" Jezusa. Pan pragnie szczęścia każdego człowieka. Jeśli Bóg stworzył i powołał swoją córkę, aby była siostrą zakonną, to ona musi Mu zawierzyć! Na tej drodze odkryje bowiem pełnię pokoju, miłości, radości i szczęścia. Ale jeśli będzie wykonywać tylko swoją własną wolę, to – chociaż Pan będzie jej błogosławił i pomagał w dobrym życiu – jej serce nie będzie nigdy do końca wypełnione, ponieważ Bóg stworzył ją do czegoś innego. Tak samo jest w przypadku, gdy Bóg powołuje kobietę do małżeństwa: nie wypełni ona swojego życiowego powołania w żaden inny sposób. Jednakże, niezależnie od tego, na jaką drogę wzywa Pan, każda Boża niewiasta musi najpierw zwrócić się do Jezusa, zakochać się w Nim i oddać Mu wszystko.

Aby być świętą żoną i matką, kobieta powinna wejść na swoją drogę powołania tylko dlatego, że Bóg ją o to poprosił, a nie dlatego, że chce mieć męża lub dzieci dla siebie. Współmałżonek oraz potomstwo to bardzo dobre i święte sprawy, które Bóg zaplanował już na początku istnienia świata. Pan stworzył mężczyznę i niewiastę, aby byli razem.

Ale jeśli człowiek zwraca się ku drugiej osobie tylko dlatego, że pożąda jej dla siebie (nie zważając na to, czego chce Bóg), wtedy jest to egoistyczny wybór, a konsekwencją będzie życie tylko dla siebie. Bóg zaś powiedział ludzkości, że ma istnieć dla Niego. Każda kobieta musi więc żyć dla Pana. Powinna być też pełna radości z tego powodu, że żyje przede wszystkim dla Boga. Dopiero wtedy, gdy jej pierwsza Miłość – Jezus – powie jej: „Kochaj mnie w mężu, którego ci poślę", jej małżeństwo będzie dobrą i piękną sprawą. Będzie tak, ponieważ uczyni to w posłuszeństwie swojemu Zbawicielowi, Ojcu, swojej Pierwszej Miłości. Będzie kochać Jezusa w ziemskim mężu, ponieważ Pan ją o to poprosił.

Istotne jest, by kobieta czekała, aż Jezus wskaże jej, czego pragnie dla jej życia i by nie martwiła się, gdy nie słyszy Jego odpowiedzi przez dłuższy czas. Lęk i niepokój o znalezienie męża jest tylko pokusą. Taką panikę widać często wśród nastolatek w Stanach Zjednoczonych, a jeszcze bardziej w niektórych krajach. W Rosji, na przykład, na jednego mężczyznę przypadają trzy kobiety. Dlatego wśród młodych dziewcząt panuje tam „ukryta wojna" o narzeczonego. Tymczasem, jeśli kobieta szuka męża tylko dlatego, że Jezus chce tego dla niej, to przecież Pan pośle go do niej prędzej czy później. A ponieważ Bóg sam wybierze „odpowiedniego kandydata", ten mężczyzna będzie z pewnością dążył do świętości, pragnąc tego też dla swojej przyszłej żony.

Powołanie to droga do nieba, a nie szukanie szczęścia na ziemi (nawet jeśli nasza misja daje radość). Celem powołania każdej niewiasty jest świętość. Na pewno trudno jest być żoną i matką, gdyż to powołanie przysparza wielu cierpień. Kobieta musi być gotowa na krzyż w swoim życiu, bo jej związek z mężem nie zawsze jest łatwy. Ale jeśli obydwoje będą się naprawdę kochać i jeśli weszli w związek małżeński, ponieważ Bóg tego chciał, to Pan będzie im błogosławił, a przez ten krzyż oni będą mogli się nawzajem uświęcać. Wtedy osiągną pokój. Ponadto, jeżeli kobieta decyduje się na małżeństwo ze względu na Boga, to stanie się też otwarta na dzieci, które On jej pośle. W wychowywaniu ich nie będzie już miało znaczenia, ile posiada pieniędzy na koncie lub cierpliwości w sercu. Nie będzie też istotne to, czego ona chce od życia, bo nie będzie w nim szukała siebie samej. Dla prawdziwej Bożej córki życie nie kręci się wokół niej, ale jest skierowane w stronę Boga i innych ludzi. Jeśli kobieta nie podejmie służby w tym duchu, nie będzie szczęśliwa. Jeśli jednak zdarzy się tak, że dziewczyna powierzy Jezusowi wszystko – odwrotnie niż bogaty młodzieniec (może nie sprzeda swych posiadłości, ale jej serce przestanie być przywiązane do nich), a Jezus powie: „Nie chcę, byś szukała męża. Ja cię kocham i chcę być dla ciebie WSZYSTKIM, chcę być twoim mężem. Pragnę, by moje dzieci na świecie miały ciebie za matkę. Czy wiesz, o jaką relację cię proszę?" Wtedy ona powinna to przyjąć! Musi zaufać swojej Pierwszej Miłości.

Trzeba, by każdy człowiek postawił się na miejscu bogatego młodzieńca, ale dał ostatecznie inną odpowiedź.

Kiedy Chrystus mówi: „Rozdaj wszystko co masz i pójdź za mną", dana osoba musi przede wszystkim spojrzeć na Niego, a wtedy będzie już bardzo łatwo zrobić to, o co Zbawiciel prosi. Jeśli na przykład mężczyzna chce poświęcić swoje życie, aby jego ukochana była szczęśliwa – każda kobieta chciałaby się nią stać i być takiemu mężowi posłuszna. A takim mężczyzną jest Jezus. On oddał całe swoje życie, by przynieść ludzkości szczęście. Powiedział do każdego: „Przyjdź do mnie i przyjmij całą miłość, miłosierdzie i siły, które potrzebujesz". Pan troszczy się o całego człowieka – jego ciało, emocje, umysł i serce. Troszczy się o każdego z nas. Bóg da kobiecie szukającej Jego woli to, co przyniesie jej największy pokój i radość. Musi tylko przyjść do Niego i niczego nie zostawiać dla siebie. Każda kobieta powinna postawić sobie pytanie: „Czy jest w moim sercu coś, co mnie powstrzymuje?". Musi szukać i pytać: „Czy jest coś, czego boję się oddać?". Powinna ofiarować Panu to, co chce zatrzymać tylko dla siebie. Człowiek ma przyjść do Jezusa z pustymi rękami i powiedzieć: „Żyję pośród wielu ludzi i rzeczy, ale przychodzę bez niczego. Nie mam nic. Jestem Twój. Powiedz mi, czego pragniesz. Moje spojrzenie kieruję na Twoją Miłość. Pomóż mi odpowiedzieć na Twoje wezwanie". A Miłość Jezusa weźmie to otwarte serce w swoje ręce. W Jego Miłości będzie możliwe odczytanie Bożej woli.

Bóg dał Ewie uszy, które mają być również symbolem uszu serca, a te muszą być otwarte na Jego głos. W świecie jest wiele różnych głosów, które będą przemawiać do kobiety:

jej otoczenie, inni ludzie, nawet szatan. Kogo ma słuchać? Bóg dał kobiecie nie tylko fizyczne oczy, ale również oczy serca. Gdzie ona patrzy? Na rzeczy, ludzi, władzę, popularność, na siebie? Każda współczesna Ewa powinna zapytać siebie: „Co jest moim bogiem?". A potem oddać tego „bożka" Bogu i wybrać Go jako Jedynego. Gdy to uczyni, Pan powie jej w odpowiednim czasie i miejscu, jaka ma być jej życiowa droga. A zatem, kobieta powinna zawsze czekać na Boże wezwanie. Nie może chwytać się „pierwszego lepszego" powołania.

Ja zawsze chciałam mieć męża i wiele dzieci, mieć świętą rodzinę... Pan Bóg musiał bardzo „namęczyć się", bym przestała kurczowo trzymać się tego mojego planu na życie. To był przecież dobry plan – pragnienie posiadania bardzo świętej, katolickiej rodziny z około dwudziestoma dziećmi. Mówiłam do Pana: „Jezu, zaadoptuję wszystkie dzieci, których nikt nie kocha – Ty daj mi tylko świętego męża". Pan rozluźniał kolejno, jeden po drugim, palce mojej zaciśniętej dłoni (trzymającej się kurczowo własnej woli), ale gdy dochodził do ostatniego palca, pierwszy zaciskał się ponownie. Na szczęście, w swoim czasie, Bóg był w stanie przekazać mi swoją wolę. On pragnął mnie dla siebie. Chciał, abym została waszą matką. Chciał, bym była wolna i pełna Jego Oblubieńczej Miłości, aby w ten sposób kochać świat. Bóg sam pomógł mi odczytać to powołanie. Teraz wiem, że nie mogłabym mieć życia tak pełnego pokoju i radości jak teraz, nawet gdybym dzieliła go z najwspanialszym mężczyzną na świecie. Bóg stworzył mnie właśnie do tego powołania, a polega ono na *byciu Jego małą żoną na Krzyżu*. Zawsze pragnęłam Boga, nawet wtedy, gdy myślałam, że moim marzeniem jest wyjść za mąż. Nie znałam dobrze siebie samej. Wszak to nie ja siebie stworzyłam. Bóg mnie stworzył. On zna mnie lepiej. I w końcu pomógł mi odkryć, kim mam być – według Jego pierwotnego zamysłu.

Młoda dziewczyna powinna więc otworzyć swoje serce i słuchać Bożego wezwania względem jej życia. Może Jezus chce, by została żoną i matką oraz, na takiej drodze, słuchała Bożego głosu poprzez usta swojego męża. A wtedy ona będzie mogła stać się dla niego nauczycielką Bożej miłości. Będzie też kochać Jezusa jako Dziecko poprzez miłość okazywaną swoim dzieciom. Za każdym razem, trzymając własne dzieci (jeśli będzie je miała), będzie tuliła Dzieciątko Jezus. Ale może Pan chce czegoś innego – być może pragnie, by dana kobieta została Jego oblubienicą i służyła wszystkim dzieciom na tej ziemi. Oba powołania są bardzo piękne. Najważniejsze jest, aby każda dziewczyna czekała i słuchała Pana, zważając na to, by nie przeprowadzać wyłącznie swojej woli. Bóg jest inny niż sądzimy. Młoda kobieta musi słuchać Go i Jego wezwania kierowanego do jej serca.

A zatem, jak konkretnie Bóg objawia człowiekowi jego powołanie? Mówi do niego nieustannie: poprzez różne sytuacje, kierownika duchowego, Kościół. Przemawia przez swoje słowo w Piśmie Świętym oraz bezpośrednio do serca człowieka. Nikt nie powinien bać się wezwania Jezusa (jak bał się bogaty młodzieniec z Ewangelii). Aby pozbyć się lęku, rozeznająca swe powołanie kobieta nie może patrzeć na siebie, swój strach, wątpliwości, posiadane dobra, własną rodzinę. Powinna patrzeć na NIEGO! Musi zwrócić swój wzrok na spojrzenie Jezusa, bo ono może dokonać w niej wszystko – jest przecież spojrzeniem pełnym Miłości.

To jest lekcja, której należy się nauczyć: kobieta musi słuchać Boga i być Mu posłuszna. Jeśli chce mieć męża, Bóg da jej go w swoim czasie. Ale jeśli nie leży to w Bożym zamyśle, to nie powinna podejmować swojej misji na własną rękę. Nie można żyć jako małżonka bez łaski Bożej, to jest zbyt trudne. Małżeństwo potrzebuje Bożego błogosławieństwa. Amen.

Dlaczego powołanie do kapłaństwa nie jest udziałem kobiet

W świetle powyższych rozważań na temat powołania, chciałbym poruszyć tutaj (tylko na moment) kwestię kapłaństwa kobiet. Dlaczego nie może to być ich życiową drogą? Ten problem jest często poruszany we współczesnym świecie, dlatego chciałabym pokrótce wyjaśnić, dlaczego taka misja nie pasuje do kobiecej natury. Jak mówiłam wcześniej, niewiasta jest wezwana do służby Kościołowi w różnych formach powołania, ale nigdy jako kapłan. Przede wszystkim chodzi o to, że kapłani mają reprezentować Chrystusa. Jezus był mężczyzną i nazwał Kościół swoją Oblubienicą. Kobieta nie może (gdy wszystko jest w harmonii z prawem naturalnym) poślubić oblubienicy. Dlatego też, aby pozostać wiernym tej roli, jaką Jezus nadał kapłanowi, musi być on mężczyzną. Czasami kobiety twierdzą, że czują się „powołane" do kapłaństwa i próbują uzasadnić słuszność tego sądu swoimi odczuciami. Trzeba jednak zrozumieć, że nikt nie staje się godnym do podjęcia kapłańskiej posługi tylko na podstawie swoich uczuć. Nawet mężczyzna „odczuwający" powołanie do kapłaństwa musi najpierw zostać przyjęty przez biskupa (który, jak uczy tradycja, kieruje się w swych decyzjach światłem Ducha Świętego), a więc „odczuwanie powołania" nie jest równoznaczne z „prawem do święceń".

Uniemożliwianie kobietom dostępu do kapłaństwa nie jest w żadnym wypadku sposobem na trzymanie ich z daleka od wszelkich „ról pierwszoplanowych" w Kościele. Przy podejmowaniu decyzji eklezjalnych należy konsultować się ze wszystkimi wiernymi (w tym, naturalnie, z kobietami). W przeszłości wiele z nich wywarło przecież ogromny wpływ na życie i decyzje Kościoła, między innymi święte: Hildegarda z Birgen, Brygida Szwedzka, Teresa z Avila, Katarzyna ze Sieny, a nawet prosta i mała Teresa z Lisieux. Rola kapłana w liturgii przejawia się w ojcostwie mężczyzny, ale istnieją też takie role w Kościele, które są wyrazem kobiecego macierzyństwa. Często kobiety mają na przykład doskonałe „wyczucie" w darze proroctwa, co może być wykorzystane do pielęgnowania wiary innych osób, na przykład poprzez pełnienie funkcji kierowników/-czek duchowych, głosicielek Ewangelii, nauczycielek i matek.

Kobiety mają szczególną predyspozycję do życia kontemplacyjnego, które było zawsze uważane za najdoskonalszą formę ludzkiego powołania. O. Benedykt Ashley OP pisze, że „życie kontemplacyjne ukierunkowane na Boga jest lepsze, niż życie czynne ukierunkowane na rzeczy tego świata".[1] Przeciwnego zdania był jednak Akwin, który argumentował, że „światło, które oświeca innych, jest lepsze od światła, które świeci tylko dla siebie".[2] Dlatego też najlepszy jest „złoty środek": do tych najbliższych Bogu zdają się należeć takie osoby (dziewice) konsekrowane, które prowadzą życie kontemplacyjne, ale pozwalają równocześnie, by ono inspirowało i wypełniało ich czyny. O. Ashley wyjaśnia:

> Dziewice konsekrowane są tymi chrześcijankami, które poświęcają całe swoje życie (łącznie z wszelkimi siłami i miłością, do której są zdolne) Chrystusowi, z którym mają nadzieję żyć przez całą wieczność na niebiańskich Godach Weselnych. Ich świętowanie nie jest jednak negatywnym brakiem ziemskiego

---

[1] Ashely, Benedict M., *Justice in the Church* (Washington, D.C.: The Catholic University of America Press, 1996), str. 131.

[2] Ashley, str. 133.

doświadczenia fizycznej bliskości męża, ale pozytywną, wyłączną i angażującą się miłością wobec Chrystusa.[3]

Tak jak kapłani reprezentują Chrystusa wobec świata, tak dziewice konsekrowane reprezentują Maryję, Matkę Chrystusa, symbol nowej Ewy i samego Kościoła. Mężczyźni nie mogą tego uczynić. Zatem, tak jak kobiety są wyłączone z sakramentu kapłaństwa, tak samo mężczyźni są wyłączeni z dziewictwa konsekrowanego, w jego pełnym symbolicznym znaczeniu. Bóg stworzył mężczyznę i niewiastę jako odmienne osoby i powołał ich do różnych rzeczy. Nie oznacza to jednak, że nie są oni równi w godności, która jest ukazywana właśnie przez pełnione przez nich role. Dlaczego jednak kapłaństwo jest sakramentem, a dziewictwo konsekrowane nie? Jest tak dlatego, że do sakramentu przystępuje się w celu uzyskania łaski, która ma potem dopomóc ludziom w zmaganiach ziemskiego życia. Dziewictwo konsekrowane zaś nie ma nic wspólnego z egzystencją doczesną, lecz jest już zalążkiem życia wiecznego.

Chociaż kobiety nie są powołane do kapłaństwa, to jednak są wezwane do pełnienia ważnej funkcji w życiu kapłanów. Przede wszystkim, tak jak Maryja dała życie Jezusowi, Synowi Bożemu, tak i matki dają życie kapłanom. Mówił o tym papież Jan Paweł II:

---

[3] Ashley, str. 139.

Za tą misją (kapłańską) kryje się powołanie otrzymane od Boga, ale ukryta jest też wielka miłość naszych matek – tak samo, jak za ofiarą Chrystusa w Wieczerniku ukryta była niewyobrażalna miłość Jego Matki. O jakże prawdziwe, a jednak jakże dyskretne jest takie macierzyństwo, a więc i kobiecość, która jest obecna w sakramencie święceń![4]

Począwszy od matek, księża nawiązują relacje z kobietami przez całe swoje życie (niektórzy z nich mają też na przykład dorastające siostry). Wchodząc na drogę kapłaństwa, muszą więc dogłębnie rozumieć wszystkie kobiety jako swoje siostry w Chrystusie, matki w Chrystusie i córki w Chrystusie. Kobiety często pomagają księżom także przez swoją posługę w parafiach i szkołach. Niewiasta ma więc do odegrania ważną rolę w życiu Kościoła, ale musi być ona zgodna z naturalnymi darami płynącymi z daru kobiecości.

---

[4] Jan Paweł II, *Genius of Woman* (Washington, D.C.: United States Catholic Conference, Inc., 1997), str. 66.

Do refleksji:

1. Co w moim życiu chcę zachować dla siebie? Młodzieniec z Ewangelii trzymał się kurczowo swojego bogactwa i dlatego nie potrafił pójść za Jezusem. Czego ja nie potrafię oddać Panu?
2. Jak mogę lepiej słuchać Boga i Jego wezwania co do mojego życia?
3. Gdzie szukam pomocy, gdy napotykam trudności? Kieruję swój wzrok na Jezusa patrzącego na mnie z Miłością czy raczej gdzieś indziej?
4. Do jakiego rodzaju powołania Bóg mnie wzywa? Skąd bierze się moja pewność? (nie chodzi tylko o odczucie, ale o coś głębszego). Jeśli jeszcze nie odkryłaś swojego powołania, nie martw się; powoli jednak zacznij o tym myśleć.

Rozdział 7

Dar Czystości

Czystość jest prezentem ofiarowanym niewiastom przez Boga. Niestety, chociaż jest to tak ważny dar, wiele kobiet wydaje się nie wykorzystywać go wcale lub przekręcać jego znaczenie. Bóg dał Ewie czystość, aby pomogła Adamowi w zbliżaniu się do Niego, a jednak dziś często kobiety robią odwrotnie: próbują kusić mężczyzn, by oni zbliżyli się do nich. Aby zrozumieć, dlaczego kobiety nadużywają tego daru, najpierw należy podać definicję czystości. Czym ona tak naprawdę jest? Czystość nie oznacza „braku mężczyzny" (co często jest definicją przyjętą w dzisiejszym świecie). W rzeczywistości, czystość ma być pełna obecności Boga. Nie oznacza to jednak tylko „bycia" z Bogiem. Bycie pełnym **czegoś** jest czymś innym niż bycie **z czymś**. Można wziąć szklankę i umieścić w niej łyżkę, ale nie jest ona „pełna łyżki". Szklanka może być pełna wody, kawy itp. W ten sam sposób, czystość to nie tylko życie razem z Bogiem, ale to uczynienie Go częścią swojego życia. Czystość oznacza życie nasączone Bogiem, życie przepełnione Nim „aż po brzegi". O to właśnie chodzi w tym darze – o bycie jednym z Bogiem, bycie pełnym Boga.

Ta definicja jest ważna, ponieważ ludzie często uważają, że życie w czystości oznacza brak związku z mężczyzną lub brak doświadczenia fizycznej miłości. A przecież nie chodzi tutaj tylko o ciało – czystość to stan serca. Jeśli człowiek ma w sobie Boga, to jest czysty. Pan stworzył ciało, aby było całkowicie zjednoczone z duszą, która z kolei ma być całkowicie zjednoczona ze Stwórcą. Tak jak Bóg napełnia duszę swoją obecnością, tak samo i ciało jest pełne Jego obecności we wszystkich swoich działaniach. Według tej definicji, dziewczyna może zostać zgwałcona, ale jednocześnie pozostać czysta – wszystko zależy od stanu jej serca. Jeśli było ono w jedności z Bogiem mimo tego aktu przemocy, to oznacza, że i ta dziewczyna była pełna Boga, a więc wciąż jest czysta. I nic tego nie zmieni – cokolwiek stałoby się z jej ciałem. Jezus powiedział: *„Nie bójcie się tych, którzy zabijają ciało, lecz duszy zabić nie mogą. Bójcie się raczej tego, który duszę i ciało może zatracić w piekle"* (Mt 10,28). Musimy to sobie więc dobrze zapamiętać: być czystym oznacza mieć Boga, który jest zanurzony w samym sercu naszego jestestwa.

Relacja między mężem a żoną jest bardzo intymna. Jeśli łączą się ze sobą fizycznie w pożyciu małżeńskim, to czy wtedy przestają być czyści? Nie! Są bardzo czyści, jeśli tylko ich serca są złączone z Bogiem we wspólnej miłości, a ich małżeństwo jest Bożym związkiem. Kiedy Bóg jest naprawdę w centrum relacji mąż-żona, to w akcie seksualnym są oni po prostu posłuszni temu, co Stwórca powiedział do nich w Księdze Rodzaju. A jeśli ich małżeństwo jest posłuszne Bogu (mężczyzna i kobieta chcą obdarować siebie nawzajem, chcą dawać życie, chcą ofiarować miłość), to wtedy faktycznie wzrastają w czystości poprzez pożycie małżeńskie. Papież Jan Paweł II (w swojej „Teologii Ciała") stworzył nową definicję Dziewictwa. Oznacza ono doskonałe połączenie ciała i duszy ze sobą i z Bogiem. Chodzi o to, że ciało nie narusza harmonii między duszą a Bogiem. Tym samym, czystość oznacza stan serca (jeśli pamiętasz definicję serca zawartą w Katechizmie – była to najgłębsza część ludzkiego istnienia: ciała i duszy). W tym świetle, Christopher West tak przedstawił nauczanie Jana Pawła II (cytat pochodzi z konferencji w formie audio, oryginalne słowa papieża są napisane pochyłym drukiem):

> Za każdym razem, gdy mężczyzna i kobieta łączą się jako jedno ciało, dotykają pierwotnego planu Boga i sami go odnawiają – to ich zadanie. *Mężczyzna i kobieta jednoczący się w akcie małżeńskim wracają w ten sposób do jedności przeznaczonej dla ludzkości („kość z mojej kości, ciało z mojego ciała"), co pozwala im się rozpoznać i, jak za pierwszym razem, nazwać siebie po imieniu".* W Księdze Rodzaju, Adam patrzy na Ewę i mówi: „Jesteś kobietą!". Ewa patrzy na Adama i mówi: „Jesteś mężczyzną!". Po dziś dzień, mężczyzna i kobieta są wezwani do odkrywania swojej prawdziwej tożsamości w

swym „małżeńskim objęciu". *Oznacza to, że akt małżeński niejako odtwarza pierwotną, dziewiczą wartość człowieka, która wyłania się z tajemnicy jego samotności przed Bogiem.*

Papież chce tutaj pokazać, że prawdziwy akt małżeński nie jest utratą dziewictwa, ale raczej – przeżywaniem prawdy o dziewictwie. „Oryginalna, dziewicza wartość człowieka." Co Jan Paweł chce nam przez to powiedzieć? Zaprasza nas do głębszego zrozumienia sensu dziewictwa. My pojmujemy to tak: „Dziewica to kobieta, która jeszcze nigdy nie współżyła". **Jednak dziewictwo – według definicji papieża – ma związek z integralnością ciała i duszy.** Chodzi o to, że nie ma żadnego rozdźwięku (pęknięcia) między ciałem a duszą. **Dziewictwo oznacza, że człowiek jest nietknięty przez rozłam między tymi dwoma elementami naszego istnienia.** Pamiętajmy, że na początku ciało i dusza mężczyzny i kobiety były ze sobą w doskonałej harmonii. Kiedy więc „pierwsi rodzice" łączyli się ze sobą w jedno ciało, stawali się też jedno duchem. **To była miłość duchowa, którą wyrażali w zjednoczeniu fizycznym.** W ten sposób jakby udowadniali swoje człowieczeństwo. W akcie zjednoczenia potwierdzali godność ciała i osoby ludzkiej. Akt małżeński nie oznaczał żadnej straty – to był zysk. Utrata dziewictwa (w tym głębszym znaczeniu) przychodzi dopiero z przyzwoleniem na grzech, gdy jedność między ciałem a duszą zostaje zerwana. W dzisiejszym świecie ludzie zazwyczaj przeżywają zjednoczenie seksualne nie jako doświadczenie integrujące (ciało i dusza są połączone), ale jako doświadczenie rozdzielające (ciało jest oderwane od duszy). To dlatego akt zjednoczenia jest utożsamiany z utratą dziewictwa. Możemy też powiedzieć, że ten fizyczny akt pokazuje, jak bardzo ludzkie dziewictwo zostało utracone wskutek grzechu – dziś często ludzie jednoczą się tylko w ciele, bez jedności duszy i ducha. **Zatem dziewictwo, w swym głębszym znaczeniu, oznacza zjednoczenie ciała i duszy – nietknięte przez rozłam grzechu. Kiedy mężczyzna i kobieta (którzy pozwolili Chrystusowi przemienić swoje pragnienia seksualne) łączą się w jedno ciało, ich doświadczenie aktu małżeńskiego nie jest stratą, gdyż z czasem odzyskują oni pierwotne połączenie swojego ciała i duszy. Zjednoczenie fizyczne (przemienione przez Jezusa) pomaga ludziom stać się bardziej zjednoczonymi w ciele i duszy; a w rezultacie czyni ich bardziej dziewiczymi!**

W ten sposób akt małżeński staje się przeżyciem pierwotnej, dziewiczej wartości człowieka. Dziewictwo jest „samotnością" człowieka przed Bogiem. To właśnie na początku stworzenia człowiek stanął przed Stwórcą jako jedno ciało i dusza. I ta pierwotna jedność powraca do małżonków, gdy w akcie fizycznego zjednoczenia są jak Adam i Ewa, którzy trwali przed Bogiem jako jedno ciało i jedna dusza. W pewnym sensie, gdy pierwsi rodzice trwali jako jedność przed Bogiem, powracali tym samym do swojej pierwotnej „samotności" przed Bogiem – byli bowiem tak zjednoczeni, że stawali się jakby jedną osobą (jednym ciałem i duszą) przed Panem. Było to ponowne odkrycie pierwotnego dziewictwa człowieka.

Maryja była najczystszą kobietą, jaka kiedykolwiek istniała, ponieważ od pierwszej chwili swojego życia była pełna Boga. Całe jej serce, emocje, myśli, ciało, dusza – wszystko było w pełni zjednoczone z Nim. Maryja trwała w doskonałej jedności z Bogiem, ponieważ była bez grzechu. Co oddziela duszę od Boga? Co sprawia, że ludzkie serce nie jest całkowicie pełne Boga? Grzech. Spójrzmy na nasz poprzedni przykład: szklanka jest wypełniona wodą. Jeśli umieścimy w niej coś jeszcze, to część wody z pewnością się wyleje. W szklance będzie wtedy mniej wody, ponieważ przestrzeń wewnątrz niej jest ograniczona. Naczynie może być czymś wypełnione: wodą albo innymi rzeczami. Tak samo jest z sercem człowieka. Stwórca uczynił go tak, by było pełne Boga. Jednak, kiedy człowiek grzeszy, umieszcza coś innego w swoim sercu, a w rezultacie nie może już przyjąć całej miłości lub obecności Boga (czego On tak pragnie dla duszy). Maryja jednak była bez grzechu, więc była pełna Boga. To dlatego była czysta.

O czystości można dowiedzieć się już z Księgi Rodzaju. Grzech pierworodny był grzechem przeciwko czystości. Co się wtedy stało? Bóg stworzył Adama i Ewę i dał im Raj. Zapewnił im wszystko, czego mogli kiedykolwiek chcieć. Nie potrzebowali niczego... Pan zawsze dawał im to, czego pragnęli. W ten sposób Bóg stworzył ludzi: Jego zamysłem było, by po prostu żyli i otrzymywali wszystko od Niego. Jak kobieta otrzymuje wszystko od swojego męża, tak mąż otrzymywałby wszystko od Boga – tak właśnie zaplanował Stwórca. Chciał zapewnić Adamowi i Ewie wszystko, ponieważ byli Jego dziećmi. Bóg powiedział do nich: „Czy widzicie to drzewo? Nie jedzcie jego owoców. Kocham was bardzo i nie chcę, by coś się wam stało. Nie chcę, żebyście musieli martwić się o dobro lub zło. Pozwólcie mi się kochać. Chcę dać wam wszystko, czego potrzebujecie. Zaufajcie mi." Stwórca sam wiedział, co jest najlepsze dla Jego dzieci.

Jednak Ewa nie zaufała Bogu. Wąż przemówił do niej i powiedział: „Bóg nie chce tego, co jest najlepsze dla ciebie, On ma złe zamiary. Nie potrzebujesz Boga. Chcesz być jak On? Weź to... Nie ufaj już swojemu Bogu Ojcu". A ona posłuchała. To był pierwszy błąd. Posłuchała innego głosu niż głos Ojca. Jeśli diabeł zaczyna kusić człowieka, on nie powinien go nawet słuchać. Co zrobiła Ewa, gdy szatan zaproponował jej nieposłuszeństwo? Zaczęła się wahać: „Tak, może... Nie wiem...". To był jej drugi błąd: zaczęła rozmawiać z diabłem. A zatem, pierwszym błędem Ewy było posłuchanie go, a drugim – podjęcie z nim rozmowy.

Trzeba to przyznać: szatan jest o wiele razy bardziej inteligentny niż jakikolwiek człowiek na ziemi. Był kiedyś najwspanialszym aniołem: Lucyferem. Powiedziałam „inteligentny", a nie „mądry", ponieważ mądrość jest darem Ducha Świętego. Jest stanem serca – być mądrym to słuchać Boga w swoim sercu. W mądrości nie chodzi o to, że mam dużo wiedzy lub rozumiem wiele rzeczy. Nie, bycie mądrym oznacza, że moje serce zawsze słucha Boga. A gdy potrzebuję coś komuś powiedzieć, to Bóg sam mi podsuwa słowa, jakie są potrzebne w danym momencie. Jednak ta wiedza i zrozumienie nie jest moje – sama z siebie nie posiadam mądrości. Po prostu posługuję się darem otwartości i umiejętności słuchania. Dlatego właśnie mądrość jest darem Ducha Świętego – moje serce jest otwarte i słucha, a On mnie wypełnia. Mądrzy ludzie nie polegają tylko na wiedzy, ale potrafią słuchać.

Szatan był więc inteligentny, miał bystry umysł. Był zarazem pyszny i nie chciał słuchać ani służyć. A więc upadł. Zapragnął pociągnąć za sobą ludzkość. To dlatego tak ważne jest, aby osoba kuszona nigdy nie słuchała diabła ani nie rozmawiała z nim. On jest naprawdę sprytny w swej taktyce. Zamiast tego należy pamiętać, że jest się dzieckiem Bożym. Człowiek powinien biec do Boga w zaufaniu... nie zawsze rozumiejąc, ale zawsze – ufając i będąc posłusznym temu Ojcu Miłości. Diabeł zasugerował Ewie: „Nie chcesz służyć, prawda? Chcesz przecież sama kierować swoim życiem, pragniesz decydować". A ona słuchała tych słów i rozmawiała z nim. Była słaba. Wszak była kobietą. Czy więc to była wyłącznie jej wina? Nie. Gdzie był w tym czasie jej mąż? W ich małżeńskiej relacji to przecież właśnie Adam miał ją chronić. Bóg powierzył mu Ewę. Jeśli w małżeństwie ciało kobiety nie jest już jej własne, ale zostało podarowane mężowi (jak i cała jej istota), to ma on obowiązek chronić i dbać zarówno o ciało, jak i duszę swej żony. Jego odpowiedzialnością jest bowiem nie tylko fizyczna ochrona i opieka nad nią (przez zapewnienie jedzenia, schronienia itp.), ale także duchowe wsparcie w słuchaniu Bożego głosu i ochrona przed złem.

Jak mówiliśmy wcześniej, w małżeństwie żona powinna być posłuszna mężowi, ale za to on ma obowiązek troszczyć się o jej świętość. Dlatego też grzech pierworodny nie jest jedynie winą kobiety. Gdzie był w tamtym czasie jej mąż, który powinien był ją ochronić przed złem? Będąc sama, zgrzeszyła. Podjęła decyzję: „Nie będę słuchać Boga i ufać Mu. Posłucham diabła". Za każdym razem, gdy szatan kusi człowieka, to człowiek sam podejmuje decyzję: „Czyjego głosu będę słuchał? Głosu mojego Ojca i Boga czy głosu diabła? To jest czas mojej decyzji". Dlatego zawsze należy słuchać tylko Boga. Kuszona osoba powinna zawołać: **„Pomóż mi, Jezu!".**

Ewa nie poszła do męża i nie powiedziała: „Nie poradzę sobie sama, czuję pokusę, jestem słaba. Pomóż mi". Nie zawołała: „Boże, potrzebuję Cię. Ratuj mnie!". Po prostu zgodziła się na grzech. Jeśli ktoś napotyka pokusę, zwłaszcza przeciwko czystości, musi poprosić: „Jezu, dopomóż mi. Jestem słaba. Nie chcę zgrzeszyć. Pragnę Cię słuchać i służyć tylko Tobie. Pomocy!". A Pan z pewnością przyjdzie na ratunek. Tak, trzeba przyznać, w Raju to Ewa popełniła grzech. Ale nie był on wyłącznie jej winą. Adam też był za to odpowiedzialny.

Co się stało potem? Ewa podała owoc Adamowi. Nie poszła jednak do niego wcześniej, aby go posłuchać, choć powinna. Udała się do swojego męża, by spróbować nim pokierować, by powiedzieć mu, co ma robić. W małżeństwie to żona ma słuchać męża, który z kolei powinien słuchać Ducha Świętego, aby On dopomógł mu w prowadzeniu i chronieniu żony. Jednak Ewa odwróciła Boży porządek do góry nogami. Poszła do męża po to, by powiedzieć mu, co ma zrobić. A to nie była przecież jej rola. Niestety, intencją Ewy nie było zachęcenie męża do słuchania Boga ani do wspólnej modlitwy o rozeznanie Bożej woli. Ewa poszła skusić go, by uczynił zło. Powiedziała: „Weź i zjedz". A on ją posłuchał! To była jego wina.

Mąż musi pamiętać, że jego rolą jest prowadzić żonę i pomagać jej w drodze do Boga, do świętości. To prawda, że Ewa skusiła Adama. Ale on pozwolił sobie na ulegnięcie tej pokusie. To nie była tylko jej wina. Wszystko było sprzeczne z porządkiem, jaki ustanowił Bóg. Nagle kobieta stała się jak mężczyzna – decydowała i rządziła, kusiła i kontrolowała. Z kolei mężczyzna stał się jak kobieta: uległ pokusie w swej słabości, zamiast chronić żonę swą siłą. Nie użył też rozumu – daru od Boga, aby rozsądnie przemyśleć tę dramatyczną sytuację. Po prostu powiedział: „Dobrze, zrobię, co chcesz. Jestem ci posłuszny". I z tego powodu upadli. Zgrzeszyli. Nie byli już w jedności z Bogiem, nie byli już pełni Boga. Kobieta powinna była popatrzeć na mężczyznę, który powinien był popatrzeć na Boga. A zamiast tego Ewa spojrzała na swoje własne grzeszne pragnienia, a Adam spojrzał na nią.

Na szczęście, ta smutna historia o wejściu nieczystości na świat nie kończy się bez nadziei. Jezus odznacza się doskonałą czystością i podarował ją ludzkości na krzyżu. Wszystko to, co zostało naruszone w czystości mężczyzny i kobiety przez grzech pierworodny, zostało uzdrowione przez wcielenie Zbawiciela, a zwłaszcza przez doskonałość Jego miłości, którą okazał w ofierze swego życia. Jezus nieustannie żył w doskonałej relacji z Ojcem – mieli ze sobą taką więź, jaką Bóg pragnął dla ludzkości od początku. Chrystus zawsze był skupiony na swoim Abba. Wciąż powtarzał, że nie przyszedł, aby czynić własną wolę, ale wolę swego Ojca. W ogrodzie Eden, Adam i Ewa *skorzystali ze sposobności,* by skosztować zakazany owoc. Jezus, *„istniejąc w postaci Bożej, nie skorzystał ze sposobności, aby na równi być z Bogiem, lecz ogołocił samego siebie, przyjąwszy postać sługi, stawszy się podobnym do ludzi. A w zewnętrznym przejawie, uznany* *za człowieka, uniżył samego siebie, stawszy się posłusznym aż do śmierci – i to śmierci krzyżowej"*.[1]

Adam i Ewa okazali nieposłuszeństwo. Za to Jezus stał się posłuszny aż do śmierci! Adam i Ewa zjedli owoc z zakazanego drzewa – w ten sposób weszli w ciemność i musieli zostać wygnani z Ogrodu. Jezus zaś chętnie wszedł do Ogrodu (Oliwnego), aby tam cierpieć i modlić się. Został poproszony o powtórne wejście do ogrodu, aby odkupić grzech, który tam wcześniej nastąpił. Będąc posłuszny (w przeciwieństwie do pierwszych ludzi), Chrystus również spożył owoc z drzewa – straszliwy owoc krzyża. Nie był on jednak tak przyjemny dla oka i podniebienia, jak „zakazany owoc" dla Adama i Ewy. Owoc drzewa krzyża nie cieszył smakiem, gdyż był symbolem tego wszystkiego, co zraniło Boga Ojca, którego Jezus tak bardzo ukochał. A jednak, w posłuszeństwie, Zbawiciel musiał „wypić swój kielich".

Miłość Jezusa pokonała wszelki grzech i śmierć, które weszły na ten świat przez nieposłuszeństwo Adama i Ewy. Chrystus zaś – poprzez swoje uniżenie się, pokorne Fiat oraz zaufanie Ojcu we wszystkim (które nie zostało zachwiane nawet przez uczucie „porzucenia przez Ojca" na krzyżu) – uczynił wszystko nowe. Jeśli więc kobieta przyjdzie pod krzyż Jezusa, On może przywrócić jej utraconą czystość. Ewa powiedziała do męża: „Bierz i

---

[1] Flp 2, 6-8.

jedz", przekazując grzech pierworodny rodzajowi ludzkiemu; Chrystus zaś mówi: „Bierzcie i jedzcie" do ludzkości, przekazując swoje ciało jako lekarstwo na ten grzech. Dzięki oczyszczeniu kobiecości przez ukrzyżowanego Jezusa, każda niewiasta dostaje nową możliwość bycia wielkim narzędziem czystej i świętej miłości Boga w świecie.

Bóg dał kobiecie dar bycia „kusicielką", rozumiany jako bycie atrakcyjną dla płci przeciwnej. **Atrakcyjność niewiasty i wywieranie w ten sposób wpływu na mężczyznę jest też zamiarem Bożym – bycie „świętą kusicielką" może bowiem zachęcić do kochania Stwórcy.** Rzeczywiście, kobiety pociągają osobników płci męskiej i nie ma w tym ani nic nadzwyczajnego, ani nic złego. Ewa została przecież stworzona jako prezent dla mężczyzny. Ma jednak obowiązek, aby pociągać go do świętości i miłości Boga. Kobieta ma także dar bycia nauczycielką, więc powinna go uczyć (przez swój przykład), że ten rodzaj relacji, jaki jest między nią a mężczyzną, ma być także między nim a Bogiem. W ten sposób współczesna Ewa może nauczać Adama. Innymi słowy, może „kusić" go do tego, by był święty i żył blisko Boga. Jeśli mężczyzna jest zakochany w kobiecie, to ona posiada nad nim pewną władzę. Może nie przyzna on wprost: „Ach, ta dziewczyna jest taka śliczna. Chcę zrobić wszystko, co mi każe". Ale jeśli jest ona rzeczywiście czysta i święta, to może „skusić" tego mężczyznę, by zrobił to, co ona pragnie, a w ten sposób dojdzie do świętości.

Grzech pierworodny był przeciwny porządkowi i planowi Bożemu. Pan stworzył kobietę, aby jako „kusicielka" pociągnęła mężczyznę, by on zakochał się nie tylko w niej, ale także i w Bogu. Niestety, Ewa pociągnęła Adama do szatana, grzechu i śmierci. A przecież niewiasta ma dar dawania życia. Co to znaczy dawać życie? To po prostu dawać Boga, bo Bóg jest życiem. Jeśli więc kobieta przyciąga mężczyznę do Boga, to obdarowuje go życiem, ponieważ Bóg jest tego źródłem. Jeśli kobieta „kusi" mężczyznę, by był święty, to on taki się staje – dzięki darowi Ducha Świętego, który jest Bożą obecnością we wnętrzu człowieka. Mężczyzna otrzymuje szansę na życie wieczne. Ale jeśli niewiasta kusi do grzechu, to nie wypełnia swojej misji dawania życia. Czyni coś odwrotnego do pierwotnego zamysłu Bożego. Kusząc mężczyznę do grzechu, kobieta przyjmuje i daje śmierć, a nie życie. W rajskim ogrodzie Ewa zgodziła się na grzech (pochodzący od szatana), a potem przekazała go ludzkości. A to nie była jej misja. Bóg stworzył ją, by otrzymała od Niego życie i przekazała je ludziom. Ona wywróciła to do góry nogami, gdy odwróciła się od Boga w stronę diabła. Otrzymała od niego grzech i śmierć, a potem przekazała to ludzkości.

Na szczęście, my ludzie otrzymaliśmy też dar Matki Bożej. Ona jest „nową Ewą" dla Kościoła. Dlaczego tak ją nazywamy? Maryja otrzymała życie od Boga, który ofiarował ludzkości nadzieję życia wiecznego. Ewa posłuchała szatana. Maryja posłuchała Boga. Ewa była posłuszna szatanowi.

Maryja była posłuszna Bogu. Powiedziała: „Oto ja, Służebnica Pańska. Zrobię wszystko, co tylko zechcesz, Boże. Fiat. Tak! Chcę otrzymywać wszystko tylko od Ciebie". Ewa zaś powiedziała: „Nie będę Twoją służebnicą, ani nawet Twoją córką. Nie chcę relacji z Tobą". Ewa była dumna. A miała przecież możliwość bycia dzieckiem Bożym. Pierwsza niewiasta była córką Boga, a On troszczył się o nią i dawał jej wszystko, czego potrzebowała. Pan był dla niej jak matka, której dziecko nie wie jeszcze, co jest dobre, a co złe. To nie miało bowiem znaczenia, czy Adam i Ewa znali dobro i zło – Bóg sam to wiedział i sam o nich dbał. Pan dawał im wszystko, czego potrzebowali, a oni nie musieli nic rozumieć ani wiedzieć. Bóg decydował za nich, co było dobre, a co złe. Na tym polegała relacja Ewy ze Stwórcą. Nie była ona jednak córką w takim samym stopniu, jak my – po przyjściu Jezusa na świat. Chrystus zmienił naszą relację z Bogiem całkowicie. Związek Adama i Ewy z Bogiem był jak relacja między dziećmi a rodzicami. Jednak po tym, jak Ewa posłuchała diabła zamiast Boga, nie była już Bożą córką, gdyż sama oderwała się od swego Rodzica. Nie mogła już dłużej przebywać w Jego „łonie", bo sama zdecydowała się zakończyć tę miłosną relację. A Bóg musiał pozwolić na to odejście (nawet jeśli złamało Mu to serce), gdyż Ewa była wolna.

Na szczęście Maryja zmieniła wszystko dzięki swojemu „Fiat". Nie była dumna i nie wyrzuciła Boga ze swego życia. Nie tylko rozpoznała godność dziecka Bożego, ale też uniżyła się jako służebnica Pańska. W swojej pokorze i uległości była zdolna przyjąć zbawienie (Jezusa) i wydać Go na świat. Maryja nie powiedziała nawet: „Chcę być Twoją córką", ale: „Chcę być twoją służebnicą". Jej pokora i posłuszeństwo były niesamowite! Ewa pociągnęła ludzkość do grzechu. Matka Boża oraz (możemy tak powiedzieć) nasza Matka – pociągnęła ludzi do Boga.

Maryja objawiała się wiele razy na ziemi w ciągu ostatnich lat. Za każdym razem zależało Jej na tym, aby ludzie nie zatrzymywali uwagi tylko na Niej. I za każdym razem mówiła to samo, co w Kanie Galilejskiej, gdy słudzy nie wiedzieli, co poradzić na brak wina. Poleciła im wtedy: „Zróbcie to, co Jezus wam powie. Słuchajcie i bądźcie posłuszni mojemu Synowi". I od tego czasu aż do teraz, w każdym swym objawieniu, Maryja mówi: „Słuchajcie mojego Syna. Nie patrzcie na mnie, patrzcie na Niego. Nie kochajcie mnie, kochajcie Jego. Idźcie do Pana". Ona „kusi" nas do tego, abyśmy byli święci, szli w stronę Boga i odwzajemniali Jego Miłość.

Maryja była najczystszą dziewicą, gdyż Jej serce zawsze było w pełni ogarnięte Bożą Miłością. O czystości Maryi (Jej ogarnięciu przez Bożą miłość i Ducha Świętego) dowiadujemy się w sposób szczególny właśnie z opowiadania o Kanie Galilejskiej. Tutaj widać, jak serce Maryi było całkowicie oddane i zależne od Jezusa, tego Miłośnika ludzkości. Maryja zauważyła ludzką potrzebę, ale nie poszła po pomoc do nikogo innego, tylko od razu do swego ukochanego Syna. Nie szukała rozwiązania na własną rękę, ale podążała za Duchem Świętym, który podpowiedział Jej, aby poprosiła o pomoc Chrystusa, swego Syna i Oblubieńca (bo Jezus, jako Bóg, był także Oblubieńcem Serca Maryi). Maryja zwróciła się do Jezusa, jedynej Miłości Jej Serca, i z ufnością poprosiła o pomoc. Skupiła się na sercu Syna, wykazując wielką wiarę w Niego. Ufała Jego Miłości. Jej czyste serce, pełne Miłości Bożej, rozumiało w sposób jasny Bożą wolę i było jej posłuszne, gdy przedstawiała Synowi swoją prośbę. Jej Miłość była tak czysta, że przenikała wszystko; nie zaniepokoiło jej nawet pytanie Jezusa: *„Czy to moja lub twoja sprawa, Niewiasto? Nie nadeszła jeszcze godzina moja".*[2] Maryja była skupiona na Trynitarnej Miłości – to Ona przynagliła ją do rozmowy z Synem. Była pełna ufności – ufała Miłości Jezusa, choć może nie rozumiała do końca Jego słów. Jej wiara była doskonała dzięki doskonałej Miłości. Być może, rzeczywiście, nie był to jeszcze „Jego czas" (według słów samego Jezusa). A jednak akt zaufania Matki do Syna odblokował, w pewnym sensie, Jego serce tak, że nagle ten moment stał się już „Jego czasem". Być może wtedy dodał jeszcze: „Czy wiesz, jaki wpływ ma na mnie Twoja prośba i troska, Matko? Skoro prosisz o takie rzeczy w wierze, zaufaniu i miłości, to «moja godzina» nadejdzie teraz".

„Pełnia czasu" nastąpiła po raz pierwszy już wtedy, gdy Maryja powiedziała Aniołowi swoje „Fiat". Nasz Zbawiciel

---

[2] J 2, 4.

mógł zamieszkać na ziemi w łonie Dziewicy Maryi dzięki Jej poddaniu się woli Bożej. Jej pierwsze „tak" zapoczątkowało „pełnię czasu", a teraz tu, w Kanie Galilejskiej, to samo „tak", to samo zaufanie do Ojca, było „miejscem odpocznienia", które stworzyło atmosferę zaufania – tak potrzebną do zaistnienia „czasu Jezusa". Akt zaufania Maryi był tak czysty, ponieważ w swojej prośbie do Syna była całkowicie owładnięta obecnością Miłości, Ducha Świętego.

W „Boskiej komedii" Dantego znajduje się bardzo piękny przykład kobiety, która jest dobrą „kusicielką" mężczyzny, pociągającą do miłości Boga. Nazywała się Beatrice i była bardzo piękna. Dante zakochał się w niej; był zapatrzony w swą ukochaną nieustannie, a jego serce biło ciągle w rytm słów: „Beatrice, moja Beatrice!". Ona jednak, będąc w Niebie, nie patrzyła na niego, lecz na Boga. A Dante wpatrywał się w nią i mówił wciąż: „Ach, jaka piękna!". Podziwiał całą jej sylwetkę, od stóp do głów, aż w końcu spojrzał jej w oczy i zapytał: „Gdzie spoglądają jej oczy? W coś się wpatrują. Gdzie kieruje się jej spojrzenie? W stronę czegoś pięknego!". Dante podążył za spojrzeniem Beatrice i stwierdził, że patrzy ona na Boga. Kiedy i on, idąc za jej przykładem, zaczął patrzeć w tą stronę, jego spojrzenie zatrzymało się na pięknie i chwale Stwórcy. Prawie zapomniał o swej ukochanej. Nie stanął naprzeciwko niej, by wpatrywali się w siebie nawzajem, z Bogiem „gdzieś w tle". Nie, Beatrice patrzyła na Boga, a Dante podążał za jej wzrokiem; potem stali obok siebie i razem patrzyli na swego Pana. To jest dobry przykład, który pokazuje, na czym polega zadanie niewiasty. Musi ona żyć zawsze ze wzrokiem utkwionym w Boga, a wtedy będzie mogła pociągnąć mężczyznę, by zrobił to samo.

Kobieta powinna zachować i dobrze wykorzystywać czystość swoich oczu. Spojrzenie jest bardzo potężnym narzędziem, które może pomóc przyciągnąć mężczyznę do Boga. Kiedy patrzy on w oczy kobiety, ona może podjąć decyzję, czy przyciągnąć go do Boga czy tylko do siebie samej. Jeśli niewiasta, która ma bardzo czyste serce, odwzajemni spojrzenie przedstawiciela płci męskiej, to jej spojrzenie zawiera w sobie wyraźny przekaz skierowany do niego. Pamiętam, że (będąc w wieku licealnym) przeżyłam wielkie zakłopotanie, gdy pewnego wieczoru siedziałam z przyjaciółmi (graliśmy w karty, oni popijali piwo) i, niespodziewanie, któremuś z moich kolegów wyrwała się uwaga: „Mary, przypominasz mi jedną z tych dziewczyn prosto z Biblii! Jest w tobie coś tak niewinnego i czystego". W tym nastoletnim wieku nie byłam specjalnie zachwycona, że zostałam uznana za „czystą dziewczynę" w grupie rówieśników, chociaż w moim sercu (rozdartym między wielką miłością do Boga, a pragnieniem bycia fajną – jako jedną z nich) cieszyłam się jednak, że ten chłopak zobaczył we mnie ślad Boga.

Niewiasta musi być jak Beatrice i Maryja. Powinna nieustannie wpatrywać się w Boga w swoim sercu – tak, aby mężczyzna, który na nią patrzy, powiedział: „Jej oczy świecą niebiańską pięknością. W którą stronę spoglądają?". Kobiety mają niesamowitą zdolność do tego, by pociągać mężczyzn do Stwórcy. Mają w sobie potencjał, by obdarzać ich szansą na życie wieczne. A to wszystko dlatego, że Bóg stworzył Ewę jako dar dla Adama. Kobieta powinna dobrze wykorzystać ten Boży zamiar. Bardzo ważne jest więc, by dobrze przeżywała swoje zadanie bycia „kusicielką" (według Bożej woli), by pomóc mężczyznom w świętości.

Najważniejsze jest, aby serce kobiety było skoncentrowane na Bogu, bo grzech najpierw rodzi się w sercu, a dopiero potem dotyka ciała. Jezus powiedział: *„Słyszeliście, że powiedziano: «Nie cudzołóż!». A Ja wam powiadam: Każdy, kto pożądliwie patrzy na kobietę, już się w swoim sercu dopuścił z nią cudzołóstwa"* (Mt 5,27-28). Prawo Starego Przymierza mówiło: „Nie będziesz współżył z kobietą, która nie jest twoją żoną". A Jezus powiedział: „Jeśli tylko patrzysz na niewiastę i pożądasz ją w swoim sercu, to już popełniasz grzech śmiertelny". Niewiasta musi uważać, by strzec swego serca przed grzechem, a w ten sposób nie będzie prowadziła do niego innych ludzi. Dlatego ważne jest, aby kobieta dużo się modliła, ponieważ dzięki temu będzie zawsze blisko Boga. A jeśli jej serce będzie trwało przy Panu, ludzie z pewnością to dostrzegą. Wtedy nie będzie musiała się martwić o to, jak siedzi i w co się ubiera, ponieważ będzie to robić w naturalnie czysty sposób. Zewnętrzne działania człowieka odzwierciedlają to, co jest w jego wnętrzu. Jeśli czyjeś serce jest pogrążone w złu, to będzie to widać także w jego ciele. Serce kobiety powinno pragnąć Boga samego, a nie tylko zadowolenia dla siebie czy innych. Życie nie powinno być skoncentrowane wyłącznie na przyjemnościach, ale na Bożej Miłości. Bóg daje człowiekowi innych ludzi do kochania, ale trzeba kochać tak, jak On chce.

Skąd się bierze piękno kobiety? Pochodzi ze specjalnego daru Boga – Jego Miłości. Jeśli serce człowieka jest blisko Boga, to ta prawda będzie się uzewnętrzniać. Dzieje się tak, ponieważ obecność Boga jest Miłością i Pięknem samym w sobie. Gdy Bóg przebywa w całej pełni w kobiecie otwartej na Jego Miłość, Jego obecność uczyni ją piękną. W Bośni i Hercegowinie Matka Boża ukazywała się regularnie siódemce dzieci (które obecnie są dorosłe), co jest kontynuowane od 1980 r. do chwili obecnej. Kiedy zaczęły się objawienia, dzieci były szczególnie zachwycone urodą Maryi, ponieważ nigdy nie widziały nikogo równie pięknego. Pewnego dnia zapytały Ją: „Dlaczego jesteś taka piękna?". Matka Boża uśmiechnęła się i odpowiedziała: *„Jestem piękna, bo kocham. Jeśli człowiek kocha i jest pełen Boga, to Boże piękno świeci przez niego"*. Bóg jest piękny. Stworzył góry, kwiaty, ludzi – On jest samą istotą Piękna.

Zatem, jeżeli On – sama esencja Piękna – mieszka w kobiecie, to i ona stanie się piękna. Jest wielu ludzi, których świat opisuje jako „pięknych" (na przykład modelki), a jednak, jeśli mieszka w nich grzech, nie mają w sobie światła, a ich naturalne piękno jest zniekształcone. Z kolei gdy człowiek, nawet niezbyt atrakcyjny według światowych standardów, jest pełen piękności i miłości Jezusa, wtedy staje się naprawdę piękny, a wszyscy lgną do niego. Matka Teresa była tego dobrym przykładem. Nie nosiła przecież najmodniejszych ubrań (tylko habit) i nie była uważana za bardzo urodziwą (według światowych norm), ale za to była pełna Jezusa i dlatego przyciągała do siebie ludzi. Wielu z nich chciało być blisko Matki Teresy tylko dlatego, że odnajdywali w niej swojego Boga. Niewiasta musi szukać piękna poprzez miłość. Świat twierdzi: „Kobiety potrzebują dużo makijażu lub modnych ubrań, aby być piękne". Ale to wszystko jest tylko maską. Bóg daje kobiecie jej własne piękno (z Jego Piękna), według swojego stwórczego zamiaru. A ona nie powinna tego ukrywać. Jeśli kobieta posiada Boga w swoim sercu i chce ukazywać Go światu, to ma ujawniać Jego piękno, a nie swoje własne. Niewiasta powinna odzwierciedlać w sobie stwórczy zamysł Boga. Ważne, aby uwierzyła w to, że jest naprawdę piękna. Powinna też pielęgnować i chronić swoje piękno – dla Pana oraz swojego przyszłego męża (jeśli jej powołaniem będzie małżeństwo).

Ciało kobiety to dar i Bóg chce, aby go używać do pomocy innym ludziom. Kobieta nie powinna wykorzystywać go do tego, by „czuć się dobrze" lub by „zadowolić" mężczyznę. Ciało nie zostało dane w tym celu – ten dar ma o wiele głębsze znaczenie. Jeśli dwoje ludzi kocha się nawzajem, mogą oczywiście okazywać sobie tę miłość poprzez odpowiednie gesty swojego ciała, ale muszą być bardzo ostrożni, by stać na straży czystości – Bożej obecności między nimi. Święty Franciszek Salezy, w swoim „Traktacie o miłości Boga", wyjaśnia, jak znaczący może być nawet jeden pocałunek między dwojgiem zakochanych. Pisał, że przez pocałunek jedna osoba mówi do drugiej: "Chcę przelać moją duszę do twego serca." Pisał dalej: "Jedne usta są przyłożone do drugich w pocałunku, aby zaświadczyć o tym, że chcielibyśmy wlać jedną duszę w drugą, aby je ze sobą wzajemnie połączyć w doskonałym zespoleniu".[3]

Naturalnie, sam pocałunek jest – w odpowiednich okolicznościach – właściwą oznaką uczuć, ale musi być to gest osadzony w Bogu i wyrażać coś z ukrytej głębi człowieka. Święty Franciszek Salezy pisał, że "pocałunek jest żywym znakiem zjednoczenia serc".[4] Kiedy dwoje ludzi kocha się nawzajem, to muszą zadawać sobie pytanie: "Czy akt fizyczny przybliża moją duszę do Boga?". Prawdziwa Miłość, wyrażona właściwie, zawsze przybliża dwoje ludzi do Stwórcy, ponieważ, gdy jest odzwierciedlona w czynach ciała – jest zawsze dokonywana w zjednoczeniu z Bogiem. Gdy tylko kobieta zauważy, że wstydzi się wyrażania miłości przez swoje ciało, jest to znak, że jej ciało wzięło udział w czynie, który nie jest w harmonii z jej duszą lub Bożym planem miłości dla ludzkości.

W Ogrodzie Eden Adam i Ewa byli nadzy, ale nie czuli wstydu. Jednak gdy zgrzeszyli, zaczęli się wstydzić swoich ciał

---

[3] Św. Franciszek Salezy (2002), *Traktat o miłości Bożej*, Wydawca: Siostry Wizytki.

[4] Ibid.

i chcieli je zakryć (aby nie były używane tylko jako środek do uzyskania przyjemności). Jezus na Krzyżu był nagi i umęczony, aby odkupić zarówno ciało, jak i duszę człowieka, i aby pomóc człowiekowi ponownie zwrócić się ku celowi, dla którego został stworzony. Dlatego – w Jezusie – mężczyzna i kobieta mogą ponownie posługiwać się swoimi ciałami do wyrażania miłości w sposób święty i właściwy, bez wstydu.

Święty Paweł w Liście do Efezjan (5,1-5) mówi wyraźnie o tym, jak należy naśladować Boga we wszystkich swoich działaniach, zwłaszcza tych, które mają związek z wyrażaniem miłości do drugiego człowieka. Apostoł mówi wprost:

Bądźcie więc naśladowcami Boga, jako dzieci umiłowane, i postępujcie drogą miłości, bo i Chrystus was umiłował i samego siebie wydał za nas w ofierze i dani na wdzięczną wonność Bogu. O nierządzie zaś i wszelkiej nieczystości albo chciwości niechaj nawet mowy nie będzie wśród was, jak przystoi świętym, ani o tym, co haniebne, ani o niedorzecznym gadaniu lub nieprzyzwoitych żartach, bo to wszystko jest niestosowne. Raczej winno być wdzięczne usposobienie. O tym bowiem bądźcie przekonani, że żaden rozpustnik ani nieczysty, ani chciwiec – to jest bałwochwalca – nie ma dziedzictwa w królestwie Chrystusa i Boga.

To jest jasne. Kobieta musi starać się naśladować Boga. On stworzył niewiastę na swoje podobieństwo, a więc powinna ona żyć tak, by Go naśladować – jako Jego ukochane dziecko. W kwestii wyrażania swej miłości do mężczyzny, każda niewiasta musi zadać sobie pytanie: „Czy zrobiłabym to samo wiedząc, że Bóg, mój Ojciec, patrzy na mnie?". Wydaje się, że zawsze są bowiem jakieś rzeczy, których kobieta wstydzi się przed swoim Niebieskim Tatą. A przecież On jest zawsze z nią – swoim ukochanym dzieckiem. Kobieta ma więc pamiętać, że Bóg widzi wszystko. Powinna żyć w Miłości – tak, jak Jezus. Musi wyrażać swoją miłość tak, jak Chrystus wyraził ją na krzyżu – w czystości, starając się być darem, który przybliża Jej ukochanego mężczyznę do Ojca. Kobieta powinna więc żyć i kochać tak, jak Zbawiciel. On „oddał się za nas jako ofiara całopalna, na wdzięczną wonność Bogu". Ofiarował swoje życie, by obdarzyć ludzkość świętością. Tam, na krzyżu, Jezus ponownie odsłania sens czystości mężczyzny i kobiety.

Zbawiciel jest nagi. W raju, zanim „pierwsi rodzice" popadli w grzech, byli *„nadzy, ale nie czuli wstydu"* (Rdz 2,25). Nie wstydzili się, ponieważ nie było powodu, dla którego mieliby czuć się skrępowani swoją nagością. I mężczyzna, i kobieta zostali obdarowani swoimi ciałami przez Boga – pełnego Miłości – i oddali je sobie nawzajem, w łączności z ich duszami oraz zgodnie z Bożym planem (*„Bądźcie płodni i rozmnażajcie się"*). Na krzyżu Jezus przywrócił ludziom tę pierwotną niewinność. Zbawiciel ponownie rozpoczął i oczyścił wszystko to, co zostało utracone przez grzech. Kiedy mężczyzna i kobieta dzielą się miłością oczyszczoną przez Chrystusa, to wznoszą ku Niemu „przyjemną woń". Jeśli ich serca są złączone z Bogiem, a oni nie chcą i nie robią rzeczy nieczystych (czyli pozbawionych Bożej obecności), to ich akt miłości staje się widzialny dla innych ludzi jak woń kadzidła. Łączność mężczyzny i kobiety z Bogiem mówi światu: „Nieczyste rzeczy są naprawdę złe. Nie czynią człowieka szczęśliwym. Nigdy nie przynoszą dobra ludzkiemu sercu." Wystarczy żyć zgodnie z Bożym planem czystej miłości, by głosić Bożą potęgę na ziemi i przynosić Stwórcy wielką chwałę.

Bóg stworzył niewiastę jako wolną, aby mogła swobodnie zdecydować, że chce Go kochać. Kobieta jest naprawdę wolna tylko wtedy, gdy używa tej swojej wolności, by wybrać Jego Miłość. Każdy inny wybór zamyka ją przed Bogiem, a zatem zamyka ją przed samą sobą – niewiasta jest naprawdę sobą tylko wtedy, gdy Bóg ją posiada. Aby być naprawdę czystą w obecności Boga, kobieta musi być jak małe dziecko, spoczywające na Jego łonie. Jezus powiedział: *„Jeśli nie staniecie się jak dzieci, nie wejdziecie do Królestwa Niebieskiego"*.[5] To dlatego, że dzieci widzą prawdę. Co więcej, są one ufne, posłuszne, przebaczają i po prostu kochają. Przyjmując dar bycia małą, kobieta może wzrastać w czystości. Jest to możliwe, bo małość jest pokorą – prawdą

---

[5] Mt 18, 3.

o tym, kim jestem przed Bogiem. Jeśli kobieta żyje w ten sposób, jej serce jest uległe Bożym rękom, a ona ufa swemu Panu i żyje tak, jakby już nie należała sama do siebie. Im bardziej niewiasta pozwala Jezusowi:

> żyć w niej,
> widzieć w niej,
> słyszeć w niej,
> myśleć w niej,
> mówić w niej,
> modlić się w niej,
> odpoczywać w niej,
> działać w niej...
> tym czystszą ona sama się stanie.

Kobieta musi strzec czystości swojego serca poprzez ciszę i Miłość. Nie może pozwolić, aby jej serce wpadło w pułapkę takich rzeczy, jak na przykład oglądanie zbyt dużo telewizji (nawet wiadomości), prowadzenie niepotrzebnych rozmów czy pochłaniające zakupy. Wszystko bowiem, co nie pomaga jej do zjednoczenia duszy z Bogiem, oddziela ją od Niego. Kobieta powinna starać się być prosta jak dziecko. Potrzebuje też dbać o momenty ciszy, aby zachować swoją relację (komunię i komunikację) z Bogiem. Tylko z takim sercem, skupionym w sercu Ojca, niewiasta będzie mogła łatwo rozeznawać sprawy tego świata: co jest dobre, a co złe oraz co jest czyste, a co nie. Im bardziej kobieta przebywa w Miłości

Jezusa, tym łatwiej dostrzeże własną nieczystość. Za każdym razem, gdy przyjmuje Eucharystię, powinna bez zastrzeżeń powierzać Panu wszystkie sprawy swego życia i po prostu pozwolić ciału i sercu Jezusa wejść, napełnić i przemienić ją.

Przyjmowanie Komunii świętej jest jak transfuzja krwi, pozwalająca na fizyczne życie i bicie serca Jezusa w ludzkim wnętrzu. Kiedy kobieta idzie do Komunii świętej i bierze udział w Eucharystycznej Ofierze Kalwarii swego Pana, staje się fizycznie wypełniona Jego Ciałem, które jest w doskonałej jedności z Jego duszą, przebywającą w doskonałej jedności z Jego Ojcem. W ten sposób niewiasta staje się „skarbnikiem" Ciała i Duszy Jezusa oraz kielichem Jego życiodajnej Krwi. A wszystko, co musi zrobić, gdy wychodzi z Mszy świętej, to starać się prowadzić życie godne tak wielkiego daru. Musi starać się w pełni otworzyć i pozwolić Jezusowi, by On sam żył w niej. Powinna dążyć do tego, by jej ciało i dusza były zawsze zjednoczone z Ojcem. Gdy kobieta skupia się na Bogu, to wtedy naturalnie otwiera się, by przyjąć, usłyszeć i napełniać się Jego Miłością – a w ten sposób staje się czysta.

Miłość Jezusa musi zajmować pierwsze miejsce w życiu kobiety (stać w centrum), a nie jej miłość do ludzi czy świata, czy nawet jej miłość do Pana. Kobieta musi pozwolić, by Miłość Jezusa była niejako wcielona w nią. Powinna trwać w gotowości i jakby nasłuchiwać Bożej Miłości, która jest obecna zawsze i w każdym momencie jej życia; ona wzywa ludzkie dusze, stwarza życie, kocha. Kobieta musi pozwolić Bogu dostosować swoje serce do Jego Serca. Nie ma w tym nic trudnego – wystarczy wyrazić zgodę na to, by Jego Miłość rządziła i kierowała każdym aspektem życia. Niewiasta musi złożyć swój umysł, uczucia i czyny w kochające ramiona Jezusa i po prostu odpocząć w Nim. Powinna pozwolić, aby jej życie było zawsze prawdziwą pieśnią, uwielbieniem i adoracją Jego Serca i Miłości ukrzyżowanej. Jak? Po prostu trwając w Panu i pozwalając Jemu żyć w niej.

Kilka praktycznych uwag na temat czystości

- *Mężczyźni są słabi w sprawach ciała, a kobiety – w sprawach serca*

A zatem, jak kobiety mogą pomóc płci przeciwnej w drodze do świętości? Mężczyźni są bardzo słabi pod względem fizycznym. Oczywiście, nie chodzi tu o ich siłę związaną z budową ciała, ale o sprawy natury seksualnej, które należą do sfery fizycznej człowieka. Mężczyźni są bardzo otwarci w swej cielesności, a kiedy wzbudzi się u nich pragnienie seksualnego zjednoczenia, to często bardzo trudno jest im powstrzymać się od jego realizacji. Kobiety nieco się w tym różnią. Jest im trudniej od razu otworzyć się w sposób fizyczny w akcie zjednoczenia. Kobieta może tego pragnąć czasem tylko dlatego, że po prostu tęskni za bliskością mężczyzny, a jej uczucie pożądania nie jest aż tak trudne do opanowania, jak u niego. Jeśli kobieta jest zaangażowana w związek z mężczyzną i obydwoje stworzą sytuację, w której zacznie dochodzić do zbliżenia fizycznego w sposób niestosowny, ona może łatwiej z tego zrezygnować, podczas gdy mężczyźnie będzie bardzo trudno powstrzymać swoje ciało przed dopełnieniem aktu fizycznego zbliżenia.

Właśnie dlatego zadaniem niewiasty jest zrozumienie tej różnicy oraz pełna szacunku pomoc mężczyźnie jako swemu bratu, który jest „słabszy" cieleśnie. Kobieta musi mu pomagać w pielęgnowaniu czystości. Naturalnie, zarówno mężczyźni, jak i kobiety są grzesznikami. Grzech uczynił ludzi naprawdę bardzo kruchymi. Gdyby ludzkość była całkowicie wypełniona Bogiem (i trzymała się z dala od grzechu), to byłaby bardzo silna – pełna Bożej mocy. Jednak smutna prawda jest taka, że zarówno mężczyźni, jak i kobiety pozwalają, aby grzech wszedł do ich serc. Czynią je miejscem bez Boga. To dlatego mężczyźni i kobiety są słabi właśnie w tych dziedzinach, w których zezwalają na grzech. Te „bezbożne sfery" są pozbawione obecności Boga, a On przecież stworzył ludzi po to, by zawsze w Nim trwali. Kobiety MUSZĄ więc pomagać mężczyznom w sprawach związanych z czystością. Powinny chronić ich przed fizycznymi pokusami. Muszą też same obserwować siebie: jak się ubierają, co mówią, jakich gestów używają – wszystko po to, by nie rozbudzić u mężczyzn pożądania prowadzącego od razu do aktu seksualnego. A gdy kobieta sama widzi, że jej fizyczny związek z mężczyzną posuwa się za daleko, powinna na jakiś czas się odsunąć, aby uniknąć grzechu.

Pośród natłoku emocji i pragnień zmysłowych niewiasta jest bardziej skłonna do zapanowania nad sferą fizyczną. Jednak tak, jak mężczyzna jest słaby w przeżywaniu swej cielesności, tak serce kobiety jest bardzo słabe, jeśli chodzi o relacje uczuciowe z przedstawicielami płci przeciwnej.

Kobiece serce jest bowiem łatwo otworzyć na miłość o charakterze emocjonalnym. Zatem, mężczyźni MUSZĄ chronić kobiety przed pokusami emocjonalnymi. Panowie powinni być ostrożni co do serc swoich wybranek, nie bawiąc się ich uczuciami. I tak, jak kobieta stara się chronić czystość ciała mężczyzny, tak mężczyzna ma starać się chronić serce kobiety. Kiedy chłopak i dziewczyna nawiązują ze sobą relację, on powinien mieć to na uwadze, mówiąc sobie w duchu: „**Muszę być ostrożny, by nie powiedzieć jej za wiele, w przeciwnym razie może sobie pomyśleć, że moja miłość do niej jest większa niż w rzeczywistości**".

Kiedy kobieta kocha, to pragnie otworzyć swoje serce i wyrazić całą siebie, dzieląc się tajemnicami swojego wnętrza. Naturalnie, jest też w stanie „udostępnić" swą sferę fizyczną, ale jej głównym pragnieniem jest współdzielenie serca. Mężczyzna powinien więc jej przypominać, co jest właściwe dla danego etapu ich związku: „**Nie mów mi o tym jeszcze. Bądź ostrożna ze swoim sercem. Zachowaj tą sprawę na potem. Jest przeznaczona tylko dla twojego męża. Jeśli ja pewnego dnia nim zostanę, to wtedy mi o tym powiesz**". Mężczyzna musi chronić serce kobiety, ponieważ jest bardzo słaba emocjonalnie. Za to ona powinna chronić jego – poprzez zachowanie czystości w swym ubraniu, słowach, ciele i gestach. Ostatecznie, jeśli dwoje ludzi postawi Boga w centrum swojego związku, to On sam zadba o to, by ich sposoby wyrażania miłości były właściwe i pełne Jego czystości.

- *Skromność w ubiorze, czynach i słowach*

W jaki sposób kobieta może być czysta poprzez swój ubiór, czyny i słowa? Czystość oznacza bycie pełnym Boga. Trzeba więc przypominać mężczyźnie o Stwórcy, gdy on spogląda na kobietę. Jeśli na przykład zobaczy jej zbyt odsłoniętą sylwetkę, to będzie myślał tylko o jej ciele. Niewiasta musi być ogromnie ostrożna, jeśli chodzi o decyzje dotyczące sposobu ubierania się. Ubiór może dużo powiedzieć na temat danej osoby. Jeśli mężczyzna widzi zbyt odsłonięte nogi, dekolt lub inną część kobiecego ciała, to prawdopodobnie skupi się głównie na tym, co zewnętrzne, a nie na kobiecym sercu. Doświadczy pokusy, by pragnąć jej ciała tylko dla siebie, zamiast uczynić wysiłek, by oddać jej samego siebie w miłości. Ludzkość jest słaba z powodu grzechu. Nawet jeśli kobiece ciało samo w sobie nie jest czymś złym (jest to ogromny dar od Boga dla mężczyzny, poprzez małżeństwo), to jednak kobieta musi szanować słabą naturę płci przeciwnej i pomagać mężczyźnie poprzez swój skromny ubiór, aby nie doprowadzić go do grzechu.

Ciało kobiety jest darem. Jest bardzo piękne. Musi ona jednak starać się, by ochronić ten dar. Człowiek powinien strzec rzeczy, które mają w sobie wielką wartość i piękno – także te sprawy, które są pełne Boga, aby nie były one źle używane. Ciało kobiety jest jak świątynia Ducha Świętego. W Księdze Rodzaju jest napisane, że gdy Bóg stworzył mężczyznę i kobietę, dał im swoje własne tchnienie życia.

Ciało jest świątynią – Duch Święty jest w nas autentycznie obecny. Kobieta musi więc cenić, pielęgnować i strzec daru swojego ciała. Ma go szanować jako największe narzędzie miłości (Bożej oraz swojej), które ma do przekazania mężowi. Jeśli zaś dziewczyna nie czuje się powołana do małżeństwa, powinna zachować dar swojego ciała jako skarb tylko dla swego ukochanego Oblubieńca – Jezusa.

Sposób ubierania się kobiety oraz jej zachowanie powinny odzwierciedlać fundamentalną świętość ciała, które zostało ofiarowane przez Boga jako narzędzie przybliżające człowieka do Ojca w niebie. Również słowa wypowiadane przez kobietę muszą być bardzo czystymi, pełnymi Bożej obecności instrumentami, które prowadzą ludzi do Boga. Słowa są jak kapsułki, które przekazują słuchaczowi pozytywnego ducha. Jeśli kobieta przemawia w miłości (posługując się nawet prostymi wyrazami używanymi na co dzień), to jej słowa mogą zbliżyć mężczyznę do Boga. Jednak jeśli odzywa się z egoistycznych pobudek, to takie słowa będą miały odwrotny skutek. Niewiasta powinna bardzo zważać na to, co mówi, bo jeśli dodatkowo jest atrakcyjna dla danego mężczyzny, to on z pewnością będzie jej słuchał.

Kobieta powinna używać daru czystych słów, aby pomóc swoim braciom na drodze do świętości. W Ewangelii według świętego Mateusza Jezus mówi: *„Powiadam wam: z każdego bezużytecznego słowa, które wypowiedzą ludzie, zdadzą sprawę w dzień sądu."* (Mt 12,36). Każdy pojedynczy wyraz jest istotny. A kobiety potrafią wykorzystywać „grę słów", by kusić mężczyzn... Słowa są nie tylko nośnikami dla głosu, ale (na przykład dla małego dziecka) są także formą delikatnej, słodkiej pieszczoty. A jeśli mogą być one dotykiem dla małego chłopca, to będą tym samym także dla dorosłego młodzieńca. Kobieta musi zadać sobie pytanie: „Jak rozmawiam z mężczyznami? Dlaczego mówię w ten, a nie w inny sposób? Co im przekazuję swoimi słowami?".

Święty Paweł mówi wyraźnie: „*O nierządzie zaś i wszelkiej nieczystości albo chciwości niechaj nawet mowy nie będzie wśród was, jak przystoi świętym, ani o tym, co haniebne, ani o niedorzecznym gadaniu lub nieprzyzwoitych żartach, bo to wszystko jest niestosowne. Raczej winno być wdzięczne usposobienie*"(Ef 5,3-4). Kobieta nie powinna wypowiadać słów obscenicznych, dwuznacznych czy wręcz głupich. Mowa niewiasty ma prowadzić innych do dziękczynienia i wysławiania Boga. Święty Paweł pisze dalej: „*(...) napełniajcie się Duchem, przemawiając do siebie wzajemnie w psalmach i hymnach, i pieśniach pełnych ducha, śpiewając i wysławiając Pana w waszych sercach. Dziękujcie zawsze za wszystko Bogu Ojcu w imię Pana naszego Jezusa Chrystusa!*" (Ef 5, 18-20). Kobieta powinna mówić o Bożych cudach, Jego Miłości, życiu oraz o tym „*co jest prawdziwe, co godne, co sprawiedliwe, co czyste, co miłe, co zasługuje na uznanie*" (Flp 4,8). Każde słowo wypowiadane przez kobietę jest bardzo ważne. Musi więc uważać, aby zawsze mówić w czysty sposób, słowami pełnymi życiodajnej obecności Boga.

Samo ciało i jego gesty mogą też głośno „przemawiać". Na misji w Rosji, gdzie służyłam, pewien ksiądz założył grupę młodzieżową „Pantomime Theatre". Zespół ten wykonywał pantomimę – zamiast słów, wyrażał konkretne treści tylko za pomocą mimiki i mowy ciała. Nawet mały gest był zadziwiająco mocny w przekazie. Ewangelia „głoszona" za pomocą pantomimy często wzruszała ludzi do łez. Była znacznie mocniejsza w dotykaniu serc niż wypowiadane zdania. Gesty ciała mogą więc przemawiać o wiele głośniej niż słowa. Jeśli człowiek wygląda na smutnego, a mówi, że jest radosny – nikt mu nie uwierzy. Jego ciało mówi o smutku głośniej, niż jego przekonujące o radości słowa.

Czasami ciało „przemawia" nawet wtedy, gdy dana osoba nie jest tego świadoma. W jaki sposób ten człowiek siedzi? Co robi z rękami? Jaka jest jego twarz? Co pokazuje jego postawa? – to wszystko do nas mówi. Kobieta musi więc wciąż zastanawiać się, co chce przekazać mężczyznom poprzez swoje gesty. Istotne jest nawet to, w jaki sposób siedzi w ich towarzystwie. Jeden mały ruch ciała może wydawać się dla kobiety nic nieznaczący, ale będzie przemawiał do mężczyzny. Każda niewiasta musi więc być świadoma gestów, jakich używa w kontaktach z płcią przeciwną – tak samo, jak w przypadku wypowiadanych słów. Kobieta powinna traktować mężczyzn jako swoich braci, sama będąc skromna oraz pełna szacunku dla ich słabości. Mężczyźni nie są źli. Adam był wspaniałym darem dla Ewy. Jednakże, kobieta musi doceniać dar obecności mężczyzn w swoim życiu poprzez swoje staranie o ich świętość.

- **Palenie, pijaństwo, narkomania i obżarstwo**

Kobieta musi chronić swoje ciało jako świątynię Ducha Świętego. Nie powinna nadużywać tytoniu, narkotyków, alkoholu ani jedzenia. Takie działania nie są czyste, bo nie są to czyny, które jednoczą duszę kobiety z Bogiem. Zamiast tego, jest to szukanie przyjemności, z jednoczesnym ryzykiem uśmiercania swojego ciała. Katechizm Kościoła Katolickiego stwierdza jednoznacznie:

> Cnota umiarkowania uzdalnia do *unikania wszelkiego rodzaju nadużyć* dotyczących pożywienia, alkoholu, tytoniu i leków. Ci, którzy w stanie nietrzeźwym lub na skutek nadmiernego upodobania do szybkości zagrażają bezpieczeństwu drugiego człowieka i swemu własnemu – na drogach, na morzu lub w powietrzu – ponoszą poważną winę.

Kobieta nie powinna szukać przyjemności dla samej siebie. Często dążenie do „samo-zaspokojenia" jest podstawowym źródłem nadużywania narkotyków, alkoholu, tytoniu (te substancje mają dać „uczucie" przyjemności) oraz jedzenia (kobiety często mają problem albo z szukaniem przyjemności w jedzeniu albo z ograniczaniem jego spożycia, a czynią to, by ich ciała były bardziej „atrakcyjne" i mogły czerpać przyjemność z kontaktów z płcią przeciwną). Gdyby każda kobieta szanowała swoje ciało tak, jak chciał tego Stwórca, nie musiałaby szukać samozadowolenia gdzie indziej. Sam Bóg by ją wypełniał i dawał wszystko to, czego potrzebuje, a co jest warte więcej niż ludzkie przyjemności.

Należy tu podkreślić, że przyjemność sama w sobie nie jest zła. Bóg stworzył rzeczy tak, aby ludzkość czerpała z nich radość. Dlaczego miałby stworzyć różę o pięknej woni, jeśli nie chciałby, aby ludzie czerpali przyjemność z jej zapachu i piękna? Dlaczego stworzyłby zachód słońca, jeśli nie chciałby, aby ludzie cieszyli się z nim i czerpali przyjemność oglądając go? Jednak jest różnica między przyjemnością, która daje życie, a przyjemnością, która je odbiera. Dusza kobiety została tak stworzona, aby mogła przyjmować, chronić, pielęgnować i dawać życie – to dotyczy również jej własnego istnienia. Każda niewiasta powinna więc przyjąć dar własnego życia od Boga, pielęgnować je (musi najpierw posiadać dar, aby potem sama być darem), chronić (nie niszczyć swego ciała poprzez nadużywanie tytoniu, alkoholu, narkotyków czy jedzenia – innymi słowy, nie robić niczego, co mogłoby bezpośrednio zaszkodzić jej zdrowiu), aby móc ofiarować swe życie światu. Poszukiwanie przyjemności z narażeniem zdrowia (jak palenie tytoniu, nadmierne picie, przejadanie się itp.) powoduje oddzielenie działania ciała od celu życia duszy (która ma być w jedności z Bogiem).

Wszystko, co powoduje rozłam między czynami ciała a przeznaczeniem duszy (czyli dawaniem życia i miłości), nie jest czyste. Nie można oczywiście stwierdzić, że wszyscy palacze, pijacy czy przejadający się- są wielkimi grzesznikami, którzy pójdą do piekła. Żaden człowiek nie może wyrokować o zbawieniu swego bliźniego. Te sprawy są pozostawione każdej osobie i jej własnemu sumieniu, przeniknętemu przez Boże światło. Aby coś faktycznie było grzechem, potrzebne są trzy rzeczy:

1. Czyn musi być zły sam w sobie;
2. Osoba musi mieć świadomość, że jest on zły;
3. Dana osoba musi zdecydować się na niego z własnej nieprzymuszonej woli.

Zdarzają się jednak sytuacje, gdy te trzy rzeczy nie mają zastosowania. Na przykład osoba, która paliła przez 40 lat, a potem dowiaduje się, że czyniła źle (czyli jest już świadoma wagi tego czynu), nie może być uznana od razu za „wolną" od nałogu palenia. Chociaż natychmiastowe zerwanie z nałogiem byłoby oczywiście godne pochwały, to jednak niektóre sytuacje sprawiają, że człowiek jest naprawdę uzależniony w sposób, który ogranicza jego wolność w tej kwestii. Innym przykładem mogą być osoby z zaburzeniami odżywiania. Chociaż przejadanie się jest z natury złe, osoba z zaburzeniami odżywiania jest często dotknięta konkretną chorobą i dlatego nie może być wtedy obwiniana za swoje nieuporządkowane działanie. Najważniejsze jest tu przypomnienie (i zastosowanie w życiu) zasady, że zewnętrzne czyny kobiety powinny zawsze odzwierciedlać jej staranie o zjednoczenie z Bogiem i Jego planem wobec niej. Kobieta jest miniaturową świątynią, kościołem, kaplicą Ducha Świętego. Powinna więc traktować swoje ciało z szacunkiem, którego wymaga jej godność. Święty Paweł pisze: „*Czyż nie wiecie, że ciało wasze jest świątynią Ducha Świętego, który w was jest, a którego macie od Boga, i że już nie należycie do samych siebie? Za [wielką] bowiem cenę zostaliście nabyci. Chwalcie więc Boga w waszym ciele!*" (1Kor 6,19-20).

- **Zaburzenia homoseksualne**

Mówiliśmy wcześniej o czystości w relacjach damsko-męskich. W dzisiejszym świecie istnieje też poważny problem dotyczący zaburzeń homoseksualnych, które stoją w sprzeczności z planem Boga i Jego zamysłem co do relacji międzyludzkich. Bóg nie stworzył Adama i Adama, ani Ewy i Ewy. Stworzył mężczyznę, by był z kobietą. W dzisiejszym świecie mamy do czynienia z kryzysem w rodzinie. Czasem ojcowie i matki nie spełniają dobrze swej roli, często pojawiają się konflikty między rodzeństwem, a niekiedy dochodzi nawet do nadużyć seksualnych w rodzinie. Ludzie są przecież grzesznikami, a i świat nie jest czysty. Mężczyźni wielokrotnie ranią kobiety. A one potrzebują miłości jak dzieci, więc jeśli jej nie otrzymują od mężczyzn, to zdarza się, iż szukają jej u innych kobiet. (Dotyczy to również mężczyzn, gdyż i oni są ranieni przez kobiety i – często właśnie w związku z tym – stają się homoseksualistami; tutaj jednak chciałabym skupić się głównie na płci żeńskiej.)

Pamiętam, jak kiedyś pracowałam z pewną kobietą, która urodziła się w satanistycznej rodzinie i od dzieciństwa była wykorzystywana seksualnie podczas aktów okultystycznych. Kiedy potem zwracała się o pomoc do różnych protestanckich pastorów oraz psychologów, oni również ranili jej sferę cielesną. Ksiądz, który przyprowadził ją do mnie i poprosił, bym się z nią zaprzyjaźniła i jej pomogła, był dosłownie jedynym mężczyzną w jej życiu, który nigdy jej nie wykorzystał. I dlatego ona została homoseksualistką. Było to skutkiem jej rany. Minęło parę lat, zanim zapoznaliśmy ją dobrze z wiarą i wyjaśniliśmy, co i dlaczego naucza Kościół katolicki. Kobieta ta zdążyła jeszcze przed swą śmiercią przyjąć chrzest. Ostatecznie znalazła pokój i radość w prawdziwej nauce Jezusa Chrystusa.

Niewiasty mają dar kochania i bycia delikatnymi; często więc te kobiety, które nie otrzymały miłości od mężczyzn, zaczynają jej poszukiwać u przedstawicielek tej samej płci. Ale to nie jest właściwy Boży porządek. Istnieje różnica między przyjaźnią a chorobą, a tym właśnie jest lesbianizm. Bóg chce, aby kobiety miały przyjaciółki, siostrzane relacje i aby wzajemnie się kochały. Ale jeśli kobieta szuka u innej kobiety czegoś, co może otrzymać tylko od mężczyzny, to jest to choroba. Przyczyna takiego zachowania może być zrozumiała z powodu jej rany, ale nadal jest to grzech. A jeśli dana kobieta wie, że jest to grzech i – mimo to – dobrowolnie decyduje się na niego, to popełnia poważny grzech śmiertelny. Jeśli jakakolwiek niewiasta ma problem z mężczyznami (na przykład odczuwa przed nimi lęk i dlatego jest skłonna zwrócić się do innych kobiet), powinna pójść z tym do Jezusa. On ją uleczy i otworzy na miłość.

Kobieca przyjaźń jest bardzo istotna i cenna. Będzie ona piękna na tyle, na ile będzie zgodna z Bożym planem. W Biblii widzimy doskonałe przykłady kobiecej przyjaźni, na przykład we wzajemnej relacji Maryi i Elżbiety. Była ona bardzo zażyła. Te dwie krewne pomagały sobie wzajemnie. Były tak „bliskie", że Jezus z łona Maryi „ochrzcił" Jana w łonie Elżbiety. Jak one przeżywały tę przyjaźń? Jak ją wyrażały? Czyniły to wyłącznie jako kobiety i nigdy nie starały się zajmować miejsca mężczyzny. W ogrodzie Eden kobieta próbowała zastąpić mężczyznę, a mężczyzna – kobietę. Na tym polegał wielki upadek grzechu pierworodnego. A grzech nigdy nie dotyczy tylko jednej osoby. To straszne, jak daleko mogą sięgać jego skutki.

Grzech pierworodny zmienił cały bieg historii. Ale świętość też może sięgnąć tak daleko. Zbawienie, które Jezus zdobył dla nas na krzyżu, dociera i do nas – mimo upływu tak długiego czasu – aby dopomóc wszystkim ludziom. Wystarczy, jeśli jedna, dwie lub trzy osoby zaczną żyć świętością wskazującą na Zbawiciela, a zacznie ona dotykać naprawdę wielu ludzi. Zatem kobiety bezwzględnie muszą być czyste (czyli pełne obecności i miłości Boga). Bardzo ważne jest, aby pozostawały wierne temu, kim Bóg je stworzył oraz by ich relacje między sobą były budowane wedle zamysłu Stwórcy.

Kiedy kobieta czuje się poraniona w swoim związku z mężczyzną, musi koniecznie zwrócić się do ukrzyżowanego Zbawiciela i poprosić Go o uzdrowienie. Chrystus zgromadził kobiety razem u stóp Krzyża. To właśnie tam pozyskał tę łaskę, by kobiece przyjaźnie zostały właściwie uporządkowane i zakwitły w głębokiej, świętej, czystej miłości. Jeśli niewiasta pójdzie do Jezusa, to Jego męska miłość znów odnowi jej kobiecość, ulecząjąc wiele ran i cierpień. Na krzyżu Jezus dał nam Maryję jako swoją Matkę. Niech Ona będzie dla każdej kobiety przewodnikiem, jak można wzrastać w kobiecej przyjaźni i uporządkowanej, autentycznej Miłości we wszystkich swoich działaniach i pragnieniach.

Święta Maria Goretti

Większość katolików słyszała o świętej Marii Goretti. Była to bardzo młoda dziewczyna żyjąca we Włoszech. Jej rodzina była bardzo biedna. Pewnego dnia, młody mężczyzna, który pracował na farmie jej ojca, chciał siłą namówić ją do współżycia. Maria tak bardzo ukochała czystość, że broniła się przed czynem tego człowieka, aż on w złości wziął nóż i dźgnął ją kilka razy – tylko dlatego, że nie zgodziła się na ten gwałt. Ostatecznie Maria umarła wskutek wielu ran. Była męczennicą, chciała oddać swoje życie w obronie czystości. Jednak, jeszcze przed śmiercią, ta święta dziewczyna wybaczyła napastnikowi i poświęciła Panu swoje cierpienie, aby on mógł się nawrócić. Rzeczywiście, tak się w końcu stało.

Dla wszystkich kobiet Maria Goretti jest wzorem pięknej, odważnej niewiasty. Tak bardzo kochała swoją czystość i tak wielce ceniła sobie ten dar, że chroniła go aż do śmierci. Mogła ulec temu człowiekowi i zachować życie. Ale tak bardzo szanowała dar swojej czystości, że była gotowa walczyć o nią na śmierć i życie. Każda kobieta może się modlić do Marii Goretti, gdy pojawią się pokusy. Nawet najczystsi ludzie są kuszeni, ponieważ szatan bardzo chce pociągać ludzkość do grzechów przeciwko czystości. Jest to bowiem sfera, w której człowiek może być głęboko zjednoczony z Bogiem. Pan jednak przyzwala na takie pokusy, aby ludzie mogli wzrastać w czystości i stawać się silniejsi; następuje to wtedy, gdy wciąż na nowo Go wybierają.

Podczas kanonizacji Marii Goretti papież Pius XII powiedział: „Zapewne, nie wszyscy jesteśmy powołani do męczeństwa, ale wszystkich Bóg wzywa do rozwinięcia w sobie cnót chrześcijańskich. Do tego potrzeba jednak mocy ducha; a jeżeli nawet nie wzniesie się ona na te szczyty, które osiągnęło owo anielskie dziewczę, to przecież doskonałość wymaga długotrwałej i nieprzerwanej pracy, i to aż do końca życia".

Święta Mario Goretti, módl się za nami!

Do refleksji:

1. Konkretnie – jako kobieta – jak mogę wzrastać w czystości ciała, intencji, mowy czy serca?
2. W jaki sposób mogę żyć głębiej zjednoczona z Jezusem podczas Mszy Świętej oraz po niej – w swojej codzienności?
3. Jak Jezus chciałby, abym wzrastała w miłosnej relacji z Nim?

Rozdział 8

Kobieta oraz Krzyż, Eucharystia i Modlitwa

Jest to najważniejszy rozdział tej książki, ponieważ dotyczy najgłębszej sfery życia kobiety – jej związku z Sercem Jezusa w Eucharystii, łączności z Jego ofiarą na krzyżu i relacją z Chrystusem na modlitwie. Zanim przejdziemy dalej, zapraszam Cię do wzięcia krzyża w swoje ręce i spojrzenia na Jezusa. To tu jest ukryta tajemnica zbawienia. To przez Krzyż odnowiło się wszystko to, co Adam i Ewa zniszczyli przez grzech (i wszystko to, co ludzkość – wciąż przez grzech – niszczy nadal). To przez grzech pierworodny został zburzony pierwotny Boży plan dla mężczyzny i kobiety. Ewa stała się jak mężczyzna – nie posłuchała Adama, lecz szatana. Sama wysunęła się na prowadzenie w ich wspólnym związku, gdy powiedziała do swego męża: „Adamie, weź to". A on nie posłuchał Boga, choć powinien był to zrobić. Zamiast tego skupił się wyłącznie na Ewie i był jej posłuszny. To wszystko było przeciwieństwem pierwotnego zamysłu Boga.

Czystość jest szczególnym darem kobiety. Niewiasta została stworzona, by być pełną Boga i w całości oddać swoje życie innym. Jednak Ewa wybrała grzech, przez co dar czystości został „okaleczony" – jej ciało zostało oddzielone od własnej duszy, woli Bożej i Jego miłości. Natomiast Krzyż jest miejscem, gdzie Jezus naprawił tę ranę w relacji mężczyzny i kobiety (spowodowaną grzechem pierworodnym). Na Krzyżu Chrystus odnowił i uzdrowił zarówno kobietę, jak i mężczyznę, ucząc ich prawdy o tym, dlaczego zostali stworzeni. To tutaj Jezus dał – zarówno mężczyźnie, jak i kobiecie – możliwość ponownego odzyskania czystości. Na Krzyżu Jezus wziął na siebie ten pierwszy grzech i sprawił, że ludzkość mogła przyjąć czystość pełną Bożej obecności i Miłości oraz pozwolić tej Miłości zamieszkać w ich sercach. Zawsze w czasie chrztu Jezus przyciąga ludzką duszę do Krzyża, gdzie grzech zostaje „przybity". A po przeniesieniu ochrzczonego chrześcijanina przez swój Krzyż, Chrystus nadal niesie ze sobą jego duszę – przez swoje zmartwychwstanie. To właśnie w Krzyżu odnawia się ludzkość. I właśnie dlatego Krzyż jest nadzieją dla każdego chrześcijanina.

Nawet Matka Boża znajduje swoje źródło czystości w Krzyżu. Jak to możliwe? W jaki sposób Maryja mogła urodzić się wolna od grzechu pierworodnego, skoro wtedy Jezus jeszcze nie umarł, aby Ją odkupić? Otóż Bóg nie jest ograniczony czasem. On żyje w wieczności. Dlatego więc Maryja urodziła się już bez grzechu, choć dopiero po kilkunastu latach przyszedł do Niej anioł, aby zapytać, czy zostanie matką Jezusa. A dopiero 33 lata później Jej Syn umarł na krzyżu, aby zbawić cały świat. Ale Maryja była bez grzechu już w swoim poczęciu, ponieważ Bóg żyje poza czasem. To właśnie dlatego Pan mógł „wykorzystać" łaskę cierpienia Jezusa, który zbawił świat (wszystkich ludzi, którzy istnieli w przeszłości i wszystkich tych, którzy kiedykolwiek żyć będą) i przez Ducha Świętego (Bóg daje swoje dary ludzkości przez Niego) ofiarował ją Maryi zanim się narodziła – była to łaska niepokalanego poczęcia.

Po upadku Adama i Ewy każdy człowiek naznaczony był grzechem pierworodnym, z wyjątkiem Maryi. Nie dlatego, że była Bogiem (tak jak Jezus, który był bez grzechu, ponieważ był Bogiem). Maryja była bez grzechu **z powodu** Boga. Jej czystość ma swoje źródło w Krzyżu. To właśnie tam każda kobieta musi odnaleźć źródło swej czystości.

Relacja kobiety z Jezusem w Eucharystii

Jakiego rodzaju relacji z kobietą chce Jezus w Eucharystii i na krzyżu? Przebywając ze swym Zbawicielem po przyjęciu Komunii Świętej, ma pragnąć dawać Mu swą miłość i przyjmować Jego Miłość. Żyjąc w tak głębokiej relacji ze swym Panem, może Mu oddawać wielką chwałę. Niewiasta w szczególny sposób potrafi nawiązać głęboką więź z Jezusem – ze względu na wielką wrażliwość swojego serca. Zaś jej zdolność do macierzyństwa sprawia, że umie doskonale dopasowywać się do innych ludzi. To pozwala jej na łatwe wejście w intymne relacje. Jezus chce więc posłużyć się tym darem, aby pomóc kobiecie zbliżyć się do siebie. Kiedy mąż i żona łączą się w akcie miłości małżeńskiej, mąż daje siebie, a żona przyjmuje go i daje siebie w zamian.

Pierwszym zadaniem każdej niewiasty jest przyjmowanie, a następnie dawanie: przyjmowanie życia i dawanie życia, przyjmowanie relacji z mężem i dawanie życia przez nią. Żona przyjmuje męża i w zamian daje mu siebie, a potem on znowu jej się oddaje. Jest to symbol takiej relacji, jaką cała ludzkość powinna mieć z Bogiem. To jest coś naprawdę świętego. Bóg stworzył małżonków w taki sposób, aby obydwoje ukazywali ludzkości, jak powinna się odnosić do swego Stwórcy. Kobiety muszą wyciągnąć z tego naukę. A zatem, Jezus przychodzi do niewiasty w Eucharystii. W tym zwykłym kawałku chleba czyni On siebie bardzo małym i słabym, aby ona mogła Go wziąć, połamać i zjeść. Ponieważ On jest bardzo pokorny, mały i słaby, kobieta przyjmuje Go i chce Mu oddać całą siebie w zamian.

Kiedy niewiasta przebywa z Jezusem po przyjęciu Komunii świętej, patrzy na Jego Serce. Posiada zdolność (w sposób proroczy) dostosowania się do tego, co On czuje i czego pragnie. Oddaje Mu całą siebie. Przyjmuje Jego życie w siebie, aby mogła potem oddać to życie światu. Relacja, jaką niewiasta ma z Jezusem w Eucharystii, jest takim rodzajem relacji, jaką powinna mieć potem z innymi ludźmi. Kobieta ma być blisko swoich bliźnich, z troską patrzeć w ich serca i oddawać całą siebie, aby im służyć. Podczas swojej ofiary na krzyżu Chrystus „działa" modląc się. Gdy Pan oddaje siebie jako ofiarę za grzech, jego ciało i dusza są doskonale zjednoczone w modlitwie „fiat". Kiedy więc kobieta jednoczy się ze Zbawicielem – zarówno w Eucharystii, jak i w codziennych krzyżach przyjmowanych ze względu na Niego – musi prosić Pana, aby On modlił się w niej. Powinna zwrócić się do Niego z prośbą, aby uczynił jej życie zjednoczonym z Jego czynną modlitwą na krzyżu – modlitwą, która oddawała tak wielką chwałę Ojcu.

Kiedy kobieta przebywa z Jezusem Eucharystycznym, znajduje się wewnątrz najbardziej niezgłębionej Miłości. Jezus, Mężczyzna będący przy niej, wie najlepiej, jak ona się czuje, czego potrzebuje, jak działa; daje jej całego Siebie. Jego wielki dar miłości w naturalny sposób ją otwiera. Niewiasta bowiem otwiera najgłębsze zakamarki swej istoty zazwyczaj tylko w obecności miłości. Jest jak słonecznik, który rozchyla swe płatki w promieniach słońca i zwraca się ku niemu. W ten sam sposób kobieta otwiera się przy autentycznej Miłości i podąża za nią. Obecność tak wielkiej miłości w osobie Jezusa Eucharystycznego – Miłości gotowej oddać wszystko w służbie i ofierze – inspiruje kobietę do otwarcia się i przyjęcia jej; pozwala ona tej miłości na przemianę siebie i idzie w jej ślady.

Mary Rousseau tak pisała na temat komunii z Jezusem: „[W] tej boskiej miłości małżeńskiej (...), Syn Boży czyni siebie jakby spoiwem w rękach grzeszników potrzebujących odkupienia (...), [w] przyjęciu tego daru (...) i my czynimy siebie spoiwem w rękach Bożej Miłości."[1] Jezus nie tylko napełnia kobietę swoją Miłością w Eucharystii, ale przemienia ją, wzmacniając jej (wrodzoną) skłonność do wrażliwości na innych i całkowitej samoofiarności oraz pomagając jej odnosić się do świata w sposób naśladujący Jego własne Serce.

Idąc w ślady Miłości otrzymanej od Jezusa, kobieta powinna patrzeć na innych ludzi swoim sercem. Musi dostrzegać, jak się czują i czego potrzebują, powinna dawać im całą siebie. Kobieta uczy się w swojej relacji z Jezusem, zwłaszcza w Eucharystii, jak być pokorną, słabą i małą – tak jak On. A ten dar to nie tylko bycie po prostu słabą i małą, ale bycie małą i słabą po to, by stać się darem, który inni będą mogli przyjąć i trzymać bez lęku. W ten sposób, poprzez swoją małość i słabość, niewiasta wzbudza miłość u innych. Uczy się od Jezusa, jak dawać całą siebie, aby potem także mąż oraz dzieci nauczyły się od niej, jak dawać samych siebie innym. Pozwalając na bycie „pochwyconą" przez Jezusa, niewiasta otrzymuje potrzebną siłę, by dać się „pochwycić" również mężowi i by zostać „pochwyconą" przez świat. A będąc darem dla swojego męża (i dla świata) i przyjmując go, kobieta naucza, w jaki sposób również on powinien – jako dar – „wychodzić z siebie" do innych.

---

[1] *The Catholic Woman, Volume 3 – Wethersfield Institute Proceedings* (San Francisco: Ignatius Press, 1990), str. 20.

Kobieta uczy się (na modlitwie z Jezusem i przy Jego Sercu w Eucharystii) jak dawać innym WSZYSTKO – tak, jak On – nawet jeśli ktoś będzie ją „jadł". Kiedy kobieta wydaje na świat dziecko, ono czerpie pokarm od niej. Matka staje się „jedzeniem". W ten sposób Jezus może pomóc kobiecie nauczyć się, jak być bezinteresowną. Nie chodzi tylko o to, że jest ona fizycznie pożywieniem dla swojego potomstwa. Karmienie dziecka piersią jest również znakiem, że matka zawsze musi być gotowa, by dawać wszystko – ma być otwarta i ofiarowywać wszystko swoim dzieciom. Jest to znak, że nie może niczego w życiu zatrzymać dla siebie. Uczy się tego właśnie od Jezusa Eucharystycznego, ponieważ On daje siebie samego jako pokarm – zawsze daje wszystko. Pan otwiera się całkowicie i pozwala przyjść do Siebie każdej osobie, która chce Go przyjąć, co oznacza, że pozwala zbliżyć się nawet takiemu człowiekowi, który może Go zranić.

Jeśli człowiek przyjmuje Jezusa na Mszy Świętej i ma grzech w sercu lub nie zwraca na Niego uwagi (po przyjęciu daru Komunii Świętej) albo jeśli myśli wtedy o rzeczach nieważnych (zamiast dziękować i chwalić Pana za Jego ofiarną Miłość), Jezus cierpi wielki ból z powodu takiej obojętności. To prawda, że Chrystus umarł, zmartwychwstał i wstąpił do Nieba. Ale prawdą jest również to, że w tajemniczy sposób przebywa On pośród ludzi w „więzieniu" Eucharystii. Jest tam obecny jako Osoba. Czy można sobie w ogóle wyobrazić, co to znaczy – uczynić się chlebem? Czy jesteśmy w stanie choć trochę pojąć, co to oznacza dla Jezusa

– trwać tak przez dwa tysiące lat, oddając nieustannie siebie samego ludziom, aby ci mogli Go przyjąć lub zranić? Chociaż Chrystus wstąpił do Nieba, nadal w tajemniczy sposób cierpi z powodu ludzkiego grzechu i obojętności. Nie cierpi On jednak w sposób ogólny, lecz jako Człowiek z prawdziwie złamanym sercem.

Kiedy Jezus był na krzyżu, Jego serce zostało przebite i wciąż pozostaje otwarte. Ta rana nie zamknęła się. Ale On nie skarży się i nie patrzy na swoje własne cierpienie. Jego wzrok utkwiony jest w Niebieskim Ojcu, a On sam trwa w posłusznej Miłości, zaufaniu i ofiarowywaniu siebie. Kochając, patrzy na swoje dzieci i wzywa je, aby odpowiedziały darem z siebie na Jego Miłość. Kiedy kobieta modli się z Jezusem w Eucharystii, może otrzymać potrzebną łaskę, by uczynić to, co zrobił jej Pan – stać się ofiarą z Miłości. Może oddać siebie jako pokarm nie tylko dla swoich dzieci, ale i dla całego świata. Może też pozostać – jak On – otwarta na przyjęcie ludzi, kochając ich i pozwalając im na dotknięcie jej ran, aby także w ten sposób doświadczyli jej miłości. Jezus w Eucharystii uczy kobietę, jak być matką. Przychodzi do jej ciała jako Dziecko, aby żyć w łonie jej serca.

Podczas Eucharystii Maryja dzieli się swoim doświadczeniem ciąży z każdą kobietą. Jak Matka Boża czciła Jezusa w swoim łonie, tak i każda niewiasta może czcić eucharystyczną obecność Jezusa w sobie – w łonie serca. Gdy Maryja powiedziała „tak" aniołowi i zgodziła się na poczęcie

Jezusa w swoim ciele, natychmiast udała się do swojej kuzynki Elżbiety, aby posłusznie jej służyć. Za każdym razem, gdy kobieta przyjmuje Jezusa w Eucharystii, jest z Nim "w ciąży". Ten dar daje jej wszystko, czego potrzebuje, aby naśladować Maryję i natychmiast wyjść do świata oraz posłusznie służyć Ojcu. Relacja, jaką kobieta może mieć z Jezusem w Eucharystii, jest bardzo głęboka, wyjątkowa, ale też i naturalna, ponieważ jest On Człowiekiem. W Ewangelii wg świętego Jana są zapisane słowa Jezusa: *„Ja jestem krzewem winnym, wy – latoroślami. Kto trwa we Mnie, a Ja w nim, ten przynosi owoc obfity, ponieważ beze Mnie nic nie możecie uczynić"*[2].To bardzo ważne, by niewiasta trwała w Jezusie. Także i On pragnie żyć w każdej kobiecie. Jest to możliwe właśnie dzięki Eucharystii.

Niełatwo jest oddać całą siebie. Czasami kobieta jest zwyczajnie zmęczona, innym razem – zirytowana wobec osoby, której służy, a czasem po prostu nie ma ochoty nikomu pomagać. W tych sytuacjach często jest kuszona, by myśleć tylko o sobie i zrezygnować z obdarzania miłością, do której wzywa ją Jezus. Nie można być niewiastą stworzoną według zamysłu Boga, jeśli nie posiada się ku temu specjalnej łaski. Kobieta otrzymuje ją poprzez swoją relację z Jezusem w Eucharystii, aby powoli stawać się cierpliwą, przebaczającą i kochającą jak On. Zbawiciel może ofiarować tę łaskę także poza Mszą Świętą, daje ją bowiem wszystkim chrześcijanom;

---

[2] J 15, 5.

katolicy zostali jednak szczególnie pobłogosławieni darem Eucharystii, która jest tak prostą, bezpośrednią i potężną drogą prowadzącą do tej łaski. Kobieta katolicka ma bowiem szansę przyjąć do siebie Serce Zbawiciela, które następnie może stać się jej własnym. Ona przyjmuje Jezusa, a On ją otwiera, by mogła dawać siebie innym. Pan daje jej siłę, by mogła ofiarować wszystko. Przyobleka ją w swoją własną pokorę i wierność. Jezus nie przebywał pod postacią eucharystyczną przez 2000 lat, by potem się tym zmęczyć i po prostu odejść. On pozostaje tu nadal i cierpi. Czy ktoś przyjmuje Go z wielką miłością czy jako żart – On zawsze daje z siebie to samo, czyli wszystko. Kobieta musi otworzyć się, by otrzymać głębię Jego żarliwej miłości, a następnie dążyć do naśladowania jej. Święta Edyta Stein napisała:

...Kiedy [niewiasta] uświadomi sobie, że nikt inny poza Bogiem nie jest w stanie przyjąć jej całkowicie (jako dar dla siebie) i, że grzeszną kradzieżą wobec Boga jest całkowite oddanie się komuś innemu niż Pan, wtedy to poddanie się nie będzie już trudne, a kobieta stanie się wolna od siebie samej. Będzie już dla niej oczywiste, że powinna zamknąć się w swoim wewnętrznym zamku, zamiast – jak dawniej – być oddana na łaskę przychodzących z zewnątrz burz lub tułaczkę po świecie w poszukiwaniu czegoś, co mogłoby zaspokoić jej głód. Teraz ma w końcu wszystko, czego potrzebuje: sięga po to, kiedy jest posyłana z misją, a otwiera się tylko na to, co dostało pozwolenie na dostęp do jej wnętrza. Jest bowiem panią tego zamku, ale jako służebnica Boga; jest także gotowa być służebnicą wobec wszystkich tych, których Pan jej przyśle. Przede wszystkim oznacza to, że niewiasta jest gotowa uznać autorytet osoby, która została jej dana w życiu jako widzialny „pan" – jest nim mąż lub inny człowiek, który w taki czy inny sposób sprawuje nad nią władzę.[3]

To bardzo ważne, aby kobieta miała głęboką relację z Jezusem Eucharystycznym. Musi prosić Go, aby otwierał jej kobiecość. Niewiasta potrzebuje miłości, aby się otworzyć i wzrastać. Kiedy czuje się atakowana, jej reakcją będzie natychmiastowe zamknięcie się i obrona. Ale jeśli kobieta czuje się kochana, to jej reakcją będzie otwarcie i głęboki pokój, niezależnie od napotykanych trudności. Na przykład, jeśli mąż kocha swoją żonę, to nie będzie miało dla niej większego znaczenia, jak traktuje ją reszta świata. Bezpieczeństwo jego miłości sprawi, że złe (czy nawet okrutne) nastawienie innych ludzi stanie się mniej ważne i łatwiej będzie można o tym zapomnieć. Jeden wieczorny pocałunek małżonka może szybko wymazać trud całodziennych zmagań.

---

[3] St. Edith Stein, *Woman,* Vol. 2, Second Ed., Revised, Eds. Lucy Gelber and Romaeus Leuven, O.C.D., Trans. By Freda Mary Oben (Washington D.C.: ICS Publications, 1987), str. 134.

Kobieta, która wie, że jest przez kogoś kochana, nawet w trudnych sytuacjach będzie spokojna i otwarta na przyjmowanie ciosów zadawanych przez innych; mało tego, jest w stanie wciąż obdarzać ich miłością mimo cierpienia, ponieważ źródło jej miłości jest w relacji z Chrystusem. A zatem, jeśli bezpieczeństwo ludzkiej miłości może tak bardzo przemienić niewiastę, to o ileż silniejsze będzie bezpieczeństwo dawane przez Bożą Miłość, która może wypełnić i ogarnąć kobietę przez jej relację z Jezusem Eucharystycznym? Jeśli żyje ona wewnątrz Chrystusa i pozwala, aby On ukrywał ją w Sobie, to zawsze będzie miała Miłość wokół siebie i nie będzie już bała się niczego. Jezus może właśnie w ten sposób otworzyć, wypełnić i przekształcić każdą swą córkę – dzięki własnej potężnej Miłości, która jest w stanie złagodzić każde napotkane cierpienie oraz zainspirować kobietę do heroicznej miłości, okazywanej nawet wobec „trudnych" ludzi.

Poprzez Eucharystię Jezus chce nauczyć niewiastę macierzyństwa. Przebywając jako Dziecko w sercu kobiety, Chrystus uczy ją jak być matką. Poprzez Komunię Świętą chce nauczyć ją również jak być żoną. Wreszcie pragnie pokazać jej, jak stawać się córką posłuszną Ojcu. Niewiasta uczy się tego posłuszeństwa właśnie od Jezusa Eucharystycznego, który był posłuszny Ojcu Niebieskiemu aż do swej śmierci na krzyżu. To posłuszeństwo zaprowadziło go również do „więzienia" (można tak powiedzieć) postaci Eucharystycznych – chleba i wina. On był Bogiem! On jest Bogiem! On stworzył wszystko. Chrystus nie tylko wcielił się w człowieka jako sługa, lecz także przemienił się w chleb, ponieważ nie chciał, aby ktokolwiek bał się do niego zbliżyć. Być może, gdyby ludzie zobaczyli Jezusa w Jego chwale, to obawialiby lub wstydziliby się podejść i porozmawiać z Nim. Ale jeśli człowiek widzi Zbawiciela jako pokornego Sługę Miłości (w postaci zwykłego człowieka z ulicy), nie boi się przyjść i odezwać do Niego. Jezus zechciał uniżyć się, aby w ten sposób zbawić wszystkich. Kobieta ma naśladować Chrystusa w Jego pokorze, która objawia się w Eucharystii. Ma stać się prostą, zwyczajną i pokorną – prawdziwą – służebnicą Miłości, aby nikt nie bał się przyjść i otrzymać od niej Bożą Miłość. Kobieta może stać się prawdziwą ikoną Serca Sługi Jezusa tylko wtedy, gdy spędza czas odpoczywając z Nim, w Jego Eucharystycznej obecności. Trwając z Nim w ten sposób, może zostać przemieniona. Święta Edyta Stein powiedziała:

Aby Boża miłość stała się częścią wnętrza kobiety, jej życie musi być życiem eucharystycznym. Tylko w codziennej, poufałej relacji z Panem przebywającym w tabernakulum można zapomnieć o sobie, uwolnić się od wszelkich własnych pragnień i pretensji oraz mieć serce otwarte na wszystkie potrzeby i pragnienia innych. Kto chce radzić się Boga Eucharystycznego we wszystkich swych sprawach, kto pozwala oczyszczać się dzięki uświęcającej mocy płynącej z ofiary na ołtarzu (ofiarowując zarazem samego siebie), kto przyjmuje Pana w najtajniejszej głębi swej duszy w Komunii Świętej – ten będzie z pewnością coraz głębiej i mocniej wciągany w strumień Bożego życia oraz włączany do Mistycznego Ciała Chrystusa. Kobiece serce przemieni się na podobieństwo Bożego serca.[4]

Relacja kobiety z Jezusem na krzyżu

„*A obok krzyża Jezusowego stały: Matka Jego i siostra Matki Jego, Maria, żona Kleofasa, i Maria Magdalena. Kiedy więc Jezus ujrzał Matkę i stojącego obok Niej ucznia, którego miłował, rzekł do Matki: «Niewiasto, oto syn Twój». Następnie rzekł do ucznia: «Oto Matka twoja». I od tej godziny uczeń wziął Ją do siebie*" (J 19,25-27). Jezus powiedział tylko siedem słów (zwrotów), gdy wisiał na krzyżu. Był bardzo cichy, co jest doskonałym przykładem dla kobiet. Mogą nauczyć się od Chrystusa, by mówić tylko wtedy, gdy Duch Święty ich do tego pociągnie. Te konkretne słowa mówiące o relacji Maryi i Jezusa są bardzo ważne. W momencie ich wypowiadania Pan ofiarował szansę na uzdrowienie wszystkich relacji między kobietami i mężczyznami.

Realizacja takiego uzdrowienia zależy tylko od tego, czy sami mężczyźni i kobiety są otwarci na otrzymanie tego daru.

---

[4] Stein, str. 55.

Jezus wziął swój największy ludzki skarb – Serce Matki – i dał go całej ludzkości. Zrobił to, choć wiedział, że ludzie nie będą Jej kochać tak jak powinni, a to macierzyństwo przyniesie Jej cierpienie. Jednak Zbawiciel wiedział także o tym, że Maryja będzie posłuszna. A ponieważ była tak blisko Niego, miała potrzebną łaskę (pochodzącą z Jej relacji z Jezusem), by zawsze dawać wszystko wszystkim. Jezus dotknął zranioną relację mężczyzny i kobiety, uzdrawiając ją poprzez dar swojej Matki. Co się wydarzyło w Raju? Adam powinien był chronić Ewę. Ewa powinna była kochać Adama. Stało się jednak inaczej. Na szczęście, w tej nowej relacji z Jego Matką, ofiarowaną ludzkości na krzyżu, mężczyzna i kobieta zostali ponownie zaproszeni do podjęcia pierwotnego planu Ojca.

Kiedy Jezus powiedział do Jana: „Oto matka twoja", jego uczeń stał się odpowiedzialny za opiekę nad Maryją. Chrystus powiedział do niego: „Bądź jej synem. Wypełnij dobrze zadanie mężczyzny i człowieka". Kiedy bowiem matka jest starsza, syn zawsze powinien ją chronić i wspierać. Jezus chciał więc, by Maryja została powierzona jego apostołowi. Pan powiedział do swej Matki także: „Oto syn twój". W tych słowach Jezus nie tylko dał jej Jana, ale i każdego człowieka na świecie – jako jej dzieci. Powiedział do Maryi: „Kochaj go/ich jak Mnie". Czy można sobie wyobrazić, jak trudne było to dla Maryi? Mając doskonałego Syna, była proszona o taki sam rodzaj miłości wobec wszystkich ludzi na świecie, nawet grzeszników, którzy tak głęboko zranili Jezusa.

Maryja stała pod krzyżem, gdy Jezus powiedział: „Bądź matką Jana i matką wszystkich ludzi", musiała więc kochać także tych oprawców, którzy ukrzyżowali jej Syna. Miała ich kochać tak, jak gdyby byli Jej drogim Jezusem. W „fiat" Maryi – jako odpowiedzi na polecenie Syna – widać ikonę doskonałości matczynego serca, serca według zamysłu Bożego. To jest dar, który Jezus dał kobietom poprzez Krzyż: możliwość bycia jak Maryja. Jeśli bowiem każda niewiasta została dana Maryi jako dziecko, otrzymała również możliwość upodobnienia się do niej, ponieważ córka łatwo staje się podobna do matki. A jeśli dana kobieta jest dzieckiem doskonałej matki, to ma możliwość, by sama stać się idealną matką – jak Maryja. Jezus ofiarował nam ten dar na Krzyżu.

Innym prezentem, którym kobieta została obdarowana przez Boga, jest dar otrzymywania i dawania życia. Jezus uczy każdą niewiastę, jak przyjmować i dawać życie na Krzyżu. On otrzymał życie wieczne i dał je całej ludzkości – właśnie przez Krzyż. Poprosił Maryję: „Przyjmij wszystkich ludzi na świecie jako swoich synów i córki oraz daj im życie". A jak Maryja daje życie swoim dzieciom? Zabiera je do Jezusa ukrzyżowanego i zmartwychwstałego. Kobiety powinny stać się podobne do Maryi, aby jak Ona przyjmować wszystkie osoby, które Bóg powierza ich matczynej opiece oraz przynosić je pod Krzyż, gdzie mogą znaleźć życie wieczne. Na Krzyżu Jezus zapoczątkował Kościół, gdy z Jego przebitego serca wylała się krew i woda. Chrystus nie zatrzymał nic dla siebie, lecz pozwolił, aby wszystko, co było w Nim, wylało się – aby ludzie mogli otrzymać życie wieczne i zbawienie. Kobieta musi być właśnie tak otwarta i gotowa, by wszystko, co jest w niej, wylewało się ku innym ludziom – z miłości.

Po tym, jak Pan dał ludzkości Maryję, Pismo Święte mówi: *„Jezus, świadom, że już wszystko się dokonało, aby się wypełniło Pismo, rzekł: «Pragnę»"* (J 19,28). Dlaczego Chrystus powiedział: „Pragnę"? Czego pragnął? Jezus nie mówił tylko o zwykłym napoju. Był przecież bliski tej śmierci, która miała przynieść zbawienie całemu światu, więc nie chodziło Mu o ugaszenie zwykłego fizycznego pragnienia. Zbawiciel był spragniony miłości. Na samym początku Stwórca zapragnął, aby każdy człowiek był pełen Jego miłości. Ale kiedy grzech wszedł na świat, ludzkość straciła pełnię Bożej obecności w swoim sercu. Ludzkie wnętrze było puste na skutek grzechu, ponieważ przez niego powstała w nas tylko próżnia, bez życia. To puste miejsce w naszym sercu pragnie Boga, gdyż On stworzył człowieka, aby ten był zawsze pełen Jego obecności.

Jezus chciał napełnić wszystkie serca, aby przywrócić Bożą pełnię ludzkiemu istnieniu, ale ludzie – zatwardziali przez grzech – nie umieliby przyjąć Jego napoju Miłości, gdyby nie poczuli najpierw pragnienia zastygłego w ich sercach. I tak Jezus musiał najpierw dać ludzkości pragnienie – pragnienie nieba i miłości – zanim sam je pomógł ugasić. Zbawiciel musiał bowiem cierpieć pragnienie, by uświadomić je najpierw człowiekowi – aby dopiero wtedy przyjść i napełnić ludzkie serce swoją świętą Krwią.

Cóż to za cudowny dar: mieć Boga pragnącego ludzkiej miłości! Jezus cierpi niesłychanie z powodu ludzkiej obojętności wobec swej niezmierzonej gotowości do kochania. Ludzkie serce często zapomina o tej niezgłębionej Miłości, która jest zawsze gotowa, by zbawiać. Jezus nigdy nie zapomina. Trwa pod postacią Eucharystii i daje, daje, daje... Ofiara Mszy świętej jest miejscem, w którym kobieta może spotkać się z Jezusem na Krzyżu. W każdej Mszy świętej podchodzi do Jego Krzyża. Eucharystia nie jest nową ofiarą krzyżową, ale w każdej Mszy świętej kobieta może wrócić do tej jednej chwili, w której Jezus umiera, by przynieść ludzkości zbawienie. W każdej Eucharystii Bóg przenosi ludzkie serce w tamten czas, aby mogło stanąć z Maryją pod Krzyżem. Tam czeka Jezus – spragniony odpowiedzi miłości. A Jego miłość nie tylko dotyka serce kobiety, aby obudzić jej pragnienie, ale także je uzdrawia, aby ona była gotowa cierpieć razem z Nim i budzić pragnienie miłości w innych, a w ten sposób – przyprowadzać dusze do Pana.

Uzdrowienie kobiecego serca przez Krzyż

Jak myślisz, dlaczego Jezus zgromadził tyle kobiet pod krzyżem? Dlaczego kobiety czuły się szczególnie pociągnięte przez Niego i Jego Miłość, wylewającą się dla nich podczas męki krzyżowej? To dlatego, że niewiasta została tak stworzona, by pragnąć szczególnego rodzaju miłości, zarówno od Jezusa jako Boga, od Jezusa jako Człowieka oraz od wszystkich swoich braci i sióstr w człowieczeństwie. Ostatecznie kobiety odnalazły pełnię tej miłości, której szukały – w wizerunku Serca Jezusowego, otwartego i wiszącego na krzyżu, które wylewało całą Jego Miłość ku każdej z nich z osobna. Znalazły w Nim źródło uzdrowienia swojego serca, zranionego przez brak miłości na świecie.

Serce niewiasty zostało stworzone przez Ojca i Syna w Duchu Świętym (w Trynitarnej Miłości), jako serce szczególnie pełne wrażliwości i potrzebujące czułości. Kobiece uczucia można więc łatwo zranić przez szorstkość innych ludzi lub brak delikatnej miłości w świecie. Serce niewiasty ma wiele małych pęknięć i szczelin, które muszą być dotknięte, otwarte i wypełnione miłością; w przeciwnym razie kobieta będzie czuła się pusta, ponieważ została stworzona po to, by być otwartą i wypełnioną Bożą Miłością – poprzez mężczyznę. Niestety, współczesny Adam często ignoruje te wrażliwe miejsca kobiecego serca i pozostawia je nietknięte, nieotwarte i niewypełnione miłością. Mężczyźni nie rozumieją serca płci pięknej, ponieważ jest ono tak różne od ich własnego. To dlatego kobiety często czują się zranione.

Niewiasta ma wrodzoną wielką potrzebę zaufania i zależności od pomocy innych. Serce kobiety zostało stworzone jako naturalnie otwarte; niestety, ta otwartość i zaufanie jest często ranione przez mężczyzn, którzy nie szanują kobiecej wrażliwości i nie zaspokajają jej Miłością, ale

– zamiast tego – często reagują osądem, niecierpliwością lub chłodną obojętnością. W dzisiejszym świecie kobiece serce zostało głęboko zranione przez brak troski lub odpowiedzi na ukryte w nim pragnienia, dlatego też kobiety zamykają swoje wnętrza i próbują przejąć kontrolę nad własnym życiem. Usiłują zniwelować swe potrzeby i słabości, które przecież sam Bóg wpisał w ich naturę – a czynią to wszystko z obawy przed zranieniem.

Serce kobiety potrzebuje być ogarnięte pełnią Miłości, aby ona poczuła się uwolniona od strachu przed swoją własną tożsamością. Kiedy kobieta zostaje otoczona miłością, czuje się w końcu wolna, by być sobą, czyli wrażliwą, bezbronną i otwartą osobą; staje się wolna, by móc głęboko przeżywać różne doświadczenia i uzewnętrzniać swoje serce w prawdzie. Dopiero w atmosferze miłości kobieta odnajduje potrzebne jej bezpieczeństwo, a także pewność, że drugi człowiek odpowie Miłością na jej wrażliwe pragnienia. Ukrzyżowany Jezus może dotknąć najgłębszych ran kobiecego serca, ponieważ sam został zraniony, otwierając się na miłość do swej córki. Wylał pełnię własnego życia ku niej, dla niej i w niej – aby kobieta mogła trwać w bezpiecznej atmosferze miłości i zaufania. Dzięki temu będzie ona mogła w pełni otworzyć się na swego Zbawcę, odkrywać przed Nim swoją wrażliwość i potrzeby, dzielić się delikatnością własnego serca, ale także – odsłaniać te wszystkie głębokie rany, które zostały spowodowane zaniedbaniem czy brakiem wrażliwości i zrozumienia ze strony innych ludzi. Poprzez swoją uzdrawiającą Ludzką i Boską Miłość, Jezus może uzdrowić w pełni wszystkie aspekty kobiecej istoty.

Niewiasta ma głęboką potrzebę bycia poznaną i zrozumianą. Została stworzona jako złożona tajemnica dla siebie samej oraz jako dar dla mężczyzny i całej ludzkości („*Potem Pan Bóg rzekł: «Nie jest dobrze, żeby mężczyzna był sam; uczynię mu zatem odpowiednią dla niego pomoc». Po czym Pan Bóg z żebra, które wyjął z mężczyzny, zbudował niewiastę. A gdy ją przyprowadził do mężczyzny, mężczyzna powiedział: «Ta dopiero jest kością z moich kości i ciałem z mego ciała! Ta będzie się zwała niewiastą, bo ta z mężczyzny została wzięta». Dlatego to mężczyzna opuszcza ojca swego i matkę swoją i łączy się ze swą żoną tak ściśle, że stają się jednym ciałem.*" – Rdz 2,18.22-24). Niewiasta staje się pełnią tego daru dopiero wtedy, gdy jest otwarta, przyjęta i dotknięta przez mężczyznę, przez jego miłość i pragnienie. Staje się sobą wtedy, gdy może służyć w najgłębszej swej istocie, poprzez prostą otwartość w potrzebie, zaufaniu i miłości – w ramionach tego, kto ją kocha. Kobieta służy i staje się w pełni sobą, gdy doprowadza mężczyznę do odkrycia jego tożsamości i ukochania swojej wybranki; a także, gdy uczy go miłować ją zarazem delikatnie i mocno (odpowiadając na jej potrzeby) – to wszystko kobieta potrafi wydobyć z głębi męskiego serca poprzez okazywanie swojej wielkiej bezbronności, zaufania i potrzeby wsparcia.

Kobiece pragnienie delikatnej miłości i odważnej opieki budzi męską potrzebę obdarzania miłością. Pozwalając mężczyźnie na dotykanie, otwieranie i napełnianie siebie, jak również na „poznawanie" siebie poprzez ciało, umysł i serce, kobieta pomaga mu wypełnić jego powołanie do miłości. Serce niewiasty zostało stworzone z głęboką potrzebą bycia poznaną i zrozumianą, a serce mężczyzny – z potrzebą okazywania zrozumienia innym. Jest w tym wspólna harmonia. W kobiecym sercu jest pragnienie zaufania i przyjmowania w miłości (nawet tej, której ona sama nie rozumie i nie zna), a w sercu mężczyzny – pragnienie i „głód" poznania – by móc wyrażać swą męskość w pełni oraz by poznać i posiąść kobietę. Adam został powołany do „pojmania" Ewy przez miłość, a ona – do bycia poznaną i „pojmaną" przez niego. To wszystko jest tajemniczo piękne, ale i logiczne – to jest właśnie ten pierwotny plan Ojca dla ludzkości.

Niestety, ludzie popadli w grzech. Kobiety zostały zranione i zamknęły swe serca. Również mężczyźni zostali ranni, bo nikt nie potrzebował ich, aby się w pełni darowali – nie było nikogo, kto by im zaufał, że będą zdolni pokochać, posiąść czyjeś serce i z miłością je poprowadzić. Mężczyzna nie może przeczytać zamkniętej książki, zaś bez jej przeczytania nie zdobędzie wiedzy. W ten sam sposób nie będzie on w stanie „przeczytać" ani „poznać" w miłości serca kobiety, jeśli pozostaje ono zamknięte. Mężczyzna nie będzie mógł wzrastać ani darować się w miłości (czyli dojrzewać w poznawaniu miłości), jeśli nikt mu na to nie pozwoli. Właśnie dlatego, w tym niedoskonałym świecie głęboko zranionym przez grzech, kobiety powinny przychodzić do ukrzyżowanego Jezusa. Muszą znaleźć lekarstwo, którego tak potrzebują ich serca, w Jego Małżeńskim Darze Miłości na Krzyżu. Tylko w ten sposób osiągną potrzebne uzdrowienie i odwagę do bycia otwartymi i bezbronnymi w swym ufnym pragnieniu miłości wobec mężczyzn (którzy jeszcze niejednokrotnie zranią je swą obojętnością czy zaniedbaniem), aby wezwać ich do podjęcia pierwotnego powołania do opieki nad innymi. Męska misja Adama polega bowiem na ofiarowywaniu siebie całkowicie w pokornej, cierpliwej, czułej miłości, która ma dotknąć ukochaną tak dalece, aż ona pozwoli się mu posiąść.

To jest uzdrowienie, które Jezus pragnie dać ludzkości poprzez wszystkie kobiety na świecie. Także mężczyźni mogą znaleźć lekarstwo dla swoich zranionych serc, przychodząc do Jezusa i pozwalając Mu ukochać siebie tak samo mocno, jak podczas Jego ofiary krzyżowej. Mężczyźni mogą znaleźć potrzebne uzdrowienie również w swoim dążeniu do naśladowania Chrystusa. Jednak pełnia uleczenia jest możliwa tylko wtedy, gdy kobiety będą miały odwagę być cierpliwe, przebaczające i otwarte w bezbronnej miłości, tak, aby mężczyźni mieli przestrzeń, w którą będą mogli przelać swoje życie i miłość – do otwartego, czekającego serca kobiety.

Proszę, moje siostry, zawsze bądźcie otwarte dla Jezusa. Zaufajcie Jego Miłości zwłaszcza wtedy, gdy wasze otwarte, bezbronne serca zostaną zranione. Jego Miłość da wam potrzebną odwagę, abyście zawsze pozostały otwarte i cierpliwe w swoim „fiat" oraz gotowe i chętne do przyjmowania miłości od innych, nawet jeśli będzie to równoznaczne z długotrwałym oczekiwaniem lub przyjmowaniem nowych cierpień. Wasze rany sprawią, że upodobnicie się do Jezusa, a zjednoczone z Jego ranami – pomogą całemu światu.

Serce niewiasty zostało stworzone z potrzebą wyjątkowej, potężnej i osobistej miłości. Dopiero ona uwalnia kobietę do służenia innym z pełnią Bożej Miłości. Jezus zasadził szczególną łaskę – specjalny kwiat Jego Miłości – w sercu każdej Bożej córki. Potrzebuje ona jednak uczucia ze strony innych ludzi, aby otworzyć płatki i pozwolić temu kwiatu swobodnie rosnąć i karmić świat. Jezus na Krzyżu dał całej ludzkości, a szczególnie kobietom, szczególny rodzaj Miłości, której ich serca tak bardzo potrzebują i pragną. Ofiarował im całkowity i absolutny dar z Siebie i poświęcił się, by zaspokoić ich najgłębsze potrzeby. Uczynił się cierpliwym – aż do śmierci – z powodu swojej Miłości do ludzi. Chrystus był pokorny i ukochał ich Miłością, która naprawdę uwolniła ich do bycia w pełni sobą. Każdy człowiek może zaufać Jezusowi Ukrzyżowanemu, który wziął na siebie wszystkie grzechy i rany, aby one nigdy nie były już przyczyną cierpienia.

Miłość Jezusa była tak wielka na Krzyżu, że mógł On dotrzeć do najgłębszych ran ludzkich serc, dotknąć je i uzdrowić. To właśnie na Krzyżu Zbawiciel był w stanie odpowiedzieć na ich najbardziej wymagające potrzeby i zrealizować je, napełniając swoją Miłością. Zatem, ukrzyżowany Chrystus może pomóc kobiecie na nowo odkryć swą tożsamość i poprzez swoją potężną, Męską, Małżeńską Miłość jest w stanie wyzwolić ją do miłosnego tańca. Jezus jest dla każdej kobiety bezpieczeństwem, zaufaniem, odpowiedzią, odpoczynkiem. Pan zna całą istotę niewiasty. Chce wlać w nią swoje życie. Chce ją posiąść swoją Miłością... Jezus tylko czeka, aż kobieta przyjmie Jego zaproszenie z wzajemnością.

Spójrzcie teraz, jak Matka Boża potrafiła żyć pełnią tego, o czym Wam tutaj mówię. Jej serce było pełne wrażliwości i wielkich pragnień, ale zawsze trwało w Bogu, a Ona pozwalała Mu troszczyć się o wszystko. Ta relacja miłości ze Stwórcą wyzwoliła Jej kobiecość oraz umożliwiła odważne trwanie z otwartym i bezbronnym sercem wtedy, gdy cierpiała razem z Jezusem i patrzyła jak ludzie ranili Go i zabijali. Była blisko swego Syna i pozostała pod Krzyżem do końca. Dzięki jej „fiat", Jezus mógł dotknąć i uzdrowić wiele kobiet, co czyni przez cały czas w historii tego świata. Stań razem z Nią przy Jezusie Ukrzyżowanym i wejdź razem z Nim w tajemnicę Krzyża. Jeśli tylko będziesz żyła tym wszystkim, o co prosi Cię Chrystus, to już samo to wystarczy, by głęboko uzdrowić świat – zraniony tak głęboko co do zrozumienia istoty męskości i kobiecości.

Kobieta a modlitwa

Niewiasta powinna czerpać ze swojej kobiecości, gdy nawiązuje kontakt z Jezusem na modlitwie. Może odnosić się do Niego jako do dziecka, starając się po prostu „być" z Nim tak, jak byłaby ze swoim maleństwem w czasie ciąży. Kobieta może też mieć z Panem relację braterską – słuchając po prostu tego, co opowiada jej o swoim życiu oraz mówiąc Mu o swoich codziennych sprawach. To, czego na pewno potrzebuje każda niewiasta, to stworzenie prawdziwej, żywej relacji z Jezusem jako osobą. Odnosząc się do Niego na przykład jako do małżonka, kobieta może otworzyć przed Nim (i złożyć w Jego ramionach) całą swoją istotę oraz przyjąć Go do swojego wnętrza. Naturalnie, może modlić się też w każdy inny sposób, w zależności od tego, ile ma lat lub jaki etap przechodzi obecnie w swoim życiu. Kiedy jest małą dziewczynką, ma jednoznaczną relację z Jezusem – zazwyczaj myśli o Panu jako o Przyjacielu, z którym dobrze jest po prostu wspólnie przebywać. Często odnosi się też do Boga jako do swojego Ojca. Później, gdy dziewczynka staje się nastolatką, często nawiązuje braterską relację z Jezusem. Ale kiedy kobieta jest już dorosła, Pan może chcieć rozpocząć z nią bardzo głęboki związek – jako Dziecko, które mieszka w jej łonie bądź jako jej Oblubieniec. Miłość „małżeńska" jest bardzo intymną formą relacji, którą można mieć z Jezusem.

Jeśli kobieta jest powołana do małżeństwa i ma już swojego męża, to jest wezwana do kochania Chrystusa w tym konkretnym człowieku. A jeżeli kobieta jest powołana do życia konsekrowanego (w jednej z jego form), to będzie kochać Jezusa jako Męża. Tak czy inaczej, bez względu na powołanie, każda niewiasta jest wezwana w swoim sercu do indywidualnej, małżeńskiej relacji z Jezusem jako swoim Oblubieńcem. Kobieta powinna zakochać się w Jezusie. Aby to nastąpiło, może po prostu sama poprosić o łaskę takiego zakochania się. Jezus ma klucz do serca każdej kobiety i wie, jak uwolnić stamtąd wspaniały potok miłości ku Sobie. By to nastąpiło, Chrystus jest w stanie odpowiednio poruszyć i uformować serce każdej niewiasty. Kobieta powinna (na Mszy świętej i Adoracji) zwrócić się do Zbawiciela z prośbą o łaskę zakochania się w Nim. Taka miłość pociągnie ją do najbardziej intymnej relacji z Jezusem jako Oblubieńcem, polegającej na przeżywaniu Małżeńskiej Miłości w niewyobrażalnie mocny sposób.

Kobiety często posiadają szczególny zmysł wiary, który pomaga im odnosić się do Boga jako do Osoby. Powinny więc budować na tym naturalnym darze i pozwolić Bogu pielęgnować go w ich sercu, aby potem one mogły pomagać we wzroście mocnej więzi z Bogiem w życiu innych ludzi. Mój przyjaciel kapłan wyjaśnił to kiedyś tak:

> Kobiety mają szczególny zmysł wiary, którego brakuje mężczyznom. (Na przykład, w dniu Zmartwychwstania, to niewiasty wykazały się odważną, heroiczną wiarą. Były bardziej skłonne uwierzyć w

Zmartwychwstanie niż mężczyźni. A w dzień męki krzyżowej to one okazały się najsilniejsze.) Kto zazwyczaj lepiej, bardziej otwarcie, szybko i w pełni odpowiada na Boże wezwanie? Zazwyczaj kobiety. Dlaczego? Kiedy mężczyźni słuchają kogoś, to skupiają się głównie na treści wypowiedzi. Gdy zaś słuchają kobiety, to zwracają większą uwagę na daną osobę niż na treść. Podam jeden przykład: we Francji żyje pewien bankier, którego żona zawsze jest obecna razem z nim w biurze, kiedy odbywają się spotkania biznesowe. Po zakończeniu każdej takiej rozmowy mężczyzna zna dobrze treść konwersacji lub szczegóły umowy biznesowej, ale to od żony dowiaduje się o biznesmenie, z którym rozmawiał (jaką ma osobowość, jak się czuł podczas zawierania umowy, czy mówił prawdę). Dzieje się tak dlatego, że kobiety potrafią patrzeć na ludzi sercem. Umieją dostrzec to, co jest najgłębsze w drugiej osobie. Mężczyźni są racjonalni, więc chcą znać argumenty i treść, podczas gdy kobiety są zdolne do poznania osoby – co jest przecież tym ważniejszym aspektem w procesie komunikacji.

W wierze chodzi o to, by zaufać czemuś, co nie jest zrozumiałe; trzeba wierzyć, bo ufa się Osobie Boga. Treść tego, co Bóg objawia, jest poza nasza zdolnością pojmowania. Mężczyźni jednak próbują podchodzić do objawienia Bożego wyłącznie rozumowo, a tymczasem kobiety potrafią je łatwo przyjąć (bo

zazwyczaj w ich naturze leży staranie o akceptację danej osoby). Niewiasta powie: „Nie rozumiem, ale wierzę w Osobę Boga." Wiara polega na odnoszeniu się do Osoby, której nie da się pojąć ludzkim rozumem. To dlatego kobietom łatwiej jest wierzyć. One posuwają się naprzód w wierze nawet wtedy, gdy nie rozumieją; a tymczasem mężczyźni mogą utknąć już w tym momencie, w którym zaczynają spekulować nad prawdą objawioną.[5]

Chociaż kobiety posiadają ten szczególny zmysł wiary i modlitwy, to jednak – w dzisiejszym świecie – wciąż może być im trudno znaleźć czas, by te dary wykorzystać. Nie ma wątpliwości, iż obecna rzeczywistość to „świat Marty". Oznacza to, że większość ludzi jest głównie skupiona na „robieniu czegoś" – wszyscy są bardzo zajęci, a jeśli ktoś postanawia nie poddać się temu pospiesznemu nurtowi, to często jest atakowany przez pędzących wokół ludzi. Mimo to, nie ma wątpliwości co do słuszności słów Jezusa: *„Maria wybrała najlepszą cząstkę i nie zostanie jej pozbawiona"*.[6] Jest to fragment, na którym kontemplacyjne, klauzurowe siostry oraz pustelnicy budują swoje życie religijne. Tu jest bowiem sens ich istnienia: siedzieć u stóp Jezusa w Miłości oraz

---

[5] Fr. John Mary Foster, *Conference at the University of Notre Dame* (Notre Dame, Indiana: Fall, 1998).

[6] Łk 10,42.

modlić się i słuchać – po prostu „być" z Nim, zamiast „czynić" coś dla Niego lub z Nim. Jednakże Jezus – zwracając się do Marty – nie przemawiał tylko do wyjątkowych i wybranych dusz. On chce mówić również teraz, i to do każdej z nas.

W powyższym fragmencie Chrystus przypomina kobiecie, że jej pierwszym darem dla mężczyzny jest po prostu „bycie" dla niego. Niewiasta jest darem, który nie polega tylko na tym, co może uczynić lub wytworzyć – ona ma być przede wszystkim darem. W naszym opowiadaniu ewangelicznym Maria jest całkowicie skupiona na Jezusie. Pan pragnie, aby serce każdej kobiety było podobne do jej serca. Czy jest to jednak możliwe w „świecie Marty"? Odpowiedź przychodzi w drugiej części wypowiedzi Jezusa, który daje pewną obietnicę. Mówi: *„Nie zostanie jej to odebrane"*.[7] W tych słowach Pan obiecuje łaskę potrzebną do zachowania „najlepszej cząstki" (wybranej przez Marię), która polega na sercu skupionym na Bogu w Miłości – bez względu na to, jak wypełniony jest nasz dzień.

Kluczem do takiego życia z Jezusem jest konieczność, aby każda kobieta – od czasu do czasu – zatrzymała się w swym biegu za różnymi sprawami i usiadła u stóp Jezusa, ofiarowując Mu dar z siebie, uważnie Go słuchając i po prostu odpoczywając w Miłości. Wystarczy, że kobieta poświęci Mu swój czas (każda z nas będzie potrzebowała

---

[7] Ibid.

innej ilości czasu, aby się z Nim spotkać), a potem będzie mogła podjąć swe codzienne czynności – wciąż jednak pamiętając, że jej wnętrze jest wypełnione po brzegi obecnością i Miłością Jezusa. Powinna tylko uważać, by dobrze „strzec swego serca", aby żaden z otrzymanych darów nie wylał się z niej, lecz właśnie pozostał tam – jako fontanna wytryskująca z jej późniejszych działań, słów i myśli.

Nigdy nie usłyszymy zakończenia tego opowiadania o dwóch siostrach... Być może po tym, jak Jezus wskazał Marcie jej błąd, usiadła ona obok Marii, by także wysłuchać Nauczyciela i odpocząć w Jego obecności. Kto wie, może po Jego nauczaniu obie siostry wstały i razem dokończyły posługiwanie. Jezus nigdy nie powiedział, że praca Marty była zła – po prostu stwierdził, że dla niewiasty ważniejsze jest, aby usiąść i odpocząć z Nim w Miłości. Pan musi być w centrum wszystkich jej działań. Jeśli serce kobiety będzie spoczywać w Jezusie, to jej służba nabierze bardzo głębokiej wartości.

Praktyczne wskazówki – jak kobieta może zachować serce „Marii" w świecie „Marty"

Nie ma jednej idealnej „recepty" na pozostanie w jedności z Jezusem przez cały dzień. Bóg stworzył wszystkich ludzi w sposób bardzo indywidualny i pragnie spotkać się z każdym kobiecym sercem w inny sposób. Poniżej przedstawiam kilka sugestii, które – mam nadzieję –

poprowadzą czytelnika/-czkę do głębszej relacji Miłości z Jezusem, która będzie potem mogła przenikać całą codzienność. W żadnym wypadku nie oczekuję, by zastosować wszystkie te sugestie. Proponuję, byś wybrała po prostu te z nich, które mogą naprawdę poruszyć Twoje serce, a potem starała się powoli wprowadzać je w codzienne życie. Jeśli jakiś pomysł wydaje Ci się niepoważny lub niemożliwy, to spróbuj kolejnego. Będę się modlić, aby którakolwiek z tych sugestii okazała się pomocna.

– Bądź potulnym dzieckiem odpoczywającym w ramionach Jezusa – chodzi tu o postawę serca. Utrzymuj je w stanie spoczynku. Jeśli Pan pozwala Ci być zajętą – „fiat". Z wielką ufnością możesz po prostu akceptować to, co On ci daje. Jeśli pozwala Ci myśleć o Nim – „fiat". Jeśli pozwala Ci usnąć – „fiat". Zaufaj i poddaj się. Oddaj Bogu swoje życie duchowe i pozwól Mu zorganizować Twój dzień oraz możliwość spotkania z Nim na modlitwie wtedy, kiedy On sam tego zechce. A każdą rzecz, którą robisz dla swoich dzieci, rób dla Pana. Staraj się widzieć Jezusa w nich.

– Przez cały dzień zastanawiaj się: „Co Jezus powiedziałby w tej sytuacji? Jak by postąpił?". Twoja relacja z Nim powinna nadać koloru całemu twojemu życiu.

– Wyobraź sobie, że jesteś w ciąży i w Twoim wnętrzu jest Dzieciątko Jezus – pozwól, aby Twoje serce było nieustannym „miejscem spoczynku" dla Jego obecności i Miłości. Poruszaj się wolniej w ciągu dnia – tak, jakbyś nie chciała „wylać" ani kropli z twojego serca wypełnionego po brzegi Jego Miłością. Czasami wystarczy po prostu zdecydować się na to, by robić wszystko choć troszeczkę wolniej. Można podjąć wysiłek, by czynić wszystko w akcie miłości i w wielkim spokoju – wtedy Twój dzień będzie ogarnięty obecnością Boga, bo przez Miłość spotkasz Go we wszystkim. (Otwórz drzwi spokojnie, mów z miłością, usiądź przy swoim dziecku i pooglądaj z nim książkę..., itd. Pomyśl też o tym, jak bardzo jesteś zjednoczona z Panem podczas posiłku – karmisz Jego Ciało, bo wcześniej ofiarowałaś Mu swoje własne ciało w akcie Komunii Świętej.)

– Czasami mniej znaczy więcej. Planuj mniej, ale rób to wolniej, głębiej, w pokoju i Miłości.

– Dąż do prostoty.

– Zamiast „robić dużo" (będąc jednocześnie mamą dla swych dzieci i „mamą dla świata"), ofiaruj swoje małe zajęcia z dziećmi itp. w intencji innych. Często kobiety widzą tak wiele potrzeb na świecie i starają się odpowiedzieć na nie wszystkie, a przez to tracą pokój serca i relację z Jezusem. A przecież bez Niego i bez słuchania Jego woli względem Twojej pracy – wszelkie Twe działania na rzecz innych będą miały znacznie mniejszą moc i znaczenie. Uświadom sobie, że najpotężniejszym sposobem na przemianę i pomoc całemu światu jest modlitwa. Możesz dotrzeć do potrzebujących dusz także w Twoim codziennym życiu: ofiaruj małe, zwyczajne akty miłości kierowane do Twoich dzieci oraz do tych, których Jezus stawia na Twej drodze – jako modlitwę za tych wszystkich ludzi na świecie, którym chciałabyś pomóc.

– Rano poświęć 2 minuty na modlitwę do Ducha Świętego, aby Cię pokrzepił i poprowadził; możesz to zrobić zanim wstaniesz z łóżka lub na przykład podczas parzenia porannej kawy. Połóż sobie karteczkę z napisem: „Duch Święty" koło ekspresu i szepnij modlitwę, gdy będziesz go nastawiać. A kiedy będziesz już piła kawę, pomyśl o tym, że właśnie czerpiesz ze zdroju Ducha Świętego.

– Za każdym razem, gdy spotka Cię przykrość w ciągu dnia, wyrób sobie nawyk DZIĘKOWANIA za to Jezusowi, ponieważ właśnie w tym trudzie spotyka Cię Ukrzyżowany Pan. Możesz „pościć" w imię Jego ukrzyżowanej Miłości, „spożywając" wszystkie drobne (lecz trudne) okoliczności, w których On dzieli się z Tobą swoim Krzyżem.

– Zaakceptuj fakt, że nie będziesz w stanie zrozumieć wszystkiego w swoim życiu – jesteś powołana do UFNOŚCI. Niech Miłość będzie twoim przewodnikiem...

– Ciesz się, gdy czujesz się zagubiona, zmęczona lub pusta duchowo. Tak właśnie czuł się Jezus na Krzyżu. Nie zmieniaj na siłę swojego życia (swoich obecnych obowiązków) – to naturalne, że – na przykład jako mama – musisz wykonywać mnóstwo różnorodnych czynności (opieka nad dziećmi, pranie, gotowanie, zakupy, itp.). Po prostu spróbuj pozwolić Jezusowi na to, by On sam powoli przekształcał Twoje nastawienie do życia oraz Twoje postrzeganie tego wszystkiego, co się dzieje wokół Ciebie. Odnajduj Pana we wszystkim i pielęgnuj Jego obecność w swoim sercu.

– Nie oceniaj własnego życia duchowego. Nawet nie myśl o tym za bardzo... „fiat". Znajdź dobrego spowiednika lub kierownika duszy, powierz mu swoje życie duchowe, a sama nie analizuj zbytnio swojego wnętrza. Jeśli oddałaś się Jezusowi, to On ma nad wszystkim kontrolę. Zaufaj Mu.

– Nie czekaj, aż zobaczysz owoce swojego życia duchowego. Kiedy Jezus wisiał na krzyżu, nie widział jeszcze owoców swojego cierpienia. Zjednocz się tam razem z Nim. Staraj się Go kochać i czynić Jego wolę, czyli to, co On sam (w Twoim mniemaniu) pragnąłby uczynić – w imię Miłości, a nie po to, by widzieć jakieś efekty. Powierz Mu wszystkie owoce swoich działań i po prostu bądź wierna.

– Szukaj większej ciszy serca... Wyłącz czasem telewizor, radio, komputer i daj Bogu szansę wypowiedzenia się (nawet jeśli byłoby to podczas jazdy samochodem czy robienia kolacji).

– Spraw, by wszystko w Twoim życiu było spotkaniem z Jezusem: każde słowo, które wypowiadasz lub przemilczysz, każdy krok czy gest. Wszystko (spanie, praca, odpoczynek, jedzenie) ma odbywać się z miłości, w poddaniu się woli Boga, w celu przyjęcia Jego Miłości i tylko przez wzgląd na Niego. Wszystko w Twoim życiu już mówi o miłości Jezusa do Ciebie i do świata – przez Ciebie. Wypatruj i nasłuchuj Jego Miłości w każdej chwili...

– Przyjmuj i akceptuj każdą nadchodzącą sytuację z radosnym „fiat", widząc w niej Pocałunek Miłości Jezusa (czy to będzie Krzyż i cierpienie czy też prosty, dziecięcy odpoczynek). Zobacz piękno Jego Miłości we wszystkim!!! To da ci radość w cierpieniu.

– Staraj się mieć spokojne serce. A jeśli coś już zburzy Twój pokój, odrzuć to i zostaw na później... Nie rozmyślaj i nie zajmuj się tym aż do czasu. Jeśli zachowasz pokój, będziesz zjednoczona z Jezusem, a On zajmie się wszystkim.

– Msza Święta przenosi nas do momentu ukrzyżowania Zbawiciela. Jeśli więc starasz się akceptować Bożą wolę w każdej chwili Twego życia (zwłaszcza wtedy, gdy ta wola wydaje się „krzyżować" Ciebie), to znaczy, że żyjesz Eucharystią. Wejdź głębiej w to misterium oraz w Krzyż – razem z Jezusem. Niech ten centralny punkt Twojego dnia (Msza Święta) przeniesie się na całe Twoje życie, pochłaniając je... Niech całe Twoje istnienie będzie zjednoczone z Chrystusem w Eucharystii. Być może nie zawsze masz możliwość uczęszczać na nią codziennie (w zależności od powołania). W takim wypadku staraj się żyć nie z dnia na dzień, ale raczej – od niedzieli do niedzieli. Zapoznaj się z czytaniami z niedzielnej Liturgii Słowa i „weź je ze sobą" (odbierając je jako konkretne słowa Jezusa do Ciebie) na cały rozpoczynający się tydzień pracy. Zbieraj też wszystkie Twoje cierpienia, całą swoją pracę, zmartwienia i radości, by składać je na ołtarzu – razem z ofiarą Pana. Jeśli uczynisz wysiłek, by wcielać Mszę Świętą w życie, Twoje dni będą w niej

„zakotwiczone", a Tobie będzie łatwiej zachować jedność z Bogiem. Żyj w dziękczynieniu za ostatnią Mszę Świętą, w której uczestniczyłaś i już żyj przygotowaniami do następnej. Przez cały dzień (lub tydzień) nieprzerwanie gromadź w swoim sercu wszystko to, co będziesz chciała złożyć razem z Jezusem na ołtarzu – jako ofiarę Miłości. A kiedy spotykają Cię cierpienia lub przykrości, bądź wdzięczna, że Jezus sam daje Tobie coś, co będziesz mogła Mu potem ofiarować – w ten sposób Pan pozwala Ci żyć Mszą Świętą (czyli także Jego cierpieniem) w Twojej codzienności. A gdy składasz to wszystko na ołtarzu – razem z Panem – podczas przygotowywania darów lub w momencie konsekracji, Twoje życie (wraz ze składanymi darami) jest przekształcane w ofiarę Miłości, zaś Ty sama – przeobrażasz się w żywy obraz Chrystusa.

– Gdy będziesz czytać słowa Jezusa, On wypełni pamięć i zajmie Twe myśli. To pomoże Ci wytrwać w Nim. Czytaj słowa, które wypowiada w Piśmie Świętym, a także „odczytuj" Jego Serce i Ciszę oraz Jego Rany i Cierpienie... Codziennie (lub co tydzień) poświęcaj na to specjalny czas... Powinnaś naprawdę się starać, aby nie tylko czytać, ale i medytować – nad Jego Słowami oraz Twoim osobistym życiem duchowym z Jezusem...

– Raz dziennie zapytaj: „Jezu, jak Ty się dzisiaj czujesz? Co mogę dla Ciebie zrobić?"

– Po prostu „bądź" z Jezusem w czasie wszystkich Twoich działań. To dobrze, że już starasz się jednoczyć z Panem na modlitwie, w milczeniu lub przy lekturze. Wiedz o tym, że możesz również łączyć się z Nim w samym pragnieniu i cierpieniu „braku zjednoczenia"... Jeśli chcesz mieć więcej czasu na przebywanie z Jezusem, ale nie jest to możliwe (bo na przykład Twoje dziecko jest chore lub siostra musi właśnie jechać do szpitala), to po prostu zjednocz się z Jezusem w samym pragnieniu. On również pragnął zjednoczyć się z Ojcem na Krzyżu, a jednak czuł się od Niego oddalony i opuszczony.

– Poddaj się Bożym zamysłom: mów „fiat" na wszystko, co On dopuszcza w Twoim obecnym życiu oraz powtarzaj „fiat" wobec wszelkich Bożych planów co do Twojej przyszłości. Jego Miłość (wypowiadająca „fiat" w Tobie) powinna być Twą nieustanną modlitwą, jak również ciągłym napojem. Kiedy modlisz się „fiat", to równocześnie zezwalasz na to, by Boża Krew płynęła w Tobie i przez Ciebie. Gdy mówisz „fiat", to jednocześnie pozwalasz, by nie tylko Jego Serce, ale i cała Boska istota fizycznie biła w rytm Twojego serca. Poprzez swoje „fiat" sprawiasz, że Boża obecność może ogarnąć Cię do tego stopnia, byś zdołała się otworzyć i napełnić – głęboko, szeroko i w pełni – samym źródłem i esencją Jego Miłości. Będziesz mogła być obecna przy Jezusie również na Krzyżu, gdyż będziesz trwać w Nim, a On w Tobie. Wykonuj po prostu swoje obowiązki żony, matki, siostry itd. Ale żyj z Nim, dla Niego, w Nim.

Do refleksji:

1. Jakie są najgłębsze rany Twojego życia, które mogłabyś przynieść do Jezusa, aby On uzdrowił je na Krzyżu?
2. W jaki sposób Twoje życie może stać się bardziej eucharystyczne?
3. Kim jest dla Ciebie Jezus?
4. Kim chcesz, aby był?
5. Jakie jest twoje pierwsze wspomnienie o Bogu? Dlaczego jest ono dla Ciebie tak ważne?
6. Jaki jest Twój ulubiony sposób modlitwy? Postaraj się znaleźć jakoś na nią czas!
7. Co to znaczy „być w ciąży" z Sercem Jezusa? Jak ta prawda może zmienić styl Twojego życia?
8. Czy myślisz jak Jezus? Czy czujesz jak Jezus? Czy pamiętasz jak Jezus? Czy mówisz jak Jezus? Czy modlisz się jak Jezus? Czy zachowujesz się jak Jezus? Czy kochasz jak Jezus? A jak możesz (w tym wszystkim) wzrastać? Zapytaj Pana, w jakiej dziedzinie chciałby udoskonalić Twoją miłość, by była bardziej podobna do Jego własnej; On sam znajdzie sposób, by Ci to pokazać...
9. Co znaczy dla Ciebie „fiat" (jako poddanie się woli Bożej, tak jak zrobiła to Maryja w Zwiastowaniu)?

Rozdział 9

Wzór świętych oraz Maryi Panny jako Bożego arcydzieła kobiecości

„Bądź tym, kim Bóg chciał, żebyś był, a rozpalisz cały świat!" – mówiła święta Katarzyna ze Sieny. Dlatego tak ważne jest, aby kobiety pojęły to we właściwy sposób i stawały się niewiastami według zamysłu Boga – nie tylko dla siebie samych (aby czuły się spełnione i znalazły szczęście), ale także dla świata, na który będą miały wpływ poprzez ogień swojej miłości. „Bądź tym, kim jesteś!" – mawiał znajomy kapłan. To właśnie poprzez pozwolenie Bogu i Jego Miłości na moją przemianę – według Jego zamysłu (co do ludzkiej doskonałości) – można najbardziej wpłynąć na świat. Poprzez „bycie" takim, jakiego chce Bóg oraz przez radykalną, heroiczną miłość, kobieta może przemieniać społeczeństwo o wiele mocniej niż słowa, które mogłaby wypowiedzieć lub dzieła, które mogłaby wykonać. Święci żyli tym heroicznym ideałem doskonałości w najwyższym stopniu i dlatego powinniśmy patrzeć na nich jako na jaśniejące przykłady tego, jak (w sposób praktyczny) każda kobieta może przeżywać swoje powołanie do świętości.

Najważniejsze zadanie niewiasty to przecież nie zwykła egzystencja na tym świecie, ale przeżywanie esencji świętości zarówno w wielkich jak i małych rzeczach, dzień po dniu. To po prostu bycie darem miłości.

Jak święte kobiety przeżywały swoje powołanie? W jaki sposób każda z nich stawała się darem, pomocą, matką oraz czystą niewiastą modlitwy? Mogłabym napisać całą książkę o tym, jak poszczególna Święta realizowała treści omówione w powyższych rozdziałach. Zamiast tego, wolę po prostu przedstawić kilka charakterystycznych cech tych pięknych osobowości, a następnie zwrócić nasze spojrzenie na Matkę Bożą – Królową wszystkich Świętych.

Życie świętych niewiast jest pełne przykładów świętości przeżywanej przez pryzmat ich kobiecości. Spójrzmy na postaci biblijne: święta Elżbieta była tak czuła na natchnienia Ducha Świętego, że została oświecona co do ciąży Matki Bożej. Wcale też nie czuła się zazdrosna o dzieło, które Bóg rozpoczął w życiu jej młodszej krewnej, a raczej – była przepełniona wdzięcznością, adoracją i uwielbieniem tego wielkiego dzieła i Bożej dobroci. Rut ze Starego Testamentu żyła w głębokiej przyjaźni ze swoją teściową Noemi. Była wierną synową, która nie chciała porzucić starzejącej się matki w trudnych chwilach. Zuzanna natomiast tak bardzo ceniła sobie czystość, że nie wahała się pójść pod sąd, aby okazać swą wierność Bogu. Pan uznał jej pokorę, zaufanie, czystość serca i uratował ją. Estera zachowała się jak matka dla całej ludności żydowskiej, kiedy poszła do króla, by błagać o ratunek. Z całego serca zaufała Panu, a On wysłuchał jej modlitwy. Judyta również okazała się silną matką i przywódczynią swojego ludu: troszcząc się o niezachwianą wiarę w ich sercach, zachęcała do złożenia ufności w Bogu. Ostatecznie – z Jego pomocą – uratowała swe „dzieci" od niebezpieczeństwa. Z kolei niewiasty Nowego Testamentu były wielkimi pomocnicami w działalności Jezusa. Teściowa Piotra wstała i służyła Panu, gdy tylko została uzdrowiona. Maria i Marta często udzielały gościnności Nauczycielowi i Jego uczniom. Maria Magdalena, wraz z Matką Bożą, stała wiernie pod Krzyżem, a resztę swojego życia (po Wniebowstąpieniu Jezusa) spędziła na modlitwie w pustelni. Wiele kobiet zdecydowało się pójść za Panem, by służyć podczas Jego publicznej działalności. Pozostały wierne do końca – w bolesnej modlitwie i miłości pod Krzyżem. Możemy zobaczyć też wiele pięknych cnót w życiu takich kobiet, jak: Sara, Rebeka, Rachela, Lea i matka Mojżesza, która tak ceniła jego życie, że uratowała go od śmierci (czego przykład mamy także w życiu matki siedmiu braci Machabeuszy oraz Sary w Księdze Tobiasza).

Od dwóch tysięcy lat życie Kościoła jest pełne wspaniałych przykładów odwagi, wierności, czystości, pokory, hojności, cierpliwości, miłości i świętości. Święta Katarzyna ze Sieny pokornie służyła swoim rodzicom i ubogim ludziom, a następnie papieżowi. Święta Katarzyna Drexel była wielką matką dusz. Ani rasa ani klasa ekonomiczna nie miały dla niej znaczenia, gdy napotykała dziecko lub rodzinę w potrzebie. Spędziła całe swoje życie poświęcając się dla dzieci – zakładała szkoły i starała się po prostu być dla nich matką. Święte: Cecylia, Łucja, Agata, Dymfna i Agnieszka były młodymi dziewczętami, które promieniowały czystością do tego stopnia, że w swoim wyborze Jezusa (mimo groźby śmierci) zmuszały oprawców do podniesienia oczu ku Bogu. Święta Klara z Asyżu była pomocnicą świętego Franciszka i jego braci, wspierając ich modlitwą. Święta Joanna Molla okazała siłę swego ducha w powołaniu do macierzyństwa (wzywając swoje serce do przyjęcia, pielęgnowania i dawania życia), aż poświęciła własne istnienie, by ocalić swoje nienarodzone dziecko. Święta Róża z Limy miała w sobie takiego ducha pokoju, że kiedy jej miasto zostało zaatakowane (przez tych, którzy chcieli zniszczyć kościoły), ludzie biegli do niej po pomoc, a ona ostatecznie ich uratowała – tylko przez modlitwę. Święta Teresa z Avila była nauczycielką dusz, a święta Teresa z Lisieux – pielęgnowała życie wewnętrzne swoich nowicjuszek. Święta Kateri Tekhawitha oddała wszystko za swą „wartościową perłę", zostawiając zarówno własną rodzinę, jak i swój indiański lud, aby naśladować Boga Jezusa, w którym się zakochała. Święta Faustyna i święta Małgorzata Maria Alacoque uczyły ludzi, jak kochać Jezusa – ukazywały Jego Miłość i to, czego ta Boża Miłość pragnęła od swych stworzeń. Były one duchowymi mistrzyniami Serca Jezusowego, ale nie zachowały tej łaski tylko dla siebie – zamiast tego karmiły swoje duchowe dzieci naukami

Chrystusa o miłości. Święte: Brygida Szwedzka, Monika, Elżbieta Węgierska i Rita były prawdziwie świętymi matkami oddanymi zbawieniu swoich mężów i dzieci. Wolały stracić wszystko, niż pozwolić na zgubę ich dusz. Święta Matka Teresa spędziła całe swoje życie jako wielka pomocnica ludzkości i matka wszystkich ludzi – zarówno w sposób duchowy, jak i cielesny. Święta Józefina Bakhita żyła przebaczeniem w największym możliwym stopniu, dziękując Panu nawet za swe zniewolenie, ponieważ ostatecznie doprowadziło ją to do Chrystusa i do bycia Jego oblubienicą. A święta Maria Goretti, jak już mówiliśmy, tak bardzo ceniła sobie czystość, że wolała umrzeć, niż pozwolić, by została ona naruszona. Wszystkie te kobiety zrealizowały w swoim ziemskim życiu to, co jest napisane w Księdze Przysłów o dzielnej niewieście.

Księga ta (Prz 31, 10-31) wymienia cały szereg cnót przypisywanych doskonałej żonie. Kiedy będziemy głębiej zastanawiać się nad kobiecością, to zobaczymy, że wszystkie kobiety są powołane do przejęcia tych cech – niezależnie od tego, czy są zamężne, konsekrowane czy samotne. Każda niewiasta bowiem, bez względu na swoje powołanie, jest wezwana do życia jako członek Kościoła, który przecież jest Oblubienicą Chrystusa. Każda dusza jest powołana do życia w małżeńskiej relacji z Bogiem, która następnie może być przeżywana praktycznie – w różnych powołaniach. Uznając się dosłownie za „żonę Chrystusa" w swoim mistycznym małżeństwie (zobowiązaną do wypełniania obowiązków opisanych przez Salomona), kobieta może nadać piękne znaczenie swojej małżeńskiej relacji z Panem. W tym fragmencie Pisma Świętego zostało użyte słowo oznaczające „żonę" (lub „kobietę") w języku hebrajskim i łacińskim – ten sam wyraz można odnaleźć także w Księdze Rodzaju. Kobieta została utworzona z ciała mężczyzny, a on połączył się ze swoją „żoną" – nagą, ale nieodczuwającą wstydu. To w taki sposób niewiasta została stworzona na samym początku. W opisie dzielnej niewiasty wyraźnie widzimy cnoty Świętych. Rozważając ten fragment, możemy nawiązać do kształtu relacji między kobietą a Jezusem na Krzyżu i w Eucharystii. Księga Przysłów mówi nam:

> *Niewiastę dzielną któż znajdzie? Jej wartość przewyższa perły.*
> (Jej wartość wykracza poza piękno z dnia ślubu.)
> *Serce małżonka jej ufa, na zyskach mu nie zbywa.*
> (Chrystus powierza swoje Serce każdemu z nas osobiście oraz zbiorowo – jako Kościołowi – w Eucharystii i na Krzyżu.)
> *Nie czyni mu źle, ale dobrze przez wszystkie dni jego życia.*
> *O len się stara i wełnę, pracuje starannie rękami.*
> *Podobnie jak okręt kupiecki żywność sprowadza z daleka.*
> *Wstaje, gdy jeszcze jest noc, i żywność rozdziela domowi,*

[a obowiązki – swym dziewczętom].
Myśli o roli – kupuje ją: z zarobku swych rąk zasadza winnicę.

(Robi to wszystko „w nocy" – w tajemnicy, ciszy, ukryciu i mroku Krzyża. Niewiasta jest aktywna w służbie Bogu – w karmieniu świata; „rozdziela domowi" – z tego, co Pan jej najpierw udzielił.)

Przepasuje mocą swe biodra, umacnia swoje ramiona.

(Jej ramiona są „wyciągnięte" zarówno w służbie, jak i na Krzyżu – razem z ramionami jej Oblubieńca.)

Już widzi pożytek z swej pracy: jej lampa wśród nocy nie gaśnie.

(Odznacza się stałością i wiernością – jest „Niewiastą" pod Krzyżem „obleczoną w słońce", która przez swoje zjednoczenie z Jezusem „widzi pożytek ze swej pracy" – w „miażdżeniu węża" razem z Maryją.)

Wyciąga ręce po kądziel, jej palce chwytają wrzeciono.
Otwiera dłoń ubogiemu, do nędzarza wyciąga swe ręce.
Dla domu nie boi się śniegu, bo cały dom odziany na lata,
sporządza sobie okrycia, jej szaty z bisioru i z purpury.

(Trudzi się i pracuje ze swoim Mężem, aby wspomóc biednych i potrzebujących; ufa, że to On zapewni jej utrzymanie. Niewiasta daje życie z tego, co otrzymuje.)

W bramie jej mąż szanowany, gdy wśród starszyzny kraju zasiądzie.

(Ukrzyżowany Mąż wisi jako „Król" u bram miasta – odrzucony przez starszyznę, ale „mianowany" przez Ojca.)

Płótno wyrabia, sprzedaje, pasy dostarcza kupcowi.
Strojem jej siła i godność, do dnia przyszłego się śmieje.
Otwiera usta z mądrością, na języku jej miłe nauki.
Bada bieg spraw domowych, nie jada chleba lenistwa.
Powstają synowie, by szczęście jej uznać, i mąż, ażeby ją sławić:
„Wiele niewiast pilnie pracuje, lecz ty przewyższasz je wszystkie".

(To wszystko pochodzi z głębokiej, codziennej łączności z jej Małżonkiem.)

Kłamliwy wdzięk i marne jest piękno: chwalić należy niewiastę, co boi się Pana.
Z owocu jej rąk jej dajcie, niech w bramie chwalą jej czyny.

Słowa Syracha (Syr 26,1-4, 13-18) mają podobną siłę wyrazu, gdy rozważymy je w świetle powołania kobiety – zwłaszcza tej, która stara się żyć cnotliwie i w jedności z Chrystusem:

Szczęśliwy mąż, który ma dobrą żonę,
liczba dni jego będzie podwójna.
Dobra żona radować będzie męża,
który osiągnie pełnię wieku w pokoju.

*Dobra żona to dobra część dziedzictwa
i jako taka będzie dana tym, którzy się boją Pana:
wtedy to serce bogatego czy ubogiego będzie zadowolone
i oblicze jego radosne w każdym czasie.*

(Te słowa ukazują, w jaki sposób święta kobieta może przynieść pocieszenie Jezusowi umęczonemu na Krzyżu: jako jego „żona", może dać swoje przyzwolenie, by On „połączył się z nią ściśle" – mimo swojego krwawego, spoconego i ukrzyżowanego bólu. Kiedy Pan widzi, że jakaś dusza kocha Go w pełni, wielkodusznie i z oddaniem – oblicze Jego Serca staje się „radosne", mimo męki ukrzyżowania).

*Wdzięk żony rozwesela jej męża,
a mądrość jej orzeźwia jego kości.*

(Gdy świątobliwa niewiasta chętnie jednoczy się z ukrzyżowanym Mężem w Jego bólu, może „ożywiać jego kości", czyli dodawać Mu sił w męce (Kol 1,24). Stanowi ona część jego Ciała, a więc musi również „odcierpieć swoją część", a przez to pomaga Panu w rozszerzaniu Jego Miłości w świecie.)

*Dar Pana – żona spokojna
i za osobę dobrze wychowaną nie ma odpłaty.*

(Te słowa mówią o prorockim powołaniu kobiety poświęconej Bogu; nawiązuje do nich wypowiedź papieża Benedykta skierowana do osób konsekrowanych z 8 maja 2007 roku: „Tylko **zjednoczenie z Bogiem** może wzbudzić i wzmocnić «proroczą» rolę waszej misji, która polega na «głoszeniu królestwa niebieskiego» – tak koniecznego w każdym czasie i miejscu.")

*Wdzięk nad wdziękami skromna kobieta
i nie masz nic równego osobie powściągliwej.*

(Jest tu mowa o powołaniu niewiasty do przeżywania pierwotnej, dziewiczej wartości kobiecości).

*Jak słońce wschodzące na wysokościach Pana,
tak piękność dobrej kobiety między ozdobami jej domu.
Jak światło błyszczące na świętym świeczniku,
tak piękność oblicza na ciele dobrze zbudowanym.
Jak kolumny złote na podstawach srebrnych,
tak piękne nogi na kształtnych stopach.*

(Te słowa wyraźnie wskazują na Maryję i jej wizerunek z Księgi Apokalipsy (Ap 12,1): „*niewiasta* (po grecku: gune = „niewiasta"/"żona") *obleczona w Słońce...*" – źródłem tego światła jest Jej relacja z Synem, który jest również Jej „Małżonkiem".)

Módlmy się, abyśmy mogły wcielić w życie to, co jest napisane w Piśmie Świętym o wzorach cnotliwej niewiasty. Niech przykłady świętych niewiast inspirują nas, a ich wstawiennictwo – wyprasza nam potrzebne łaski, abyśmy mogły żyć naszym powołaniem tak heroicznie jak one!

Matka Boża – Królowa wszystkich Świętych i Boże Arcydzieło Kobiecości

Bardziej niż na kogokolwiek innego, powinniśmy na końcu spojrzeć na naszą Niebieską Matkę. Ona jest idealnym Arcydziełem Kobiecości. Arcybiskup Fulton Sheen tak pisał o Niej w swojej książce „Maryja. Pierwsza miłość świata":

> Wszyscy kochamy coś więcej niż to, co kochamy. Gdy ten nadmiar ustaje, miłość się kończy. Jak mówi poeta: „Nie mógłbym kochać cię, najdroższa, tak bardzo, gdybym bardziej nie kochał honoru". Ta idealna miłość, którą dostrzegamy poza wszelką miłością do stworzeń, do której instynktownie się zwracamy, gdy zawodzi miłość cielesna, jest tym samym ideałem, który Bóg nosił w swoim sercu przez całą wieczność – Panią, którą On nazywa „Matką". Ona jest tą, którą kocha każdy mężczyzna, gdy kocha kobietę – niezależnie od tego, czy zdaje sobie z tego sprawę. Ona jest tą, którą każda kobieta pragnie być, gdy spogląda na siebie. Ona jest kobietą, którą każdy mężczyzna poślubia w ideale, kiedy bierze małżonkę; Ona jest ukryta jako ideał w niezadowoleniu każdej kobiety z cielesnej agresywności mężczyzny; Ona jest tajemnym pragnieniem bycia czczoną i miłowaną, które żywi każda kobieta; Ona jest sposobem, którym każda kobieta pragnie wzbudzać szacunek i miłość ze względu na piękno zalet jej ciała i duszy. I ten projekt

miłości, który Bóg ukochał przed założeniem świata, ta Niewiasta z marzeń istniejąca przed niewiastami jest tą, o której każde serce powie w swej największej głębi: „To Ona jest kobietą, którą kocham!"

(str. 9-10)

Jedna z cech, która mnie szczególnie porusza odnośnie świętości Matki Bożej, to Jej „śmiała pokora". Ona była przecież najskromniejszą z Bożych stworzeń. Święta Katarzyna ze Sieny mawiała, że pokora to świadomość, że „Bóg jest Bogiem, a ja nie". Kto uosabiał taką pokorę bardziej niż Maryja? Gdy Bóg posłał do Niej anioła, by zapytać o przyzwolenie na poczęcie Syna Bożego, Ona zgodziła się na to bez wahania, posłusznie i ufnie. W tamtej chwili nie patrzyła na siebie. Wzrok Jej serca natychmiast zwrócił się w stronę Nieba, a Pismo Święte zapisuje hymn pochwały i miłości, który Maryja zaśpiewała Bogu w swoim „Magnificat". Zależnie od stopnia pokory danej kobiety (jeśli tylko jest wystarczająco otwarta na Boga), Stwórca może napełnić jej duszę swoim własnym Boskim Życiem i Miłością. Matka Boża została całkowicie ogarnięta przez to Życie i Miłość, ponieważ Duch Święty nie tylko „zstąpił i osłonił" Ją zewnętrznie w Zwiastowaniu, ale także – ściśle połączył się z tym, co było w Niej najbardziej wewnętrzne (pod względem fizycznym i duchowym), aby utworzyć w Niej małe ciało Dzieciątka Jezus.

W misterium Wcielenia Maryja jest doskonałym przykładem kobiety będącej tajemnicą (według tego, o czym mówiliśmy wcześniej); rzeczywiście, stała się Ona „ogrodem zapieczętowanym", o którym pisano w Pieśni nad Pieśniami. Jej serce było więc tym tajemniczym ogrodem, do którego Bóg przyszedł, aby znaleźć odpoczynek i rozpocząć najwspanialsze dzieło, jakie kiedykolwiek wykonał – akt stworzenia Zbawiciela, który zstąpił, by nas odkupić. Matka Boża – w jej Niepokalanym Poczęciu i Najświętszym Sercu – była idealną czystością, co oznacza, że stała się doskonałym przybytkiem naszego Pana. To nieskalana i niewinna Oblubienica z Pieśni nad Pieśniami, która zdołała odzwierciedlić w sobie wszystkie odruchy Bożego Życia, Miłości i Świętości. Maryja była pełna Boga i należała całkowicie (w swoim umyśle, ciele, sercu i duszy) do swego Stwórcy. Nic nie oddzielało Jej Niepokalanego Serca od Serca Bożego. Tętno tych Serc było zjednoczone ze sobą – biły w doskonałej harmonii. Święty Tomasz z Akwinu pisał, że stajemy się tym, co kochamy – gdy więc dwoje przyjaciół darzy się przyjaźnią, następuje wzajemne przenikanie serc. W rezultacie, obaj przyjaciele mają wrażenie, że dzielą jedno serce w dwóch ciałach. Na tym polegała relacja Maryi z Jezusem. Jej czystość była całkowita dzięki Jego czystości.

Biorąc to wszystko pod uwagę, Matka Boża była niewątpliwie darem Bożym „par excellence". Stanowiła piękny prezent dla siebie samej, swoich rodziców Anny i Joachima, Józefa i Jezusa, Apostołów i uczniów oraz dla nas wszystkich. Maryja jest naprawdę doskonałym darem. Wszystko to, co zrodziło się w umyśle Boga co do Niej – spełniło się w rzeczywistości. Maryja była bez grzechu. Zawsze wypełniała Bożą wolę. Jej ciało było opanowane przez Boga do tego stopnia, że Jego własny Syn „zakorzenił się" w nim. Umysł Maryi był wypełniony Bożym Słowem. Jej duch był wypełniony Duchem Świętym. Jej dusza była przezroczystym tabernakulum Boskiej Miłości.

Maryja była też Bożą Pomocnicą „par excellence". Stała się Pomocą dla Ojca w zapewnieniu „miejsca", które Boży Duch mógłby w pełni posiąść w momencie Wcielenia - Jezus został zrodzony poprzez Jej ciało i Serce. Maryja była także Pomocnicą ludzkości, ponieważ wydała na świat Odkupiciela. Matka Boża stała się również Pomocnicą Jezusa pod Krzyżem:

> Święty Albert Wielki powiedział, że Najświętsza Dziewica nie została wybrana przez Pana jako służąca, ale jako małżonka i pomocnica, zgodnie ze słowami z Księgi Rodzaju: „Uczynię zatem odpowiednią dla niego pomoc" (Rdz 11, 18). Matka Boża nie jest Wikariuszem (czyli narzędziem), ale współpracownicą i **towarzyszką**, która uczestniczyła w Męce Pańskiej... W swoim Sercu

odczuwała te rany, które Chrystus otrzymał na swoim Ciele.[1]

Jaka jest zatem rola Maryi podczas Męki Pańskiej? Jest Ona jedynie pomocnicą Chrystusa – „pomocą podobną do Niego samego", jak mówi święty Albert Wielki. Na Kalwarii Matka Boża nie była formalnie kapłanem, lecz tylko Współpracownicą jedynego Prawowitego Kapłana. To przez miłosne zjednoczenie z Chrystusem Maryja współdziałała w dziele Odkupienia, a przez swoje Niepokalane Serce została naszą Matką – tak, jak Jezus obudził nas do życia przez swoje Najświętsze Serce. Chrystus powiedział świętej Brygidzie: „Serce mojej Matki trwało w moim Sercu; to dlatego mogę powiedzieć, że Ona i Ja zbawiliśmy ludzkość jako jedno Serce; Ja – cierpiąc na Sercu i w Ciele, a Ona – przez miłość oraz boleść swego Serca.[2]

Chrystus jest ofiarą, która w płonącym ogniu cierpienia spala w sobie całą nędzę grzesznika – a więc jest to nie tylko cena fizycznego wyniszczenia, ale i najbardziej duchowo obciążająca ofiara ze wszystkich. A jaka jest rola Maryi w stosunku do tej Boskiej i ludzkiej

---

[1] Paul Phillippe, O.P., *The Blessed Virgin and the Priesthood* (Chicago: Henry Regnery Company, 1955), str. 36.
[2] Phillippe, str. 61.

ofiary?... **Matka podejmuje się jej wraz z Synem, ponieważ nie chce odwołać swojego "fiat", ale pozostaje wierna Bogu do końca. Wyraża zgodę na to poświęcenie się Chrystusa.** Maryja ofiaruje Ojcu (jak to zawsze czyniła) Tego, który sam ofiaruje się jako całopalenie. Ta ofiara („oblatio") jest dla Niej wyrzeczeniem, które najbardziej rozdziera Jej serce i czyni z Jej poddania się najprawdziwszą ofiarę, całopalenie z tego, co jest Jej najdroższe na świecie. **Gdyby tylko mogła, to sama wolałaby przecierpieć całą zbawczą mękę – zamiast swego Syna! Jakże straszna jest zgoda na tę ofiarę, która (z perspektywy świata) wydaje się najbardziej bezsensowną i beznadziejną ze wszystkich!** Podczas Mszy świętej, w czasie odmawiania Kanonu, Kościół wciąż na nowo powtarza słowa o złożonej ofierze i przypomina, że nie tylko ofiara Syna jest w tym czasie upamiętniana, ale że sam Kościół w pełni uczestniczy w akcie ofiary. Nie istnieje inny moment, w którym Kościół mógłby sobie bardziej zdać sprawę z tego, co naprawdę ofiarowuje Bogu, niż w tej właśnie chwili, gdy w Maryi ofiarowuje Syna Ojcu. Grzesznicy wydają się tego nie pojmować, a powinni radować się, że oto Chrystus ofiarowuje za nich samego Siebie. Kościół bowiem nie może istnieć inaczej, jak tylko w swych członkach. **Tylko ta samotna, święta Niewiasta (oraz nieliczne osoby, które zostały doskonale oczyszczone w miłości) może zrozumieć i docenić, jaki**

to miecz przebija serce Kościoła, gdy Ona ze swej strony składa Ojcu ofiarę z Baranka.[3]

Dziewica Maryja była Matką „par exellence" i nadal pozostaje naszą Niebieską Matką. Celem Jej życia było przyjmowanie, chronienie, pielęgnowanie i ofiarowywanie Jezusa, który **jest** życiem dla wszystkich dusz przychodzących do Niej z prośbą o wstawiennictwo. Zbawiciel dał nam swoją Matkę w sposób szczególny pod Krzyżem, gdy powierzył Ją świętemu Janowi. W słowach *„Niewiasto, oto syn Twój... Synu, oto Matka twoja"* Jezus przemawiał do każdego z nas. Jeżeli bowiem my stanowimy Ciało Chrystusa, to znaczy, że i Ona troszczy się o nas (czyli o Ciało Jej Syna) w takim samym stopniu, w jakim troszczyła się o Jego fizyczne Ciało, gdy był jeszcze dzieckiem. Zatem, jako duchowa Matka, Maryja pieści nas na łonie Mądrości Bożej przez Ducha Świętego, który stale przenika każdą część Jej istoty. Ona uczy nas – przykładem i słowem – jak w pełni poddawać się porywom Bożej Miłości. Maryja jest prawdziwie naszą Mamą.

Najświętsza Dziewica jest również jedyną osobą, która zawsze słuchała woli Boga i wypełniała ją. Dlatego też jest Ona gotowa, by pomagać każdej duszy rozeznającej swoje powołanie, czyli Boże wezwanie co do jej życia. Maryja jest

---

[3] Hans Urs Von Balthasar, *Priestly Spirituality* (San Francisco: Ignatius Press, 2013), str. 49.

wielką „wychowawczynią Świętych", ponieważ (jako dobra Matka) zawsze dba o to, by nasze uszy i ręce były czyste od wpływów świata – po to, byśmy mogli usłyszeć głos Boga i w pełni odpowiedzieć Mu „fiat" – tak, jak Ona. W każdej chwili Jej życia (szczególnie od Zwiastowania, aż do Jej Śmierci) Serce Maryi biło w rytm „fiat" – „Twoja wola niech się stanie, Panie". Ona może nam pomóc w wypowiedzeniu naszego „fiat", ponieważ (jako dobra Matka) wciąż trzyma swe dzieci za ręce, gdy uczy je chodzić. Modli się z nami i za nas. Maryja miłuje Boga oraz kocha nas – ze względu na Jego miłość do nas. Ta Niebieska Matka pragnie Bożej woli dla naszego życia, ponieważ chce, aby Bóg był w nas uwielbiony. Jest pełna Ducha Świętego i dzieli się tym Duchem z nami – jako Pośredniczka wszelkich łask.

Maryja jest naszym wzorem we wszystkim tym, co rozważaliśmy na temat relacji niewiasty i Jezusa na Eucharystii, w modlitwie i pod Krzyżem. Będąc pierwszym tabernakulum i spędzając wiele nocy na adoracji małego Jezusa w swych ramionach, Matka Boża może nas najlepiej nauczyć, jak kochać Go „eucharystycznie". Spędziwszy trzydzieści trzy lata na modlitwie z Chrystusem – Bogiem Wcielonym – Maryja jest gotowa odsłaniać nam sekrety Jego modlitwy. A trwając wraz z Jezusem na Kalwarii i przeżywając swoją najbardziej bolesną z nocy, jest Ona najwłaściwszą osobą, która może pomagać nam w noszeniu krzyży oraz w pielęgnowaniu nadziei w naszych sercach – zwłaszcza wtedy, gdy doznajemy ucisku ze strony świata. W przykładzie życia i miłości Matki Bożej możemy odkrywać niekończące się tajemnice, ponieważ to właśnie Życie i Miłość Boga „posiadły Ją" na zawsze – a Bóg jest nieskończony.

Modlę się, aby każdy z nas – uczestników tych rekolekcji – był blisko Jej Niepokalanego Serca i abyśmy przez naszą relację z Maryją (której Serce jest „oknem" do nieba, bo mieszka w Niej Bóg) nauczyli się być prawdziwą jednością z Jezusem – zarówno tu na ziemi, jak i na zawsze w wieczności.

Totus Tuus ego sum Maria.
Jestem cały Twój, Maryjo.
Et Omnia mea Tua sunt.
Wszystko, co moje, do Ciebie należy.
Accipio me in Tua presencia.
Przyjmij mnie przed Twe oblicze.
Praebe mihi cor tuum.
Daj mi swoje serce.

(modlitwa świętego Jana Pawła II)

Do refleksji:

1. W jaki sposób Bóg chce uczynić ze mnie osobę świętą, posługując się moją kobiecością?
2. Które ze świętych niewiast pociągają mnie najbardziej swoim przykładem (lub które z nich pragnę naśladować) i dlaczego?
3. Jaką heroiczną cnotę (lub cnoty) Bóg wskazuje mi do szczególnego praktykowania w moim życiu?
4. Który fragment Pisma Świętego – mówiący o Bożym powołaniu dla kobiety – porusza mnie najbardziej?
5. Które niewiasty z Biblii są najlepszym przykładem dla mojego powołania do świętej kobiecości?
6. Jakie cechy Maryi najbardziej podziwiam i jak mogę je naśladować?
7. Co mogę zrobić każdego dnia, by powoli zbliżyć się do Matki Bożej i naśladować Jej świętość?

Historia powstania książki

Pewnego dnia, w 1997 roku, siedziałam sobie na podłodze dużego pokoju w głównej części jednego z pięter Biblioteki Uniwersytetu Notre Dame. Pokój ten był wykorzystywany przez Centrum Jacques'a Maritain'a, którym wówczas kierował profesor Ralph McInerny. Ten światowej sławy i wielce ceniony naukowiec, autor, wykładowca, filozof i teolog specjalizował się w dziełach świętego Tomasza z Akwinu oraz dokumentach Soboru Watykańskiego II. Ja w tym czasie studiowałam na Wydziale Teologicznym (na etapie licencjackim) i starałam się bardzo uważnie dobierać najlepsze kursy, jakie uniwersytet miał do zaoferowania. Często obejmowały one tematy związane już z etapem magisterskim moich studiów, jak również kursy polegające na lekturze indywidualnej – prowadzone przez tych profesorów, których teologia była wykładana w sposób wyjątkowo jasny i przejrzysty.

Profesor McInerny był na samym początku mojej listy, więc szybko zaczęłam starać się o pozwolenie na zaliczenie jego zajęć z filozofii (na poczet punktów z przedmiotów teologicznych). Umówiłam się z nim na spotkanie, by zapytać, czy poprowadziłby mnie w indywidualnym toku nauki z jego przedmiotu. Był ekspertem od Soboru Watykańskiego II, więc pomyślałam sobie, że może mogłabym przestudiować związane z tym dokumenty (pod jego kierownictwem). Profesor McInerny, będąc bardzo życzliwym wykładowcą, natychmiast przystał na moją prośbę. Mój pomysł rozprzestrzenił się wśród studentów i kurs dla jednej osoby zamienił się w wykłady dla 30-osobowej grupy, w wyniku nalegań ze strony zainteresowanych studentów. Spotykaliśmy się w środowe wieczory: profesor zajmował przygotowane krzesło, a my wszyscy siadaliśmy na podłodze wokół niego i przez kilka godzin dyskutowaliśmy o Soborze Watykańskim II. Pod koniec semestru profesor polecił nam wybrać jeden z tematów i napisać 20-stronicową pracę. Ja wybrałam temat: „Powołanie kobiet w świetle Soboru Watykańskiego II". Profesorowi McInerny bardzo spodobała się moja praca i zapytał mnie, czy mógłby opublikować jej fragment w jednym z redagowanych przez siebie czasopism. Potem zachęcił mnie do kontynuowania studiów, pisania i mówienia na ten temat.

W 2003 roku przebywałam w Kansku, daleko na Syberii. Pewnego razu ksiądz posługujący w tamtejszej małej parafii zapytał mnie, czy nie poprowadziłabym kilkudniowych rekolekcji dla jego parafianek – na temat kobiecego powołania. Nie miałam tam naturalnie swojego referatu z Notre Dame, ale pomodliłam się i przygotowałam kilka konferencji (większość z nich dotyczyła właśnie tych tematów, które są poruszane w tej książce). Na uniwersytecie pisałam oczywiście dla teologów – dobrze wykształconych i odważnych w swoich sporach dotyczących Bożego daru kobiecości. Przez cztery lata studiów zmagałam się bowiem z fałszywymi ideami feminizmu przedstawianego przez różnych profesorów. Intencją mojego referatu było więc promowanie świętego feminizmu w celu zwalczania jego złej interpretacji. Ale tam, w dalekiej Rosji, miałam mówić do niewykształconych, bardzo prostych „wiejskich kobiet" z syberyjskiej tundry. Odkryłam wtedy, że idee, które chciałam przedstawić w obu przypadkach, były dokładnie takie same – wystarczyło tylko dostosować język do odbiorców (zależny także od mojego ubogiego i prostego rosyjskiego słownictwa).

Kiedy w sierpniu 2006 roku wróciłam z misji do domu, moja siostra Lisa zwierzyła się, że boleje nad brakiem duchowego pokarmu dla kobiet, który byłby przystępny zwłaszcza dla prostych, amerykańskich żon i matek. W oparciu o mój referat dla profesora McInerny'ego oraz późniejsze rosyjskie konferencje, zaproponowałam zorganizowanie dla niej domowych rekolekcji, które miałyby być poprowadzone przez siedem kolejnych wieczorów. Lisa była bardzo wdzięczna. Do treści konferencji dodałam trochę nowych materiałów, które znalazłam czytając „Teologię ciała" Jana Pawła II. Miałam dostęp zarówno do angielskiej, jak i oryginalnej polskiej wersji językowej (to było zanim ta publikacja stała się tak popularna, jak jest obecnie). Po tygodniowych rozważaniach na temat kobiecości siostra była zachwycona tym, co Duch Święty zdziałał dzięki tym treściom i zapytała, czy byłabym skłonna zorganizować te same rekolekcje także dla innych kobiet. I tak doszło do pierwszego takiego wydarzenia w domu moich rodziców – rekolekcje zajęły nam kilka wieczorów, a frekwencja była bardzo wysoka.

W końcu także moi polscy przyjaciele usłyszeli o tej „działalności" w dziedzinie kobiecego powołania. Kilku księży z Polski skontaktowało się ze mną i powiedziało, że mają przed sobą tygodniowe rekolekcje na temat powołania kobiety i mężczyzny. Franciszkański kapłan miał poprowadzić kilkudniowe spotkania dla mężczyzn, a ja – dla kobiet (ostatecznie organizatorzy poprosili mnie jeszcze, abym wygłosiła na końcu dodatkową konferencję na temat powołania mężczyzny – bazując na moich modlitewnych rozważaniach).

Książka znajdująca się obecnie w Twoich rękach jest więc owocem zarówno mojej oryginalnej pracy dla profesora McInerny'ego, jak i późniejszych rekolekcji, które prowadziłam na ten temat. Mam nadzieję i modlę się o to, aby Matka Boża i Jej Syn zdołali poruszyć głęboko Wasze serca poprzez przedstawione tutaj treści.

Świadectwa

„Gdy wziąłem do ręki tę książkę, nie mogłem się od niej oderwać – aż doszedłem do ostatniej strony... A jestem mężczyzną! Jeśli więc tak bardzo mnie ona wciągnęła, to mogę z radością spodziewać się, jak cudowne wrażenie wywrze na kobietach! Książka jest tak wyjątkowa, że nie zdziwiłbym się wcale, gdyby z czasem została uznana za klasyk katolickiej literatury kobiecej. Zachęcałbym każdą kobietę, by przeczytała ten „traktat", a potem realizowała go w ciągu całego swojego życie... Powracaj do tej książki, aż wreszcie... zostaw ją – jako szczególną pamiątkę – komuś, kogo bardzo kochasz."

Lawrence Edward Tucker, SOLT, autor książek: *The Redemption of San Isidro; To Whom The Heart Decided To Love; Adventures In The Father's Joy; The Prayer of Jesus Crucified (La Oracion de Jesus Crucificado);* twórca nowego albumu/CD z muzyką katolicką *So Shine* (wytwórnia: **brothersister**)

„Mary Kloska podejmuje ważny, a jednocześnie nieco zaniedbany temat, dotyczący rzeczywistych różnic między kobietą a mężczyzną, ze szczególnym uwzględnieniem wpływu tych różnic na kobiecą duchowość. Podczas czytania tej książki, uczucie radości zastępuje powoli wszelkie negatywne emocje, które czasem towarzyszą tym kwestiom; Mary bowiem – łagodnie i spokojnie – wskazuje różnice między jedną a drugą płcią, ale podkreśla z szacunkiem wartość obydwu; choć skupia swą uwagę głównie na kobiecych darach duchowych. Jako mężczyzna, jestem duchowym kierownikiem kobiet; znam też wiele z nich, które udzielają duchowego wsparcia mężczyznom; jednak spojrzenie Mary co do kobiecego życia duchowego jest daleko bardziej wnikliwe niż moje własne spostrzeżenia na ten temat. Ponadto, jej doświadczenie pochodzi z życia spędzonego na czterech kontynentach, wśród bardzo różnych ludzi (w Ameryce Północnej, Europie, Afryce i Azji), co dodatkowo poszerzyło jej ogląd w tej sprawie. Naturalnie, osobiste życie duchowe Mary jest niezaprzeczalnym źródłem tej głębi. Jej książka może stanowić wielką pomoc w duchowym rozwoju kobiety."

O. Mitch Pacwa, SJ, dyrektor I założyciel „Ignatius Productions" oraz zasłużony pracownik naukowy w „St. Paul Center for Biblical Theology"

„Cóż za piękne rekolekcje dla kobiet! Podobają i się ogromnie. Są pełne głębokich refleksji. Po przeczytaniu tej książki mogę Cię zapewnić... że jest pełna radości i pokoju. Muszę przyznać, że pomogła mi w moim wieku 82 lat (mimo, że sama też napisałam książkę o kobietach, jak również kilka innych, które wykorzystuję na rekolekcjach). W tej książce odnalazłam jednak nowe inspiracje dla siebie. Dlatego, nawet jeśli bywasz na rekolekcjach dla kobiet, może ona wnieść coś nowego i naprawdę istotnego do Twojego życia."

Dr. Ronda Chervin, organizatorka licznych rekolekcji dla kobiet, autorka *Feminine, Free, and Faithful*

„*Świętość kobiecości* zawiera w sobie wiele mądrości i prawdy dla każdej kobiety, która naprawdę pragnie stać się taką, jaką Bóg ją stworzył – według swego zamysłu. Po tym, jak przeżyłam falę wyzwolenia kobiet w latach sześćdziesiątych i siedemdziesiątych, która zapoczątkowała wydawanie olbrzymiej ilości literatury o kobietach (zanieczyszczającej tylko umysły) – uważam tę książkę za nowy powiew świeżości. Nadaje ona kobiecości Boży impuls oraz przynosi ze sobą wiele skarbów dla każdej kobiety, która chce być Bożą niewiastą."

Clare R. Ten Eyck, Ed.D., katolicka terapeutka i organizatorka rekolekcji

„Rekolekcje dla kobiet autorstwa Mary Kloska, ukazujące się zwłaszcza obecnie – we wczesnych latach dwudziestych naszego wieku – przedstawiają reguły motywujące młodego człowieka do współtworzenia swojej prawdziwej tożsamości. Ponadto, matka rodziny może znaleźć tu dla siebie wskazówki, które są praktyczne oraz przystępne – do przeczytania i przemyślenia. Mogą one pomóc jej córkom w dojrzewaniu do głębokiego zrozumienia potencjalnego macierzyństwa. Dzięki tej książce, będą one mogły właściwie rozeznać wybór przyszłego męża, który byłby zdolny obdarzać swoją żonę i dzieci prawdziwie ofiarną miłością."

O. Basil Cole, profesor teologii moralnej, duchowej I dogmatycznej w „Dominican House of Studies"

„Ta książka dostarcza bardzo potrzebnego wglądu w autentyczną kobiecość. Jest obowiązkową lekturą zarówno dla młodych, jak i starszych kobiet, które chciałyby zgłębić swoje indywidualne powołanie oraz wartość i przeznaczenie jako córki Króla."

Theresa A. Thomas, matka sześciu córek, od piętnastu lat – felietonistka w "Today's Catholic News", współtwórca strony internetowej Integrated Catholic Life oraz Catholic Exchange, samodzielna pisarka i autorka *Big Hearted: Inspiring Stories from Every Day Families* (Scepter, 2013)

www.ingramcontent.com/pod-product-compliance
Lightning Source LLC
LaVergne TN
LVHW051825080426
835512LV00018B/2725